不要折了玫瑰的刺

——青春期孩子的教育叙事

叶晓燕 著

中国环境出版社·北京

图书在版编目（CIP）数据

不要折了玫瑰的刺 ：青春期孩子的教育叙事 / 叶晓燕著. -- 北京 ：中国环境出版社，2014.2（2015.11 重印）

ISBN 978-7-5111-1724-3

Ⅰ. ①不… Ⅱ. ①叶… Ⅲ. ①青春期－健康教育 Ⅳ. ①G479

中国版本图书馆 CIP 数据核字（2014）第 026774 号

出 版 人 王新程
责任编辑 曲 婷
责任校对 扣志红
装帧设计 彭 杉

出版发行 中国环境出版社
（100062 北京市东城区广渠门内大街 16 号）
网 址：http://www.cesp.com.cn
电子邮箱：bjgl@cesp.com.cn
联系电话：010-67112765（编辑管理部）
010-67168033（监测与监理图书出版中心）
发行热线：010-67125803，010-67113405（传真）
印 刷 北京中科印刷有限公司
经 销 各地新华书店
版 次 2014 年 7 月第 1 版
印 次 2015 年 11 月第 2 次印刷
开 本 787×960 1/16
印 张 16.75
字 数 300 千字
定 价 45.00 元

前　言

家里的玫瑰花开了，浓绿的叶子，鲜艳的花瓣，鲜艳欲滴。儿子似乎很兴奋，在这株玫瑰旁走来走去，左看右看，可不小心被玫瑰刺到了，于是说："妈妈，如果把玫瑰的刺折了就好了。"我说："玫瑰折了刺，花就开不艳了。"儿子说："玫瑰折了刺会死吗？"我说："刺是玫瑰身体的一部分，折了刺，玫瑰就不完整了。再等几年，你身上也开始长'刺'了，那时你就进入'玫瑰期'了。"儿子问："什么是'玫瑰期'"？我说："'玫瑰期'就是青春期。"儿子问："妈妈，到那时我为什么会长'刺'呢？"我说："这是每个人都要经历的过程，当你长'刺'的时候，意味着你已进入成长中生命力最旺盛的时节了。"

青春期的孩子都到了长"刺"的年龄了,这些"刺"常使教师和父母心痛，这个"刺"是什么呢？原来'刺'就是青春期能量带给外界的冲击以及由此而引发的一些问题。

我喜欢玫瑰，不仅仅是因为玫瑰有美丽的花朵，更重要的是因为玫瑰枝干上的刺让它更显个性。

倘若换一个角度来看这个"刺"，这绿绿的"刺"不正是生命的一部分吗？不就是一个个含苞待放的"花蕾"吗？只要你细细倾听，这一串串"花蕾"定会悄悄地叙述着自己丰富的情感，如果把"刺"折了，"玫瑰"能绽放出更美丽的生命吗？

"玫瑰"是青春期孩子的代名词，青春期的孩子没有了"刺"，如何体现他们特殊时期的个性？如何表达他们的喜怒哀乐？如何健康快乐地成长？

"青春期"的孩子，我迎来送往不少，由于这个时期孩子们的身体发

育处于加速期，生理上出现了急剧的变化，这必然给他们的心理活动带来巨大的影响，因此，这个阶段的孩子经常处于身心发展的种种特殊的矛盾当中。面对他们新来的“青春期”我心中自然做好了迎接的准备，但我觉得仅有我是不够的，这些进入青春期的孩子们，以及这些孩子们的老师们、家长们都应该做些什么呢？

很多家长已经开始注意如何与青春期孩子相处的问题了，有位家长说：“孩子从五年级开始就有明显的排斥异性行为，对电视里女性表演人员的演出，也都是一副厌恶的表情。做父母的我们已经感觉到孩子的青春期悄悄来临。”是呀，这个时期的孩子在生理上和心理上已出现困惑和烦恼了，已开始有了与父母不一致的观点了。家长应当用何种心态来对待孩子生理和心理的变化？女孩的母亲、男孩的父亲是否能够承担起更多的教育与指导的义务呢？

一个孩子悄悄地对我说：“老师，你其实不知道我是个很自卑的人，晚上睡在床上总有种恐惧感，总是担心第二天会穿错校服，总是担心第二天会忘记做些什么。”面对“青春期”的困惑，老师除了传授知识，更多的要注意些什么呢？倾听、理解、同情、诱导、鼓励、赞美、帮助……这些是否比批评、处罚更为有效呢？

一位学生拿着一本戴尔·卡耐基的《人性的弱点全集》让我看里面的一段话：“让我们记住，我们所相处的对象，并不是绝对理性的动物，而是充满了情绪变化、成见、自负和虚荣的东西。只有不够聪明的人才批评、指责和抱怨别人。的确，很多愚蠢的人都这么做。但是，善解人意和宽恕他人，需要有修养自制的功夫。”这位学生似乎想告诉我一些东西，其实

他不用说什么，这段话已经替他说出了他想要说的事情。无论与孩子相处还是与成人相处，理解比起批评、责怪总是要有益、有趣得多。

本书的主人翁是与我朝夕相处的一些跨入“青春期”的孩子们，他们的言行举止经常出其不意地感动着我，让我激动万分，但有时也让我困惑不已，这又促使我大量阅读教育书籍，从优秀教育家身上寻找感悟。很高兴的是，这些孩子现在都成长得很好，我的许多做法得到了他们父母的认可，因此许多家长也都成了我的朋友，自然，我也成了他们信任的朋友。

虽然现在不再教这些孩子们了，但每每回味起我与他们之间“周旋”时的经历，就犹如品尝酸酸甜甜的柠檬，总是余意未尽，于是决定把这些人与事写下来。

亲爱的读者，如果读完这本书，孩子的某些想法能得到你的认同、理解，或者能够带给你一些启迪……那我就做了一件有意义的事情。

叶晓燕

2013 年 7 月

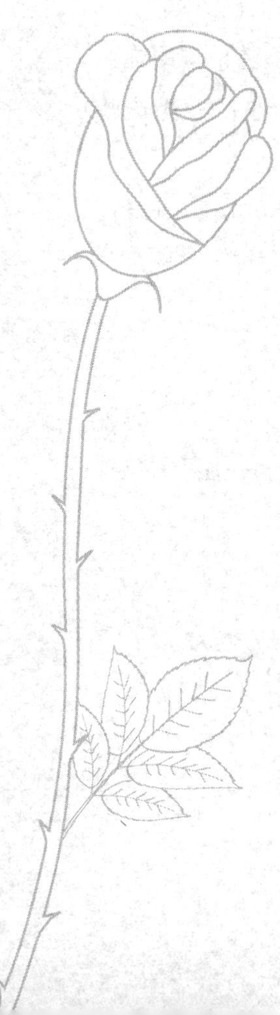

目　录

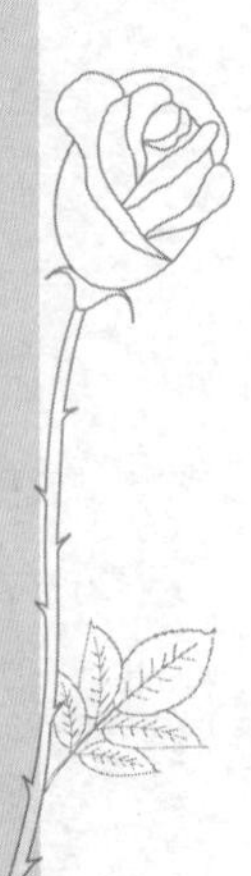

第三章　呵护成长的玫瑰 /91

第四章　培育开花的玫瑰 /133

第五章　不要折了玫瑰的刺 /175

第一章
所有的玫瑰都有刺

所有玫瑰都有刺，不要因为玫瑰有刺而恼怒。走近玫瑰，听听、看看，一定会有许多你想知道的事情，一定会有许多你意想不到的收获。

像以往一样，来校的第一件事就是到教室看看有没有什么事情发生，而今天的课室氛围还真有点不寻常，教室里传出一些吵闹声，可等我一进门就变得静悄悄的了。同学们的眼睛都齐刷刷地看着我，似乎在等待我的处理意见，而我却一点也不知道同学们之间到底发生了什么。停了一会儿，我发现有学生偷看墙壁，我循着孩子们的眼光望去，也吓了一跳：原来墙壁上布满了球印！我把眼光从墙壁收回，在全班同学中扫视了一遍，然后在一个最爱打球的孩子身上停了下来，我有十分的把握断定这件事一定与他有关，但却拿不出证据，我不能瞎批评，万一不是他呢？所以我什么话也不说，静静地注视着他，脑子里一直在思考应该用什么方法让他承认错误。

班里还是没有人说话，于是我打趣地说："昨天有位仙女下凡到我班，留下了许多花瓣在墙壁上。"话一说完，全班同学就"哗"地一声笑了，说："不是仙女，是仙男。"其实大家都心照不宣，我注意观察，这位男孩的脸开始红起来了。于是我做出一副理解的表情说："天下雨，没法打球，这确实遗憾，为了补偿，我将组织一场班级篮球赛，但前提是墙壁上的篮球印子要擦掉，并保证以后不许出现这样不文明的现象。"这位男生很激动，马上站起来说："我叫爸爸买点石灰，保证把墙壁刷干净。"他的话迎来了全班同学的掌声。

有哪位老师一大早到教室就要为难自己的学生而让自己陷入尴尬的场面呢？不过，事实是，几乎每个老师每天都有可能会遇到这样的一些事情：批阅作业发现抄袭现象；一早进教室发现地面都是垃圾，垃圾桶爆满甚至散发臭气；或者有更严重的，诸如在墙壁上打球等事情发生。而如果面对这些事情动辄大发雷霆，采用敌对的态度让学生出丑，那么事情不仅得不到解决，而且很容易激化矛盾。因为我们面对的是一些"火药桶"似的孩子。所以如果处理不好，往往会引发"师生之战"。谁都知道"战争"无一例外地会造成"伤亡"，那么"师生之战"的后果是什么呢？这不仅对学生的个性和自尊甚至学习兴趣产生影响，也会影响到教师在学生中的威信以及教师本人的工作情绪。

反过来，有哪个孩子希望被老师批评，有哪个孩子不想成为一个受欢迎的人呢？

孩子们在不恰当的时间里做了不恰当的事情，没有什么大不了的，老师们无须大惊小怪，试着采用妥善的办法解决，会收到意想不到的效果。

青春期的孩子不是“无理取闹”的代名词，他们有理想、有朝气、精力旺盛，当然，他们也有固执、倔强、小气、胆小、懒惰的一面，脑子里或许还有些污浊的东西，所有这些缺点发生在未成年的孩子身上都很正常。

在孩子青春期的狂躁阶段，试着去接近他们，不要蔑视嘲笑他们不切实际的想法，要理解他们因身体发育而带来的羞涩，通过交流与他们共同探讨他们所关心的话题。当他们违规时，要用恰当有效的沟通方式纠正他们的错误行为，关注他们所做的出色的事情，鼓励他们继续前行。我是这样做的，所以，我的学生向我敞开了心扉，我走进去了，这让我看到了他们身体里面的某些秘密。那么孩子们内心世界是怎样的？听听他们自己的声音……

一、孩子们的内心世界

刚进入七年级的学生，他们会小心翼翼地对待校园里新的环境和新的人际关系，他们会有些复杂的心理活动。就像在他们面前有一所新房子，他们迫不及待地想进去，但又不知道里面到底有些什么新奇的事情，他们会想：我可以在新房子里面快乐地生活吗？我该怎样做才受欢迎呢？

上过七年级课的老师都知道，开学的第一个月，七年级新生表现得都很好，看起来很听话，书写也尽可能工整。但这仅仅是表象，因为这个月里，他们一直在认真地观察对于他们来说所谓的新老师和新同学，揣摩这些老师和同学的心理，尤其想知道这些新老师是否适合他们，而同时也很想在新同学、新老师面前留下一个好印象。

因此开学的第一个月正是学校和老师花工夫做工作的时候，是老师在同学面前好好“表现”的好时机。如果老师在第一个月里就得到了学生的尊敬，在学生当中有了威信，那么以后的工作就会得到学生的配合。更重要的是教师的影响力会改变一些学生的思想，可能这个学生在小学不算一个好孩子，而由于这个老师的出现，从此他走上了正确的人生之路。

由于青春期的孩子自控力有限，随着学习难度的加大，随着时间的推移，一个月后，孩子们在不同程度、不同方面的问题就开始出现了。

以下是我多次观察、了解孩子，并与他们沟通交流，总结出的七年级新生的一些心理现象和行为表现，我对这些现象和表现进行了归纳，以孩子自叙的方式做阐述，以便家长和老师更深入地了解这个时期的孩子而做出更有效的指导。

1. 负面的心理现象和情绪显露出来

（1）谨小慎微、胆怯怕事的心理表现了出来：

■ 进入初中，我比小时候懂事了，但还是不够大胆，发言也不敢大声，虽然可以自己控制自己的情绪，但上课还是不善于思考，有时遇事没有主见，害怕事情做得不好。缺少好奇心，也不善于观察事物。在老师的鼓励下也尽力做好自己该做的事情，但不能大方地展现自己的风采，对于学校组织的一些活动，其实心里很想参加，但由于顾面子而不主动报名，所以往往以放弃而告终。

（2）出现了厌学、上课不在状态等诸如此类的问题：

■ 老师和家长经常批评指责我的功课不好，其实是因为我的学习不够细心，粗心大意看错题造成的。为什么无故指责我呢？我心里很不开心，所以上课就开始不认真了，很少做笔记，也不愿意做作业，甚至还经常迟到。

■ 数学从不写解题过程，所以经常被扣分。为什么要写那么多步骤啊，如何证明和推理等之类的问题，我一眼就能看出，却要花那么多时间和篇幅写出来，有意义吗？这样的学习怎么能提起我的兴趣呢？所以不要怪我经常无缘无故地发脾气了。

（3）“消极”和“压力”开始干扰他们的学习与生活：

■ “随便”、“无所谓”是我的口头禅，每当遇到困难或麻烦时，我第一句也是：“哇！又是我！这么麻烦的，别找我啦。”这些话语给人一种消极的感觉，也让自己没有信心，虽然这样，但心里觉得很爽啊，因为想说就说，一吐为快嘛。在老师和父母眼里，我消极之至，因为只要叫我学习或做我不愿意做的事情，我都以“拒绝”打头阵。慢慢的，我懒了，无所谓了，什么都不怕了。什么是积极的心态？其实我也想拥有啊，但是，该怎样争取呢？老师和父母还会相信我吗？无奈啊！

■ 我感觉不到做学生的乐趣，总是觉得学习的压力很大，很烦恼，希望自己快点长大，不要再做学生了。

（4）“网迷”等不良习惯开始出现：

- 对电脑很着迷，一玩就停不下来，所以经常拖着疲惫的身躯到校，上课总集中不了精神。有关电脑方面的产品，想买什么就买什么。老爸说我玩物丧志，心里虽然不服气，但又能怎样呢？

（5）学习出现了“偏科”：

- 对不感兴趣的学科很怕麻烦，为什么要学习这些无聊的科目？为什么要学习不喜欢的科目？这样的课堂我能认真吗？父母老师的逼迫也不起作用，但地理、历史两门学科的成绩不错哦。
- 上课不是做题就是“满堂灌”，太枯燥了，尤其是英语和数学，成绩一塌糊涂。难道自己真不是学习的料吗？我不明白为什么要学些生活中没什么用处的东西？难道学习就是为了考试吗？

（6）人际交往也遇到了麻烦，不顺心的事情接连不断：

- 我不擅长交朋友，主要是不知道和朋友在一起说什么，所以，我不和别人一起走，经常独自一人，有时真感觉孤独。
- 有时，为了一件小事和同学闹翻了，也不知道是否应该道歉？我是否应该好好反省自己，不要过于粗鲁地对待别人呢？我真的做得那么差吗？

（7）与父母、老师的关系开始紧张起来：

- 老师为什么经常批评我？真是自己做得不对吗？或是因为别的什么原因呢？我想肯定是我没完成作业，上课开小差，不听讲吧。为什么经常偷懒抄作业呢？为什么我就不能做个让老师喜欢的孩子呢？
- 每次我考试成绩差的时候，老师都会为我着急，而我却把老师的话当成耳边风，甚至还对老师不尊重。明明是自己做得不对，为什么控制不住情绪要和老师顶嘴？
- 放学回到家里，总是感觉空荡荡的，很孤单。父母不是忙工作就是陪客人打麻将。心里不高兴想找他们说说也是白搭，不过习惯了也好，我可以趁他们不在或者忙乎别的事情时狂玩电脑。

- 做事马虎健忘，老师或父母叫我做的事情我经常做不好，也经常忘记。时间长了老师和父母都不叫我做事了，可能在他们的印象中我成了不负责任的孩子了。

（8）出现了烦躁不安、不稳定的情绪，有明显的叛逆表现：

- 上课认真听讲不就可以了嘛！为什么早读一定要大声？上课一定要举手发言？为什么要展现自己呢？字写快了还可以节省时间，干嘛要工工整整的？怎么舒服怎么坐，为什么要讲究坐姿？
- 我没有什么优点，但缺点一大堆。上课开小差，有时不完成作业，语文不好、数学不好、英语更加不好，全部科目都不好！我对自己简直是放弃了！一个非常自卑的人情绪怎么能好呢？
- 有时很消极，有时又很乐观，为人处事过于倔强，做事情太情绪化了。
- 我的头发一直就没有梳理好过。学校的要求是刘海长不过眉、两侧长不过耳，原本觉得有点道理，但是学校越要求我越反感，为什么要按照别人的要求梳理自己的头发呢？
- 不勤奋、不自信、不喜欢思考、不喜欢做运动、不愿意接受别人的劝告，凡事“不”字打头。到处闹事，懒惰，怕麻烦，讨厌跟老师谈话，又没时间观念，对什么都无所谓却广交朋友。为什么会这样？我觉得学校里说教的东西太多，学习仅仅是为了考试，很是无聊，而与朋友的交往能学到许多新鲜的东西以及自己感兴趣的东西。
- 虽然内心很要求进步，不断地告诉自己要向学习好的同学看齐，在家里也会好好复习功课，但在学校，我表现出的是另一个模样，像坏学生一样，这正是我的个性。这些做法真不知道好不好，但只要别人让我学习，我就表现出不学习的样子故意让他们生气。

以上所陈述的是学生的问题所在。接下来陈述的是学生积极的一面。我用同样的方式加以总结归纳，并仍以孩子自述的方式展现给大家：

2. 积极的心理现象和情绪

（1）自我意识得到进一步加强，有了自己的“小世界”、“小看法”：

- 每个人都有优点和缺点，否则就不是一个完整的人啦，所以大家对我就不要那么苛求了，我会努力做最好的自己。因为我知道初中对每个人来说都是非常重要的阶段，这是青春期的开始。
- 有些事情父母老师就不要太勉强我了。每个人天生都有不同之处，假如一个人在智力方面是个“笨蛋”，而父母老师想让他变成“天才”，那恐怕这个人死读一辈子书也无济于事！总之，对于这些就顺其自然吧！教育每个人，都要扬长避短，因人而异。
- 我希望给我们多点时间，让我们自己去开拓自己的路。假期需要放松一下，不要老提学习，不要让我们一直紧绷着神经，鼓励我们做些自己喜欢做的有意义的事情。

（2）良好的人际关系让他们快乐地学习与生活，也使他们懂得照顾他人：

- 我性格幽默，开朗，阳光。对人很友善，和父母、老师可以像朋友一样聊天，不会为小事计较。在父母和老师的培育下，我在艺术方面表现得还不错，想象力丰富。语言表达也很好。我感谢教育我的老师，感恩养育我的父母，所以我孝顺自己的家人，尊重我的老师。
- 我比较独立，比较关心亲人，善良大方，对朋友真诚豪爽，不斤斤计较，懂得往好的方面去想，所以朋友较多。还有，对自己想做的事情不会轻言放弃，为了达成目的，我会不断努力，超越自我。
- 父母工作很辛苦，所以要多帮父母做家务。尽管成绩不是很好，但还是要努力学习，晚上多读点书，报答父母的养育之恩和老师的教育之恩。

（3）许多同学心态积极，各方面的特长逐渐显露：

- 作为一个宣传委员，我觉得自己做得不错。比如积极出板报，节日时也帮助老师布置教室。通过努力，我发现自己的设计能力提升不少。
- 我的学习还不错，语文很好，电脑水平很高，英语阅读能力比较好，数学理解能力还可以，体育也不错。如有令我感兴趣的事情，我会很认真地去做去思考。
- 我的性格活泼开朗，情绪不容易受小事干扰。例如：我有一次考得很不理想，但我还是保持积极的情绪，因为我知道难过也没用，积极找原因才能成功地迎接下一次挑战。
- 我爱读文学性书籍。得到一本感兴趣的书，可以不思茶饭。由于经常阅读，我的语言及写作很好，上语文课也比较积极。

上述的这些心理与行为无论是消极的还是积极的，一般在一个月后逐渐显露出来，有些很容易就被发现，而有些却藏得较深。

针对不断出现的心理与行为，家长和老师的心态都要正面，态度要耐心，心胸要宽广，要站得高些，看得远些，千万不要把自己也当成孩子中的一个成员，对孩子的话计较，并与孩子发生争辩。此外，家长和老师要采取正确的处理方法来处理孩子的不当行为，要认真分析问题的成因，因为这些成因除了来自孩子本人外，还可能来自学校、家庭，甚至是社会。而在找到问题的成因后，要当机立断地给予引导教育，否则，孩子将会很容易形成不良的习惯。

那么孩子们喜欢什么样的生活方式呢？父母和老师该怎样做才能让孩子们开开心心地学习和生活？

以下是一篇学生的文章，这篇文章能反映出一部分学生的思想与心理，看得出他们希望按自己最喜欢的方式生活，并认为那样才是做人！以下为全文：

以自己最喜欢的生活方式生活，那才是做人嘛！

说实在的，到现在为止，只有“篮球”才能让我真正高兴起来。我做的运动是打篮球，我看的电视跟篮球相关，我玩的电脑游戏还是跟篮球相关……甚至说起话来也离不开篮球。

我觉得我身边有些和我同龄的人很奇怪，所想所做似乎超出了自己的年龄范围——摩托车有这么好玩吗？只不过是一辆交通工具而已，稳定性不好摔跤出事怎么办？手机为什么如此受他们欢迎？只不过是一部通讯机器罢了，带着它我还感觉很麻烦呢！名牌衣服穿起来真有这么帅吗？穿起来打球做事处处受约束！

爸爸曾带我看过几次车展，他对我说过：“你喜欢哪种车？等你上大学时就给你买一部。”当时我真的很高兴爸爸能对我这么好，但我对这个没兴趣，我知道这是爸爸对我读书施用的激将法。

该低调时低调，但是在重要场合里，我的穿着可一点也不马虎。就比如说，去同学家里参加聚会，我可要穿上自认为“帅呆”的衣服。而平时自己在家里时，我偶尔也会穿上加大码的衣服，配上时尚宽松的裤子，再加上一条头巾，和表弟一起“斗牛”（打篮球）。那种感觉太棒了！

许多同学和我一样都喜欢国外青少年的生活习惯。比如美国，那里的青少年可不像我们生活得那么枯燥无味，那些孩子们放学后的第一件事就是回家换衣服，带上 MP3，然后踩着单车到大家聚集的地方一起玩街头篮球。穿着很酷的服装，听着激烈的音乐，把那种感觉融入篮球比赛中，想象一下这是一件多么有趣的事情。这就是我现在想追求的精神享受，自由自在地做自己喜欢做的事情！

我知道每个人都有他想要得到的东西，当然，我也不例外，就像我想追求的篮球时尚一样。但有同学却盲目追求，盲目从众，没有自己的看法和观点，心里只是想：我一定要有别人有的东西，不然就跟不上潮流……这不就是给自己施加压力吗？为什么会这样？难道是因为在学校受的限制太多？在家里受的管教太紧？难道是因为各方面的束缚而产生的叛逆所致？

圈养的羊、笼里的鸟、缸里的鱼、做题的机器……

请给我们时间，以便我们培养兴趣！

请给我们空间，以便我们发展所长！

请给我们时间和空间吧，让我们以自己最喜欢的方式生活，让我们做最好的自己，做一个真正的“人”！

当看到孩子们的这些言语时，父母、老师有些什么感悟呢？你们是否觉得眼前的孩子已经变得比以往成熟了、懂事了，他们有了一些自己的观点和看法。在与孩子们的交往中，我发现，几乎每个人都会做出让老师高兴的事情，但也都会表现出让老师担心的行为。有的时候他们会做出错误的决定，并固执己见，有时又会对某事举棋不定。无论哪一种，都只延续一段时间，这说明孩子这时期心理处于一种不稳定的状态，医学领域已经发现这是青少年时期大脑发育处在不断成熟之中而导致的结果。

每个学生都有可爱的一面，但也有很明显的缺点，这才是鲜活的个体。接受他们的优点，更要接受他们的缺点，还要接受他们处于的这个特殊的时期，这样才能完整地接受整个人，才能有效而良性地影响他们，教育他们成为一个出色的人。

此外，作为教师与家长，我们也要反思自己：为什么有些孩子会那么叛逆？为什么有些孩子会生活得那么不开心？为什么许多孩子充满着求知欲地来到学校，但随着年龄的增长却越来越丧失学习兴趣，最后无奈地走出校门？为什么我们的教育有时候是不成功的？我们是否一直给予孩子过高的期望和太大的压力？我们的教育方式妥当吗？我们自己做得怎样？我们受孩子们喜欢吗？我们尊重孩子们的个性吗？我们给予孩子们发展空间了吗？我们的言行举止起到了正面的潜移默化吗？

二、会说话的“小纸条”

我经常用书面表达的方式与孩子们交流，我称之为“小纸条”教育，比起说教，孩子们更爱看我的会说话的“小纸条”。比如，当孩子情绪十分低落时，我会给孩子递一张小纸条，或在周记里看到孩子言语十分激烈时，我知道这孩子可能遇到什么麻烦，我会把指导意见写在周记本里。在一些特殊时期比如家长会，我会为每位孩子写上一些评语，告诉家长孩子近期的情况。因为书面文字是自己静心思考的结果，避免因一时冲动而“恶语伤人”，所以，我的“小纸条”对于孩子来说犹如细雨润土，温馨亲切，抚慰着他们的心灵。此外，书面表达方式还有一个好处就是让孩子们更容易接受我的观点和建议，师生关系会维系得更好些。我认为，作为老师，无论怎样批评孩子，都不能伤害他们的自尊。

以下是一些我给孩子们写的“小纸条”，现在分类摘选如下：

1. 鼓励孩子们面对困难要勇往直前，无论遭遇怎样的挫折，都要自信自立

有一段时间，我发现一位孩子精神状态不佳，于是约他面谈。当孩子走近时，我猛然发现，这个孩子的两个眼睛都有黑眼圈了，一时真是心痛不已，于是问他是怎么回事。他说：“这段时间上课经常听不明白，作业也做不完，几次考试都没有考好，所以压力很大，晚上很晚才睡着，可半夜就醒了。”

学习给这个孩子带来这么大的压力，可千万别压垮了呀。那几天，我很牵挂这个孩子，于是与家长取得了联系，多次在一起交流做法。那段时间，我经常找他聊天，开导他，寻找他学习困难的原因，及时给予引导。在大家的帮助下，后来的一次综合考试，他取得了很好的成绩。

有一天，我意外地收到了他给我的小礼物，他说：“老师，今天是我的生日，我用妈妈给我买蛋糕的钱给您买了这份礼物，感谢这段时间您给我的安慰和鼓励。”

欣接礼物，我激动不已，品味出这教育的甜美了，脑海中翻腾的言语最终化成了这样的一张“小纸条”：

你在自己生日的时候给我送礼物，并说“谢谢老师的教育”，这件事、这句话一直感动着我。你的言行举止让我又一次领悟到了教育的真谛，享受到教育带来的喜悦，真的谢谢你。

前段时间，你学习遇到了困难，虽然老师和父母都给予你很多的关心和帮助，但是最终战胜困难还是靠你自己的不懈努力。我很高兴，这次考试你取得了可喜的进步，希望你继续努力。

学习对于学生来说是有意义的，但也会遇到困难，你要一如既往地坚持下去。我希望你开始考虑人生观与价值观的问题，步入初中，你要逐渐懂得学习的价值，掌握学习的方法，考虑人活着的意义，只有明白了一些道理，你才会在学习的道路上勇往直前。

2. 鼓励诚实劳动，教育孩子们要尊敬师长，懂得感恩分享，珍惜集体荣誉

对于一些孩子，他们往往忽略诚实劳动对于培养自己优秀品质的意义，认为只要成绩好就是个好学生，而我在教育孩子时有自己的思想。

黎东方先生在《中国文化之历史的分析》中有这样一个观点，他说：“中国文化是什么？是中国人的生活方式。中国文化不是一成不变的。现在，我们要复兴中国文化，不应该复古而是考古、评古。考，是求真，评，是要评出好与坏来，好的，留下，坏的，不要。哪些是好的呢？做儿女孝顺父母、当学生尊敬师长、交朋友守信用……”

黎东方先生的观点言简意赅，令人特别受用。作为老师，教育学生，眼光要看得远些，看得全些。试想，一个人长大了，不懂得孝顺父母、尊敬师长、信守诺言，他怎能在这个社会立足呢？而子不教，既是父之过，也是师之过呀。所以，在为人处世的教育中，我特别重视感恩、奉献的教育，经常表扬默默为班级工作，孝顺家人，尊敬老师的学生。

只要遇到这样的事情，免不了会有“小纸条”，这不仅是给孩子本人，更多的是贴在班级的绒布板上，让更多的孩子学习，得到教育。

亲爱的孩子，你的名字让我想起了荷花、海棠，有一种美美的感觉，这正如你的为人，热心帮助他人，孝顺父母，懂得知恩图报。记得有一天下午，你一个人在教室做卫生一直到5点30分，地面拖得干干净净，座椅摆得整整齐齐，当天晚上，我就在班级里表扬了你，号召全班同学向你学习。你经常为班级做力所能及的事情，比如搬水、清洗饮水机等，这些都让我感到欣慰。在我的内心深处，经常被你那些可贵的东西感动着，为了回报，我也在你身上倾注了更多的关爱与鼓励。我一直认为你是个既有爱心又善解人意的孩子，懂得在别人最需要关心的时候伸出温暖的手。这些优良的品质犹如蕴藏于你身上的“金矿”，时时闪耀着璀璨的光芒。爱因斯坦有句名言：“人只有献身于社会，才能找出那短暂而有风险的生命的意义。”希望你内心的光芒永远闪耀，吸引更多的人向你学习。

另一位孩子也同样因默默无闻地为班级工作而感动着我，所以，他也收到了我的“小纸条”。

4月19日晚上，你坚持留下来做班级卫生。班上垃圾桶旁边的墙壁因奶汁而变得很污浊，许多同学都擦洗过，但仍不够干净，你提了一桶水，主动去擦洗，效果真不错。更值得一提的是，你把地面香口胶留下的痕迹也一点点刮掉，地面因此而焕然一新，你一直工作到晚上9点50分。你对一件小事一丝不苟的态度让我完全改变了对你的印象，记得有这么一句话："一滴水在宇宙中只不过是一个微小的点，可是它却能反映出整个太阳。"第二天班会上我表扬了你，号召全班同学向你学习。契诃夫语："美不应只美在天然，还应该美在灵魂上"。这件事折射出你那美丽的心灵，我十分珍惜你那"美丽的灵魂"，希望拥有这个"美丽灵魂"的你能够变得更为完美，所以，我希望你也能取得优异的学习成绩，因为我一直认为你的领悟力很强，如果学习热情保持高昂的势头，优良的成绩志在必得。苏轼有句话这样说："古之立大事者，不惟有超世之才，亦必有坚忍不拔之志。"对于你这个很有爱心、智慧和创造力的孩子，一定是"天生我材必有用"的，希望你树立远大目标，立志成才。一个人品行优秀，加之少而好学，定如日出之阳，未来必普照大地。

3. 尽早发现孩子们的闪光点，赏识他们，鼓励他们，并极力培养他们

其实每个学生都有自己的闪光点，老师应该尽可能地早发现，并极力去培养。因为这些闪光点如果引导恰当是可以发展为特长的，这些特长也许最后会成为孩子的专业。我认为越早确定专业成功的几率越大，因为他赢得了更多的实践时间和机会。

学生在学习的过程中，时常会迸发出闪光点，这些闪光点可能来自

刹那间的突发奇想，也可能来自脑海深处潜意识的偶然释放，或者是真正喜欢的兴趣所致……这些闪光点可能会持续一段时间，但多数如昙花一现，转瞬即逝。

我穿梭于孩子们的学习过程中，一直以来，我都细心地观察着他们，偶然间，我遇到了某个闪光点，一定会倍加珍惜，因为我认为这个闪光点可能会发展为某个特长或某项能力。这样，对学生成长是多么有意义啊。

以下是我收集到的孩子们的一些闪光点，以“小纸条”方式呈现出来。

家长会你做的大约10分钟的DV真是太精彩了，把班级的积极向上、同学的欢乐童趣、老师的风趣幽默都展示得淋漓尽致，这无疑也反映了你的正面心态和勤奋努力。一个七年级的孩子是怎么做到的呀，光收集信息就要花费不少时间和精力，我想，要不是你对DV制作有浓厚的兴趣和较高的技术水平，要完成这件事真的很难，这不正是验证了“兴趣是最好的老师”这个说法吗！此外，多次的拓展作业还反映出你另一方面的素养，那就是你丰富的想象力、艺术设计能力与新颖的创作构思。既然喜欢，那就坚持下去，你已经开了好头了，成功也就离你不远了，中国有句古话说：“良好的开端是成功的一半。”

在见到你之前已对你有所了解，当然是好评如潮，而第一次见到你就被你那双水汪汪的大眼睛所吸引，那么清纯透彻，纯洁无暇，之后与你的平凡接触，正是应验了我对你的第一感觉。每一次的课题探究都让我有幸作为你的指导老师，我们在一起探究了许多课题，每次作业你都很认真完成，而给我最深印象的是你的美工和版面设计能力，你经常对我说：“我们的班级真像一个大家庭，我喜欢这个家。”于是有一天你给了我两张自己设计的彩图说是自己花了一个晚上画的，让我贴在教室的线布板上，我知道你是用图画的方式来表达自己对班级的热爱，我感动于你对班级的热爱，更惊讶于你的设计，我想，在我面前的莫不是未来的服装或是建筑设计师吧！

“让我不平凡的是我的才艺和优秀的成绩。如果在教室里看到我，那一定就是在埋头‘啃’书，我喜欢把自己融入到故事当中，尝试那过山车似的情节。我喜欢写作，每一格纸都充满了我内心的情感，作文就是我的内心，就是我多彩的世界。我喜欢书法，用一支可舞的笔沁着幽幽的墨香，编织着我那美丽的文字。”这段独白让我进一步了解了你，一个与众不同的孩子，成绩优异，文采出众，气质优雅。未来的你也许是个大作家或者是大书法家，既然有兴趣特长，那就努力前行吧，父母老师一定是你坚定的支持者。

通过一段时间的了解，我有足够的理由说明你在班里"立"了起来：第一，你在历次测试中取得了很好的成绩，这可以看出你有静心思考的好习惯，有善于总结归纳的好方法；第二，你的组织策划能力凸显了出来，你的历次节目策划，让我惊讶这个貌不出众的女孩有这样的"大手笔"和大智慧；第三，你的人文素养和逻辑思维有了明显提高，每一次的社会实践作品都让我有了在其他学生和老师中炫耀的资本。综合来看，你真有大设计家的天分。

4. 鼓励发展特长，坚持"扬其所长"的教育

从教二十多年来，我一直坚持"扬其所长"的教育。所谓"扬其所长"就是善于发现孩子们的兴趣，重视发展孩子们的特长，这实际上就是"以人为本"、以学生发展为本的教育，这与保证基础并无矛盾，甚至还会相辅相成。

记得 1993 年 7 月我在江西某中学任教时，我的第一届文科高三学生顺利毕业，高考成绩很好。高考总分全市第一、第二、第四名都产生于我班，尤其值得一提的是这个全市第一还是全省第一，是全省的文科状元。学校给我 5 个高考指标而我竟然完成了 15 个，这样的高考成绩当时在全市也引起了不小的轰动，于是电视台也来采访，那一年我未满三十岁。现在回想起来，实际上还是"扬长教育"的回馈，这 15 个大学生中，不乏有音乐、美术专业的学生。当时，为了鼓励他们，我的家里贴满了孩子们的画，也为他们组织了许多场所谓的"演唱会"。而这个高考状元，在就读高一时还有几门功课不及格，但却是语言的高手，思维敏捷，为鼓励她，三年来，她一直担任班长职务。

在我的教育生涯中，我一直特别关注有特长的孩子，并给予足够的

空间让他们去拓展，当然也会给予一定的引导，提醒孩子们注意基础学习与特长训练的时间分配。

班里有位“魔方”高手，玩三阶魔方只需30多秒，在全校小有名气，这位孩子思维特棒，成绩也非常好，我鼓励他把魔方的玩法写出来，于是经过一个星期后，他完成了一本十多页的魔方操作程序册，还收了不少学习魔方的徒弟。

以下是我对他鼓励的“小纸条”：

“只要你有一件合理的事情去做，你的生活就会显得特别美好。”每当我看着你全神贯注地玩魔方时，我就想起这句话。你时常在魔方世界里回旋，看得出，每每成功，你都会沉浸在喜悦的旋律里。在圣诞节晚会的表演上，你的魔方表演赢得了全班同学的掌声，大家都非常佩服你超常的记忆力，在你的带动下，许多同学都开始玩起了魔方，你快要成为“魔王”了。也许正是因为这种“魔力”，你有了缜密的思维，有了寻根刨底追究问题的习惯，有了宁静致远的风格，有了不怕困难勇攀高峰的信心，这些都是你学习的极好品质。“一切尽在不言中。”列夫·托尔斯泰说：“人生的价值，并不是用时间，而是用深度去衡量的。”希望你通过“魔方”培养自己深邃的思想，对人生价值有更深层的思考。

5. 鼓励并培养领袖学生，锻炼他们的领导和管理才能

有些孩子在初中就显现出对某方面特别的潜力，譬如领导力或管理才能。这些学生为人处世大方果敢，在学生群体中极有号召力，对这些孩子的培养则应当在思想上加以引导，让他们有主见，显雄才大略，展领袖风范。

我的“小纸条”这样写道：

因为你的魄力以及你在同学中的威信，你成了我们班级的“学生领袖”，为此你被老师委任为“纪律班长”，我希望借助你的“领袖”力量，使我们班成为“活而有序”的优秀班级，不知你是否有这个信心与意愿呢？

你是我谈话最多最为关注的学生，你一定知道我对你倾注的极大信任与期望。我发现你具备领导者或政治家的一些素质，所以有思想有主见对你来说显得尤为重要，这是“灵魂”，希望你尽快确立自己的目标，因为这样会少走弯路，更容易取得成功。王阳明有句话：“故立志者，为学之心也；为学者，立志之事也。”意思是说：立志是求学上进的心意，而学习则是立志的表现行为。另外，阅读面决定一个人思维与想象的广度，从某种意义上看，阅读决定一个人发展的程度，所以你不爱阅读的习惯让我对你未来的发展有些担忧，我希望你从主观上能够意识到这个问题，积极培养阅读兴趣，通过阅读提升思想，锻造灵魂。还有就是要锻炼口才，政治家往往通过精彩的演讲展示自己的雄才大略，让百姓信服，马丁·路德金、克林顿等这些政治家的演讲无不让民众热血沸腾。

希望你为自己的目标而努力奋斗。

6. 在实践中培养学生良好的学习方法，鼓励学生用科学方法提高学习效率

我也特别注意关注孩子们的学习方法，每当发现了孩子们良好的学习经验，一定给予肯定，并在全班推广。对于学生来说，学习方法就是生产力，发展生产力就能发展生产，提高学习方法就能提高学业成绩。

我的“小纸条”里这样写道：

“牧天”这个名字让我想到了“天苍苍、野茫茫、风吹草低见牛羊”的呼伦贝尔大草原，一个充满童趣、天真烂漫的孩子融于那样的大自然中，那是怎样的一种和谐，怎样的一种心旷神怡啊，而你带给我的感觉真的就是这样的好。你参加辩论赛口齿伶俐，思维敏捷；懂得观察自然事物，分析细致入微；更为可贵的是你还懂得从现象看本质，总结出事物发展的规律，真的了不起！

看起来十分文弱的女孩却能抓住机会承担起班长的工作，而且还会想方设法改善工作方法去赢得同学们的支持与配合，由此，我知道你在处理问题时很注意方法。在学习方面，我也看到了你的优势：在一次地理主题活动展示会上，你知道如何用科学调查的方法去证明自己的观点，知道怎么做结论，向社会推荐一些做法去帮助人们抗击灾害。这些思维的形成不仅对你未来步入国际名牌大学有益，更重要的是会让你成为一个真正有益于社会之人。

“慧”字凝聚着你父母的期望，而你并没辜负他们，你把智慧用在了学习上，让我惊叹的不是你的成绩而是你的学习能力，你“捕获”知识的能力极强，并迅速“内化”为你自己的东西，不仅如此，你还能迅速地做好笔记，很好地表达出来。这些实际上折射出你有敏捷的思维和对外界变化快速的反应力，当第一次惊喜地发现你这种学习能力时，我竟脱口而出：你真是学习的天才！

你的“静悄悄”有时都让我感觉不到你的存在，但你内心的强大却让你特别地“醒目”于我的眼前。同学们在确定学习目标时，甚至没有人敢与你较量，因为他们认为你的成绩太好了，无容置疑的是你的学习方法值得肯定。每天晚修你都能静静地坐于自己的位置学习，我观察你多次，惊讶地发现，小小年纪的你竟然知道这样来学习：你耐着性子一行一行地看那厚厚的英文课本，翻阅字典，做记录，用图文并茂的方式归纳总结知识点，这是很了不起的，中国古话说：“天道酬勤”，这不正是在你身上得到了应验吗！

7. 让“小纸条”成为情绪受伤时医治的“药方”

对于十几岁的青春期孩子，情绪波动乃常有之事，尤其在同学之间遇到交往矛盾时。当孩子们出现困惑或不知所措时，要积极开导。由于面对的是情绪不稳定的孩子，所以用在孩子们身上的话语十分讲究，要注意措词，而用“小纸条”来表达，孩子们比较容易接受。

说句实在话，我真是蛮欣赏你的：钢琴弹得多棒！空间思维多好！英语表达多准！不仅如此，我还发现你信守诺言，班务与内务都做得比以前好了。有时个别同学在语言上对你不友善，你的情绪也略显低落，但外表仍是那么的阳光，你总是面带微笑，两个深深的酒窝蕴藏着深邃的内涵，让我很是感动。于是在一次班会上，我告诉大家你是真正的男子汉，因为你的内在力量很大，胸怀宽广，正因为如此，你受委屈时仍能包容他人的错误，从不与人有正面的冲突。一个人能否得到他人尊重不是看外表而是内心，在很多方面你的为人处世都显示出了你的善良与通情达理，坚持走下去，你会成为品学兼优的学生。

虽然期中时你才来，但你的知名度已经完全盖过了班上的所有同学，这完全凭你实力。首先，唱一首《我心永恒》，就把全年级的师生感动得唏嘘不已；其次是一次年级辩论赛，你的振振有词同样震撼了年级师生的心；第三，班级的一次地理主题活动展示会更让九年级的地理奥林匹克高手不得不刮目相看。诚然，在赞誉的背后你也因短期的不适应而怆然泪下，作为你的班主任，我分享着你的快乐，鼓励你继续前行；也理解着你的苦闷，帮助你寻找解决问题的办法。你性格耿直讲义气，其实我还是蛮欣赏你这种个性的，因为我本人的性格也是如此，但我需要提醒你的是做事要有一个“度”，要讲究一个“分寸”，要能够“适可而止”。

我一直很感谢你对我的认可，当你妈妈把你对我赞扬的话转达给了我时，我很感动，同时我也觉得你和你妈妈的为人处世都很有智慧。你个子虽高，但仍很单纯，心里的喜怒哀乐我一眼就能看出，几次情绪低落时，我都与你深谈，希望减轻你内心的伤感。化学是你内心的痛，当我知道你经常听不懂时也非常着急，我找老师和同学，希望他们能帮助你，但不管怎样，更多的还是要靠自己的努力。由于你在乎别人的看法，所以心里想做的事时常因顾虑重重而无法坚持，于是有些表现的机会就这样失去了，不过，你还是我很好的帮手，值得信赖的学习委员。

这个学期你来我办公室的次数还蛮多的，多数时候我们还是谈得比较好，你还是能够理解老师的心意，对自己做得不好的地方表现出歉意，并表示自己会改好，我想，这也足矣，因为哪个人是十全十美的呢？没有谁不犯错误，挫折是人生的财富，正所谓吃一堑长一智嘛，其实人生是在错误中成长起来的。但话说回来，我更多的还是看到了你的优点，虽然你的字写得潦草，但思维却很快，常常是一个问题提出来，最先找到答案的是你。你对班级电脑、电视的管理也很尽力，因此这块工作你做得很出色，维修技术也不错，因为有时电脑、电视出了什么问题，你不在场还真解决不了呢，所以说你是我们班的工程师乃名副其实。你与老师的关系也挺不错，有时还会凑到我身边说些有趣的话，让我很是开心，真是一个可爱的孩子。

一个人最重要的是要提升自己的内在美，因为气质、品味都渗透在内在的美里。有人说："有谦和、愉快、诚恳的态度，而同时又加上忍耐精神的人，是非常幸运的。"而你现在已有了"谦和"、"愉快"和"诚恳"的态度，也有了"善良"和"真诚"的品德，这些都是内在美的表现，但你的"忍耐"性却不够，"忍耐"能够让你静心思考，能够让躁动的心灵平和起来，这对学习有着深远的影响。所以为什么你虽然有强烈的进取心，有非常优秀的领悟力和理解力，而成绩却不能冒尖呢？"人生就象弈棋，一步失误，全盘皆输，这是令人悲哀之事；而且人生还不如弈棋，不可能再来一局，也不能悔棋。"这句话警示我们要善待自己的人生，善待我们的学业。最后，我要送你四个字："宁静致远"，希望你在宁静中研究真知，在不断学习中积累才能，实现远大理想。

8. 让“小纸条”来帮助学习困难的学生

初中是形成良好学习习惯的关键阶段。许多学生因学习习惯不好而成为学习困难学生。怎样帮助这些学困生呢？虽然鼓励他们是必不可少的，但追究“学困”的原因更为重要，因为这样才能从根本上解决问题。当我们找到学困原因的时候，就要当机立断地帮助他们解决，我的“小纸条”在这时也发挥着重要作用。

由于父母不在身边，很多事情都得由自己来决定，无论是高兴的事情还是忧伤的事情，都是自己独自分享。作为你的班主任老师，我有时真觉得鞭长莫及，但让我高兴的是，这个学期你进步了，在与你交流中，你告诉我，本次之所以进步是因为我给予了你一定的压力，而我却认为你成功之处是能把压力转化为动力。你要重视培养自己良好的学习习惯，许多老师对有好的学习习惯的孩子都给予很高的赞扬，因为“做一件好事并不难，难的是养成一种做好事情的习惯。”可见好习惯对学习的重要性。学生的天职就是学习，学生时代最不可以怠慢的也是学习，学习的主战场就是课堂，课堂的学习效率取决于听课的专注程度。有许多你看不见的因素会影响课堂效率，譬如坐姿不端正者，气不顺，心则不到，而老师讲课时，书本不翻到所学的内容，手不握笔不随时做笔记者，谓之眼不到，等等，我觉得你有时不够注意这些细节，这些细节往往决定你学业的成败。希望你能够改正。

我经常看到你抱着篮球阳光洒脱的样子，虽然现在你的个子不高，篮球也打得不太好，但只要开始喜欢运动，不久你的个子就会“猛长”，这个时候你特别要注意饮食的全面性。对你课桌抽屉的书本摆放和桌子底下的卫生，我就不敢恭维了，用四个字来形容，那就是“杂乱无章”，你同意我的看法吗？书本摆放不整齐，你就会丢失很多资料，即使没丢，也会花费很多时间去寻找，这绝不是好的习惯，所以，我经常提醒你整理好自己的抽屉，当然，你也有些进步。其实，你的性格不是很外向，在与我交谈中，你时常带着腼腆的笑容，有时我还注意到你脸上快速掠过的淡淡的忧虑，我想，你本意上希望自己学习优秀，但总会有一两门成绩不尽人意，所以你觉得不满意。其实成绩的高低更多的是看一个人学习是否勤奋与主动，相信你下一步会做得更好。

三、原来可以从书本上看到自己的生活

孩子们在书本的世界里学习新知识，又该用怎样的眼光来看待自己生活的世界？他们会不会把书本知识与现实世界结合起来？对没有结合现实世界的单纯的书本知识的学习意义有多大？

书本知识的学习固然重要，而学以致用则更为重要，孩子们在教室的时间毕竟很多，到实践中去探究的机会还是有限，但无论如何我们不要让孩子失去探索未知世界的兴趣。我们暂可以不说外面的世界是怎样

的，我们可以先问问孩子：书本的知识是从哪里来的？生活中有没有发现书本中描述的现象？这些问题其实也是孩子们感兴趣的话题。

七年级学生虽然年龄小些，但他们的探究兴趣一点也不示弱。那么怎样做既能保持孩子的好奇心，同时又能引导他们用科学的方法去做研究？

于是在一次新课结束后我布置学生做一个与书本内容相关的拓展性课题探究，我告诉孩子们先确定一个探究主题。孩子们很积极，忙着翻书查找自己感兴趣的知识，第二天主题交上来了，内容五花八门，有“水循环”、“季节”、“能量”、“酸雨”、“雪”、“海市蜃楼”、“水灾”……题目好大呀，当然，这在我意料之中。

我找来一位主题是“水循环”的孩子，开始了与他关于“水循环”的探讨。

我问：“在生活中你能‘看见’或‘感觉’到水在循环吗？”

孩子说：“能啊。”

我说：“说来听听。”

孩子说：“下雨’就是水循环的一个环节，这是能看到的。”

我暗自高兴，孩子能够联系实际：“说得很好，那还有什么？”

孩子说：“我家养了几只乌龟，有好多年了，我发现冬天乌龟盆里的水少得很快。”

我继续问：“这与水循环有什么关系吗？”

孩子说：“这是蒸发，冬天蒸发量比夏天要大，蒸发也是水循环的一个环节。”

我对孩子的悟性真有些惊讶，接着问：“为什么冬天蒸发量比夏天要大？”

孩子摇摇头，说：“不知道。”

我启发到：“广东什么季节降水少呢？”

孩子反应很快：“冬季，哦，原来冬季干燥，所以蒸发速度快，蒸发量大。”

对孩子的表现我喜形于色，夸奖道：“学得真不错。那水循环还有哪些环节？”

听到老师的夸奖，孩子更来劲了，开始翻书，希望能找到答案。我知道他不想让我失望，脸蛋涨得通红。当然，我有足够的耐心和信心听到他的正确答案。

“河流是地表水，还有地下水，它们最终流入海洋，这是水循环的一个环节。再有就是从海上吹向大陆的风，这也是水循环的一个环节。”孩子很开心地回答。

一个七年级的学生能对水循环有这样的理解，我已经很满意了。但对于研究的主题，我仍觉得很大，于是说：“水循环的四个环节你说得很好，但是以‘水循环’作为你研究的课题，是否大了些？”

“老师，我研究蒸发。”孩子说。

我继续启发：“用什么方法去研究？想得出哪些结论？譬如，冬天乌龟盆里的水蒸发得快，这是你观察得出的，这叫‘观察法’。你还可以做实验呀，这个方法叫‘实验法’。看过父母烧水没有？烧水时为什么有蒸汽冒出？热量不同对蒸发有没有影响？”

另一位学生仍以“水循环”为主题，我用同样的方式与她探讨，后来她把课题缩小为“渗透”，采用实验法研究，将水倒在不同的下垫面上（泥地、水泥地、瓷砖地），观察水的渗透情况。实验后，她发现城市容易出现水涝是因为城市的下地面水泥地多，透水性不好，水不容易渗透下去，却容易在低处汇集。

我花了一个晚上的时间与十多位学生聊他们的课题。整个过程我都沉浸在喜悦之中，因为我发现在每个孩子的内心深处都涌动着一股强烈的求知欲望，就像藏于地下火红的岩浆，在深处一直“呼噜呼噜”激烈地奔涌着，它们在寻找着突破口，而我们之间的探讨，好像真的为孩子们找到了潜能释放的场所。

我要再一次认真地看看这些青春期的孩子们。青春期的孩子开始关注自己的身体，这我们都知道，但他们也关注思想，关注发展。他们希望探究身体的秘密，也渴求探究自然的规律，渴望知道事物存在的道理，那么，我们的教育是否为孩子们打开这扇门？

我所用的“启发式的谈话教学”既让孩子们感到亲切又能引导他们探究的思维，这又让我找到了探究教学的另一种方式，一种令我自己都激动不已而又让孩子们喜爱的方式。许多学生在反思中都表示自己从未用过这种方式学习，他们认为这不仅对书本知识理解得更透彻，而且还发现原来可以从书本上看到自己的生活，如果是这样，岂不是更激发孩子们探究未知世界的兴趣？

四、自然教育的力量

在孩子的一篇周记里，我看到了这样一段话：

“看过学校的玉兰树吗？”同学问，我放下笔，摇了摇头，茫然地看着她。“玉兰树开花了，美极了，去看看吧！”同学不由分说地拽着我来到了草坪上，春去秋来几多载，玉兰树昂然挺立在这里，我怎么就没发现你高雅的身影呢？为什么如此麻木，索然无味？我觉得自己错过了很多很多，可现在，我们却为了考试而成了学习的奴隶，考试也成为我们心中挥之不去的沉重负担。或许，大自然中的绿叶白云、飞鸟红花就是最好的教育者，我们是否要用一颗热爱的心去感悟生活的真谛呢？

孩子的这段话引起了我的沉思，我开始关注教室里贴的那张作息时间表。这张时间安排紧凑的作息时间表，怎么腾出时间给孩子们看那棵开花的玉兰树呢？

孩子们多么渴望看到大自然的千奇百怪，渴望观察大自然的微妙变化啊！古今中外，多少科学家、社会学家、哲学家的成功都是来自对自然、对社会、对人类的观察！春夏秋冬用其美丽的色彩编织着无声的言语，但是孩子们每天有超过9小时的时间是呆在室内，他们倾听不了，就像笼子里的鸟，他们希望到更大的空间里去飞翔。可是它们的力量太小，挣扎不了，最终变得麻木了，这是多么可悲的事情！

孩子借文呼吁自然教育，那么怎样才能得到自然教育的力量？

对于青春期的孩子来说，阅读、观察、体验是多么的重要，这不就是接受自然教育的重要途径吗？

为什么要阅读？从教多年，我认为塑造一个优秀的孩子，大量阅读是必备的。我们不可忽视阅读对孩子健康成长的意义。阅读能促成孩子正确的世界观和方法论，促成孩子思维能力的提高。孩子的成长实际上是思维的成长和思想的成熟。

当孩子积累了一定阅读量后，他们就有接触社会、探索自然的欲望，当我们给予他们一定的时间和空间后，他们就会饶有兴趣地去实践。我们希望孩子多与社会、自然接触，甚至要求他们利用假期参与到对社会与自然的研究中去，并通过研究与探索，得出自己的思想与观点。

为什么要到大自然中去实践？

其实许多孩子很幸运，家长和老师都想方设法创造条件鼓励他们去倾听大自然的语言。

那么，大自然会告诉我们什么？

我们真能听到天籁之音吗？

告诉大家，有一种好方法，那就是“观察”！

众所周知，观察对学习的意义有多么深远，年龄小的孩子观察小蚂蚁搬家，逐渐长大了，开始观察春天柳树的嫩芽，夏天荷花的盛开，秋天枫叶的色泽，冬天雪花的剔透。大自然用无声语言告诉我们事物发展的规律，科学家却把观察表达成文字。

观察是学习新知的开始，观察，让孩子们如此美丽。

以下是一篇以“观察是如此美丽”为题的学生文章，这位因观察而美丽的孩子，告诉我们一些怎样激动人心的故事呢？请欣赏全文：

观察是如此的美丽

观察在字词上的意思是仔细地观看、察看。观察可以使人们保持平静的心态，让人们发现自己以前不知道的东西，观察可以让人变得聪明起来。

观察造就名人。法布尔因观察写成了《昆虫记》、哥白尼因观察创立了《日心说》、诸葛亮因观察打出了“赤壁之战”，促进了三国的成立、伏羲因观察写出了太极……

伏羲的太极是人类最早对宇宙的认识。他观察天象、大地、日月星辰、潮水……并提出了“太极”学说。他说：太极生两仪，一是阴，一是阳。有了阴阳才有了日月之行，从而出现了太极图。之后，他依然观察，又提出了四象，分别是少阳、老阳、少阴、老阴。少阳意为日出时大气上面热下面冷的现象，老阳意为中午时大气上下都很热，少阴意为夕阳西下时，大气上不热下还热，老阴意为午夜时大气上下都十分冷。四象各代表春夏秋冬。但他仍不停止观察，在四象的基础上又创立了八卦，于是有了现在著名的“太极八卦图”，它们分别是：泽、火、雷、天、风 、水 、山 、地 ，伏羲把它记在《易经》里。

观察也使我美丽。我观察地图，明白了中国各省的形状大小，明白了七大洲、四大洋之间的关系。我观察小昆虫，明白了秋风一吹草蜢就蹦不了几天，知道了蚂蚁是用化学气味确定位置的……

萤火虫如何吃有厚壳的蜗牛呢？仔细观察就不难知道。

萤火虫是吃肉的！它喜欢吃滑滑嫩嫩的蜗牛，但蜗牛有厚厚的壳，萤火虫如何吃？大家没想到吧，蜗牛厚厚的壳也有小缝隙，萤火虫就用长长的嘴从缝隙里叉进去，把麻醉剂射进蜗牛的身体里，这样萤火虫就能吃到滑滑嫩嫩的蜗牛肉了!

我个人认为，仔细看书也是一种好观察，它让你知道你所不知道的东西。如果去野外观察，书中的描述对了，那你就获得了知识，如果书上描述错了，那你就获得了别人不知道的东西，这不是很好吗?

观察是美丽的，如果你用观察的眼光看世界，那么这个美丽的世界上无数的财富就是你的了，想得到吗?那就让我们用观察的眼睛看世界吧!

用观察与自然界交流，孩子们一定能倾听到自然界中许多美好的声音，但是仅仅是美好的一面吗?

接下来要讲的是亲身体验，这种体验教育又会收到什么样的效果?

生活在舒适的环境中，怎会听到大自然痛苦的呻吟?怎会感觉到大自然向人类发起的灾难?尽管电视或报纸常有报道，但那是间接的，孩子们感受不深。

前段时间，我带学生去了广州科技馆，孩子们的感悟让我惊讶不已，不禁感叹“亲身体验教育”真是“无声胜有声”呀。

下面是孩子参观科技馆回来后写的文章，题目就是《来自大自然的“反应”》，摘录如下。

来自大自然的“反应”

参观广州科技馆，我体验到了许多，也感悟到了许多。台风仅仅是来自大自然的一个小小反应，可是带给人类的破坏性却是如此之大。可是，来自大自然的反应不仅仅只有台风，还有地震、海啸、火山……而人类对自然规律的不尊重却更加剧了大自然对人类以及其它生命的“反应”。生存环境的污染，生态系统的破坏，留给人类以及可爱的动物们一些什么呢?

——题记

走进科技馆，我就开始在“茫茫大海中寻找自己的珍宝”。

在自然馆里走着走着，突然眼前一亮，一行大字写着“台风体验”，于是我向“台风区”走去。在工作人员的指点下，我便与同学进去了。工作人员告诉我们：“当风大时一定要抓好扶手。”

5级风吹来了，风不是太大，有同学还跳起了自编的“芭蕾”，当然动作不是太优美。

风慢慢大了，刮起了6级、7级、8级大风，于是“芭蕾”停了下来。

9级、10级、11级更大的风来了，于是没有人不小心了。狂风吹起了我们的衣服，我们有着被“连根拔起”的感觉，于是我们一个个都使出吃奶的力气紧紧地抓住“救命”的扶手。

12级大风来了！这风完全可以兴起2～3米巨浪。我们在与风斗，我们在与机器斗，我们在与大自然斗。在这场斗争中，无论我们是怎样地与大自然斗智斗勇，结果都输了，于是我们疲惫地走了下来。

的确，人固然很强，科技发达，武器先进，但也是大自然之子。虽然是大自然的天骄，但也不过是一个微薄的生命；虽然能战胜其它生物，但终究逃不过大自然的惩罚。

在自然没有发威时，我们沾沾自喜，说出了“人定胜天”的大话，可地球不就是轻轻地震了一下，摇了一下，吹了一下，而结果人类遭遇到的灾害，后果往往就不堪设想。

2010年，地球上里氏7级以上的地震就不下十次。

我们不禁要问：自然灾害仅仅是地震、台风吗？人类的有些活动难道就不是加剧自然灾害的帮凶？我们做了什么？人类的活动是否遵循自然规律？我们要知道：被破坏的环境一定会影响到大自然本身，导致大自然通过自我调节和循环达到一个新的平衡，但这个新平衡对人类与动植物是否适应？我不得而知。

请看来自大自然的一些反应吧。

鱼儿是水中的精灵。有的在欢乐游动，有的却慢慢消失了……不是因为自然界食物链的断裂，而是因为人类破坏环境。当工业和生活污水污染了鱼儿的生命之水时，它们的腮被伤害了；当误食了人类抛弃的塑料袋时，由于无法消化，它们的食道或“小肠”被堵塞了。于是，它们因吃不下东西或无法吸收食物的营养而毙命；当石油泄漏到海洋，大海燃起熊熊大火时，水热了，鱼儿特有的声纳定位功能会消失，它们也将被烫死。

鸟是自由的象征，它越飞越高，可是，当“砰”的一声枪响，鸟儿已命丧黄泉了。许多美丽的鸟儿有着精神上的自由，而肉体却在笼子里面，多么可悲啊。

还有小虫，熊……

蜜蜂是花儿的使者，可现在，花儿少了，当它们在巢中过冬时，总是想着未来，可是却往往看不到明年的春天。为了活命，蜜蜂离开巢，远离了蜂王，到很远的地方去采蜜……

一篇题目是《西方蜜蜂大失踪》的文章里这样说道：

从2006年至今，生活在美国以及欧洲一些国家的蜜蜂，突然不再沿袭它们数百万年来形成的“作息表”——某一天一大早，它们像往常一样飞出去劳作，然而直到日薄西山，养蜂人都见不到它们归巢的身影。数以万计的蜜蜂神秘地消失了。

蜜蜂的无故消失如果持续下去的话，对于人类无疑将是一场巨大的灾难。据说，爱因斯坦曾经做过这样的预言：“如果蜜蜂从地球上消失了，那人类只能再活四年。”因为如果“没有蜜蜂，就没有授粉，就没有植物，就没有动物，就没有人类。”

蜜蜂去了哪里？是因为滥用农药？是转基因食物作祟？还是因为蜂群爆发新型病毒？难道是蜜蜂的生存压力太大？

曾经的精灵，现在的尸体；曾经的欢聚，现在的离别；曾经的欢笑，现在的痛苦……

一本资料里曾记载过一只被吸过十八年胆汁的胆熊，人们在它的尸体上发现了大小300多个肿瘤。

试问，如果这些动物们有思想的话，那么在奄奄一息时，它们在想些什么？它们有美好的回忆吗？

人类应当对大自然做些什么才能使自己及其地球上的其它生命免遭大自然的恶性“反应”？答案只有一个：人类必须好好保护大自然，遵循自然发展的规律，因为只有这样，才能保护人类自身，才能保护地球上的其它生灵。

这篇文章深深地震撼着我的灵魂，我感叹这位孩子微弱的嗓音里发出的沉重的呐喊，感叹他抒发出的对大自然真挚的热爱，感叹他对自然界生灵的同情与悲怜，我与他有了同感。是呀，大自然有其自己的运行规律，在这个强大的规律面前，人类唯有遵循并顺应。当然，我们也可以在小范围里做些改变，但是不遵循规律一意孤行破坏它，难道不会遭受大自然的报应？

自然教育的力量不仅表现为感召学生的环保意识，自然界用大手笔书写出许多成功背后的故事，以此激发出学生不畏千辛万苦，孜孜以求地探索精神。

那么成功的背后是什么？这些故事将怎样激励孩子们勇于探究自然？

一位七年级孩子的一篇《成功的背后是什么》讲述了他对成功背后的看法。

成功的背后是什么

成功的背后是什么？哥伦布为什么能成功发现新大陆？法布尔为什么能成功写出《昆虫记》？鲁滨逊为什么能在荒岛生活17年后回国？他们成功的背后是什么？他们为什么会成功？

一位外国的探险摄影家曾去过一个不为人知的、深山老林里的山洞，为了拍摄山洞里的奥秘，他不惜冒着生命的危险。在阴暗潮湿的洞里，他的电光不幸惹怒了洞内的动物们，于是许多蝙蝠从他头上飞过，有些蝙蝠用嘴咬他，而虫子却从他的裤缝里钻进去咬他。为了拍摄，他如同一个木桩任凭蝙蝠“射击”，蚊虫“撕咬”。事后，他在一次电视节目中说：“当时我进去了，蝙蝠从我头上哗啦啦地飞过，用嘴咬着我；小虫子成群结队地从我的裤缝里进去，咬我的身体，最后我都忘记了自己是怎么出来的。恐怕是因为洞口的强光让蝙蝠、蚊虫受不了，它们才陆陆续续地离开了我，从那以后，我就非常害怕蝙蝠以及那些咬过我的虫子。”我虽然忘记了他的名字，但他的事迹深深地感动了我。

哥白尼提出了“日心说”。他知道他可能会被教会烧死，但他依然冒着生命的危险，把真理告诉了大家，这成了永久的佳话。他虽然被烧死了，但他与他所发现的真理同在，他的灵魂是永存的。

历史留下了许多成功的人与他们的事迹，譬如，孔明奋不顾身独守空城，董存瑞舍身炸碉堡，欧阳海舍身拉惊马……他们当中谁不知道后果？孔明知道万一敌人来攻打他们，他们必死无疑。董存瑞、欧阳海都知道事情的后果，但他们义无反顾地做了，而且做得很好！因为有他们，我们才可能有现在的生活，如果没有他们，那我们要做出更多的牺牲。

我们不禁要问成功是什么？我想说：成功是为祖国、为人民做出的奉献，是为祖国、为人民做出的有意义的事业。

那么成功的背后是什么？我想说：成功的背后是冒险的精神！是不怕牺牲的精神！是不顾生命危险为祖国人民做出奉献、做出有意义事业的可贵的、高尚的品质！

成功与失败是对双生子，成功的希望与不成功的失望同样的多。成功带来喜悦与信心，成功的背后是什么？成功的背后既是勇敢、坚强、执着的品质，更是不畏艰险、勇于牺牲的精神。

自然界造化出千奇百样的姿态，展现着万物运行的规律。

倾听大自然的声音，孩子们可以知道为人处世的道理，激发探究未知世界的热情，勇于攀登无限风光的险峰！

自然教育的力量是多么伟大！

五、参加社会实践

美国著名作家和历史学家房龙在《人类的故事》里告诉我们人类刚出场时的舞台是如何布置的。他说， 人类的历史发生在浩瀚宇宙中一个小小的星球上，起初，这个星球是一团大火球，是浩瀚宇宙之洋中一缕云烟，火红的岩浆四溢了几百万年，慢慢冷却形成了薄薄的岩石层。大雨不停地倾盆而下，打在这些没有生命的岩石上，冲刷着坚硬的花岗岩，并把沙石带进山谷……就在某一天，伟大的奇迹发生了：在死气沉沉的环境中，生命出场了。第一个生命细胞在海水中漂浮着奇迹，人类却在最后时刻来到这个世界演绎着精彩。

虽然人类是最后一个来到世界的动物，但却首先开动脑筋，有了征服自然的力量。所以说，人类天生有探究的欲望。

房龙说："我们生活在一个巨大问号的阴影下，我们是谁？我们从哪里来？我们到哪里去了？但是，凭着百折不挠的勇气，渐渐地，我们已经把这个问号朝遥远的地平线推移，并期望在地平线之外找到答案。"

所以说，人类还有一大优点，那就是有足够的勇气和胆识跨越种种障碍，在宇宙中一颗普通的星体上书写美好的未来。

探究、勇气、胆识乃人类之本能，是写进人类生命基因里的符号，这向我传递了一个怎样的信息呢？带领孩子们去探究外面的世界是否很重要？又该怎样去做呢？

1. 连南、阳山地区的社会实践

我曾带孩子们到粤北连南、阳山地区做社会实践。那是一次集考察、学习、旅游、交流、扶贫为一体的社会实践活动。我们确定了 14 个考察点 28 个主题，形式上成立 4 个大组：策划组、社区组、记者组、摄影组；内容上分成 4 个大组：科学组、人文组、环境组、旅游组。

我们强调研究过程而不是结果，重视学生在观察、探讨实践中如何解释、讨论和评价各种问题及所涉及的技术和思想过程。通过实地考察，同学们查阅资料，听当地导游讲解，结合自己的观察与感悟，写出了有价值的小论文。

科学组的同学在参观感受温泉时，提出“温泉是怎样开发出来的？”、“它的主要成份是什么？”、“它对人体是否有副作用？”、“是否任何地方都可开发温泉水？”等问题。

人文组的同学测绘阳山平面图，提出了合理布局的建议，还研究了历史人物韩愈及少数民族风俗习惯和传统节日。

环境研究小组的同学，预测未来阳山、连南地区社会经济、环境变化的情况。

旅游小组的同学回校后认真思考，写出了关于开发阳山、连南旅游资源的建议并以书信形式寄给当地县人民政府。信中写道：第一，旅游配套服务要跟进。当地旅游景点较多，相对来说，住宿、饮食、卫生等配套设施还没跟上。第二，要加强广告宣传的力度。充分发挥电视、报纸、网络等媒体作用，让阳山、连南走向全国，走向世界，让更多的人了解关注阳山、连南。第三，引进人才，发展教育。当地办学条件差，失学率高，要尽快改善办学条件，引进人才，造就人才，发展经济，为当地老百姓服务。

这次活动成绩斐然，收效甚大。

下面是从学生的总结中概括出的几点收获：

- 通过交流和体验，我们了解了经济发达地区与边远山区经济、文化的差异，了解到粤北山区独特的地理风光与少数民族风情，学习、尊重、理解少数民族文化风俗，锻炼了解决问题的能力。
- 通过服务与扶贫，我们领会了“希望工程”的丰富内涵，健全了自我人格。我们大多来自富裕家庭，常表现出这样那样的不足，大手大脚或自私、孤僻，通过考察山区人民的生活，反思个人生活及价值观，我们明确了肩上的担子，增强了心中的责任感，学会了关心他人，关心社会。

■ 通过这次社会实践，我们的批判性思维、求异思维得到了很好锻炼。来到粤北山区，我们发现这里有煤、石灰石、地热、有色金属、水力、森林、旅游等丰富资源，如何开发利用这些资源？当我们陶醉于现代工业文明所带来的种种方便时，同学们也在为地球上资源不断枯竭多了一分忧虑，如何合理地利用和保护资源，使经济、环境、资源可持续发展呢？

■ 此项活动，我们成立了策划组，参与策划和管理。我们填写阳山、连南社会实践调查策划表，交给班级策划组，研讨后初步形成方案。我们又成立社区组，在旅游区开展“环保志愿者”行动——拣垃圾，培养关心社会、关心自然、关心环境的责任感。每班还成立摄影组，切磋摄影技术，拍摄图片，开摄影展。每班又成立记者团，负责采访当地居民、同龄伙伴，同学们写出他们的感受，并发表自己见解。与当地中学开展手拉手活动，了解了山区同龄人的生活、学习情况，他们刻苦学习的精神激发了我们，培养了同学们关心社会、关心国家发展的意识和社会责任感。

2. 曲江仁化地区的社会实践

一次，我又随孩子们一起踏上了远赴韶关曲江仁化地区社会考察的征途，在这段非常难忘的历程里，同学们写下了许多他乡的故事，以下为学生文章选登。

讲述13万年前马坝人的故事

车行半日，我们来到了粤北山区进行社会考察活动的第一站——马坝人遗址。站在马坝人遗址这块温暖潮湿的土地上，我们的心被好奇与激动撞击着。13万年前，这片土地上曾经生存着一群中国的早期智人——马坝人，他们是怎样地由古猿向直立人转化的啊！

跟随导游来到一个名叫狮子岩的石洞内——这就是马坝人头盖骨出土的地方。这里现在仍埋藏着许多有价值的化石。

在这里我们看到了用钢化玻璃做成的马坝人。据导游介绍，它是考古专家根据马坝人头盖骨化石还原而成的。让我来向您描叙一番马坝人的主要特征吧：

面部结构：眉骨粗大，嘴部突出，下巴前伸。

四肢结构：个子矮小，手长于膝。

生活习惯：长年住于岩洞，用树叶保暖，已经懂得钻木取火。

马坝人博物馆内展出有马坝人时期各种动物的残缺的化石，还有关于人类发展历史的图片。

钻过了人类老祖宗钻过的山洞，爬上了老祖宗们爬过的石山，驻足山顶，俯瞰石山，我们仿佛穿越了时空隧道，13 万年前的情景犹如眼前：一群猿人在山间劳作着，或采摘树上的果实，或手持木棒追赶着猎物，或用石块砍削着树枝，或击石引火烧烤食物……

马坝人遗迹有不菲的考古价值，它是人们了解人类发展史的历史宝地。

讲述六祖弘扬佛法的故事

招隐寺是曲江二十四景之一，位于狮子山后山南山腰，其实只是一个幽秘的洞穴，简陋而清寂。据传高僧惠能（即禅宗六祖）到南华曹溪建寺前在此隐居，寺内至今还保存着六祖当年坐禅、舂米的禅石和米臼。

南华寺坐落在曲江县马坝东南郊曹溪之畔。是我国著名的佛教古刹，又是禅宗六祖惠能宏扬“南华禅法”的发源地。至今有 1 500 年历史，禅法远播海内外，故此寺有“祖庭”之称。六祖真身于 1981 年农历十月升座于修建焕然一新的六祖殿中，以供参拜。这座千年古刹还珍藏着许多有价值的历史文物，是我国宝贵的文化遗产，对于研究我国文化和古建、碑铭、玉雕、木刻、泥塑、刺绣、铜铸、冶炼等方面，都具有重要的历史价值。宝林山中，周围古树繁茂，环境幽静，鸟语花香。特别是几株稀有的古老的水松，生长期数百年，高数十米，直插云天，更是引人入胜。

讲述红层砂砾岩上丹霞地貌的故事

第二天早上，我们来到了仁化的著名景点——丹霞山。仰望这座耸立在群山中的佼佼者，同学们产生了一登为快的冲动。且慢，还是让我们先对丹霞地貌作一番考察吧。

丹霞地貌是指以丹霞山为代表的我国南方独有的一种地貌，它们全部由砂和砾组成，是典型的砂砾山。这些红色的砂砾构成形状奇特的山峰，或壁陡如削，或圆润似玉，鬼斧神工，你想象它是啥，它就像啥。据说，这些山峰还正处在发育中期，难怪这一带被命名国家地质公园，真是名不虚传啊！

丹霞山也以“险”而闻名，有几处地方都是笔直的。我们只好手脚并用地一步一个石级地往上爬。我们爬的时候，同学们并不害怕，强的帮助弱的，大的帮小的，团队精神在这时体现出来了。我们一路爬，一路欣赏着风景。山路两旁赭色岩石兀立，置身其中，使人产生步入仙境之感。我们好不容易才爬到了山腰上，向下眺望，云蒸霞蔚，烟雾缭绕，简直就是人间仙境，让我们为之陶醉，为之倾倒，爬山的劳累顿消。到达丹霞山最高峰——观日亭时，大家早就忘却了疲劳，尽情眺望着白云、蓝天、红山、绿水，心里有着一种说不出的美感。

丹霞山的地貌刻在了同学们的心坎，有机会，我们一定再来揭开它留给我们的种种谜团。

讲述省爱国主义教育基地“双峰寨”里的故事

起初听到“双峰寨”这个名字，我们还以为是个少数民族的寨子。到了那里才如梦初醒，原来寨子是上个世纪初当地人民群众用来保护自己的围城。双峰寨的结构奇特，修筑牢固，凝聚着仁化人民的聪明和智慧。后来发生在寨子里的故事却流传至今。

1927 年大革命失败，800 余名农民赤卫军退守寨子，与国民党反动派三个团进行了殊死激战。抗守了 10 个月，500 余名牺牲在这里。这就是著名的“双峰保卫战”。

因此，双峰寨在 1987 年被定为韶关市爱国教育基地，在 2000 年被定为广东省的爱国教育基地。

站在寨子当中的坪里，我们思绪万千：脚下的累累白骨可以安息了，你们的血没有白流。今天，任何反动派都不敢觊觎寨子，你们的英灵永被后人祭奠。

讲述他乡同龄人的故事

我们走访了仁化的一所学校，这所学校的同学比大家想象的都热情大方。在联欢班会上，大家很快就打成一片，互相聊着各自的爱好、学习、生活。男生们聊得最投契，他们找到了共同的话题，因为他们有着相同的喜好，或是篮球、或是网络。然后有些同学互相交换了 QQ 号码，欢声笑语，气氛格外融洽。

谁说这里地处偏僻？现代文明照样在此生根开花。从热情大方的同学的身上我们看到了粤北山区的未来。

临别，我们进行了激烈精彩的篮球赛，两个场子同时开赛，你来我往，激战正酣，谁料天公不作美，上半场还未结束，倾盆大雨不期而至，球赛匆匆结束，考察活动也匆匆地结束了。这场没有结束的球赛是否预示着意犹未尽的我们终有一天还会将比赛继续下去？

12 月 18 日，带着沉甸甸的收获，怀着恋恋不舍的心情，我们凯旋了。这样一段毕生难忘的历程，也随之成为了历史，永不可磨灭的历史……

中国孩子多以学习书本知识为主，我认为书本知识的学习仅是人的发展的很少的一部分，更重要的部分是生存能力以及对社会的贡献。诚然，书本知识是基础，是必须掌握的，是不可或缺的，但最终，人必须走出书本。

有首歌唱到：外面的世界很精彩，外面的世界很无奈。精彩的世界充满着无奈，那么，这个世界精彩在哪里？又无奈在哪里？难道不应该让孩子们去了解、体验吗？难道不应该让孩子们去分析、判断吗？难道不应该让孩子们在是非的现实中学会做结论，形成自己的思想和观点吗？

在学生时代就应当了解、接触外面的世界。因为诸如环境、人口、粮食、资源、能源、健康、疾病、社会教育等影响人类生存的问题，也势必影响着孩子目前以及未来的生存。我们的孩子要学习解决问题的方法，对世界的看法不应偏激，要能够接受多元文化，宽容待人，要能够帮助并支持同伴。对知识的获取要保持积极性和好奇性，这样才能迸发出创造性，创造性对当今世界的发展是多么的重要啊！

《人世间最后的伊甸园》里有这么一段话：人生一世，草木一秋，生命对于每一个人来说只有一次。我们在这个世界上行走，营造的绝不只是脚下这块狭窄的空间。正如著名作家萧乾所说："人生就是一次不带地图的旅行。"的确，人生就是这样：一次次出发，一次次告别，一次次到达。而每一次出发，便是一次心灵的净化，每一次告别，便是一次精神的皈依，而每一次到达，便是一次梦想的实现。

青春期的孩子们现时仍处于生命历程的起点，当他们有了对外面世界的热爱时，家长们、老师们，那就不妨让他们到外面的世界中去搏一击吧！

六、读书、实践与思维的形成

1. 读书、实践与思维的形成

首先，谈读书。

在谈论这个问题之前，我想问的问题是：人最重要的是什么？是知识还是智慧？

一本《世界上最成功的教育——犹太教育揭秘》这样写到：“知识与智慧是不一样的，知识是说你知道某一样东西，智慧是你怎么样把你知道的东西和日常生活结合起来。”

许多学校的校训里都有“读书明理”的口号，这实际上反映出读书的两个目的，第一是扩展知识面，第二要明白做人的方法和道理。犹太贤哲曾这样说：“如果一个人读了很多书而不会使用书上的知识，仍可能是只驮着很多书本的骡子。”

教师如果只是一味强调书本知识的学习，岂不是培养一些“只驮着很多书本的骡子”吗？

第二，谈实践。

在谈论这个问题之前，我还想问的问题是：怎样才不做“只驮着很多书本的骡子”？

这里借用美国华盛顿儿童博物馆墙上的一句格言来回答这个问题，这句话是这样的：“我听到的会忘记，我看到的能记住，我做过的才真正明白。”其实这就是“学以致用”或“知行结合”的道理，正如希腊剧作家索福克勒斯曾经说过：“人必须通过实践来学习，你自以为懂得是不够的，只有尝试以后才可以确定。”这就是实践的意义。

第三，谈思维的形成。

我把学习看成正逆两个过程，正向的过程是在学习中实践，逆向的过程是在实践中学习。无论哪个学习过程，真正的目的是要在现实中灵活运用知识，形成解决实际问题的思维。因此要创新学习，这个创新学习是建立在思考的基础上的，要敢于怀疑敢于发问，思考和提问会使人进步，发问和答案一样重要。

《阅读、实践与思维形成》是九年级一位学生在一次部门学生大会上的发言稿，从发言内容看，他的思想已达到一定深度，他是怎样做到的？无需我多说，文章已把他的做法清楚地呈现于大家眼前，而我也想借此文章表达我这方面的思想和观点，分享我在指导阅读和实践等方面的一些做法。

2. 学生文章分享

阅读、实践与思维的形成

大家一定都听说过培养出许多将军和总统的西点军校吧！它对学生的要求有三个方面：第一是健康，第二是学术，第三是实践。这恰恰与我今天所讲的话题不谋而合。

下面就我的观点做一些阐述：

（1）阅读——热爱阅读的人视角开阔。

这是因为每一本书都是一个全新的世界，打开一本书就是进入一个新世界。

■ “开卷有益，读书好处多”。

这是自古以来人们的共识。每一个人在知识的山峰上登得越高，眼前展现的景色越壮阔。书本无疑是知识的主要载体，因此阅读是我们获取知识的源泉，要让自己变得聪明起来，必须多读书，读好书。

■ 读书不缺时间。

有的同学可能会说：功课那么多，作业要完成，哪里有时间看书？其实只要你肯挤时间来读书，就不愁没有时间。就像大文学家鲁迅先生说的：“时间就像海绵里的水，只要你愿意挤，总是有的。”我们可以用午休、放学做完功课以后、节假日等点滴时间来读书。每天一点，积少成多，积沙成塔。

当然我相信大家都读书，而且读的种类各不相同，也许你读的书可能很多，但我们依然不可能读完全部的书籍，既然不可能全部读完，那就应该有选择性地读一点。

■ 如何选择书籍。

如何选择书的问题，其实很简单，就从你最感兴趣的书开始。如果偏重历史，最好先对通史有个大概了解；如果是文学，则应对文学的发展及种类有大致了解，然后才好在此基础之上找准喜欢的书。

我们不可能样样全能，所以应该先找出自己感兴趣的，然后看些入门级的介绍书籍，再逐步找专门的书籍看。

当然，有一些例外，譬如网络小说、武打小说之类。这些作品像一朵朵盛开的罂粟花一样，充满着诱惑，很能使中学生沉迷其中而不能自拔。这些小说，人们称它为“快餐文化”，就像方便面一样，只求一个快，没有内涵和深度，更谈不上什么营养了。所以，这类小说建议大家少接触为好。

中学生阅读书籍推荐

这里我推荐几本好书。

历史类的：《中国读本》等。

中外名著类：中国古代四大名著、《家》、《茶馆》、《围城》等。

名人传记：《乔布斯传》等。

（2）实践——实践是学会运用知识的重要步骤。

阅读尽管能获得广博的知识，但与未知世界相比，只是很少一部分，未知的世界实在太广袤了，而且就我们已获得的知识来说，或许都是“死”的东西，我们只有将它用于观察世界、分析问题时它才能“活”起来。知识只有通过人的感觉和思维发生联系时，其价值才得以体现，而“感觉”和“思维”联系的桥梁正是实践。由此，可以得出关于“实践”的几方面认识：

第一：实践是对已知知识的运用，同时也是对未知世界探索的重要手段；

第二：实践能巩固已学知识，积累经验，并且能发现新知识；

第三：实践是学会运用知识的重要步骤。

许多同学也许有过这种经历，当你了解关于某种东西的知识时，你一定愿意到实践中去探究，逐步获得个人的思想和观点，并能解决实际问题。

《美丽世博》是我的处女作。2008 年上海世博会召开，由于我对科技方面的兴趣，所以 5 月份就开始筹划世博会之旅，阅读了《设计世博城市》（上海书店出版社）和《城市发展中的中华智慧》（文汇出版社）等书籍，7 月份到上海，虽然只有三天时间，但我看得很认真，写了一本《美丽世博》的小册。这里我要给大家的建议是：在实践前一定要对相关的知识有所了解，这样你才会对你所要进行的实践有兴趣，而阅读相关书籍是获得相关信息的最好方式。

2011 年 3 月 23 日下午，学校组织我们去了汕尾渔村进行社会调查，我完成了《陆地上的海上居民—— 广东汕尾疍家人经济与生活的调查报告》。这里要给大家的建议是：对于调查报告要知道如何找调查的切入点，如何与当地的人沟通，怎样获取第一手资料，如何处理这些资料，如何做出结论，得出自己的观点等，这就是思维的形成过程。

学完中国历史，我对自己所在的城市——广州产生了兴趣。广州是座拥有悠久历史的文化名城，也是中国近代革命的策源地，今年恰好又是辛亥革命一百周年纪念，于是在 2011 年寒假，我又开始了对广州历史与文化的探究，探究范围多集中在地铁一号线附近，于是就有了《广州地铁一号线的故事》。故事追溯到 3 000 年前的广州，以历史的发展为线索，讲述了疍家人、南越王、西关小姐、西方殖民者、孙中山、鲁迅、广州起义烈士、毛泽东八个人物。

今年 8 月我再一次对千年古镇——玉山冰溪，我父母的故乡，力行九天的探究，并以叙事的方式完成《冰溪故事》。《冰溪故事》是以社会体验叙事的方式进行，说到用叙事的方式来写文章，还源于《猎人日记》，是它让我的《冰溪故事》有了一种新的表达技能。

这两次社会实践，我要给大家的建议是：

第一：通过了解城市历史来理解与感悟社会发展，让自己的思想逐步涉足到社会学与人类学的范畴。

第二：可以用讲故事或者体验叙事的方式来呈现自己的观点，这样文章会更生动有趣。

各位学友：阅读会让你拥有更加渊博的知识，让你在社会实践中如鱼得水；社会实践会让你拥有更加灵活的思维，让你解决一切难题；灵活的思维会让你更加容易地去适应社会，让你更加容易地获得成功。

（3）思维——思维是一种建立在实践基础上的能力。

关于思维，举一个例子：马铃薯的推广。

马铃薯原本生长在美洲，它的块茎具有很高的营养价值，而且它的产量相当高，既可以当做粮食来吃，又可以当做蔬菜食用。法国农学家巴蒙蒂埃来到美洲发现了这种植物，他对马铃薯做了非常细致的研究，最后肯定其具有很高的种植价值，于是就带了一大袋的马铃薯回到法国，想要在法国推广种植这种农作物。

回到法国后，他就在各大报刊上面刊登了这种农作物的好处和种植方法。但是法国人民因为早就形成的种植习惯以及对新事物存在的偏见，没人愿意种植这种从来没有见过的植物。有些迷信的农民认为，马铃薯其实是一种魔鬼的苹果；保守的医生则认为，人们一旦吃了这种奇怪的东西，身体就会受到伤害，很有可能会因此而丧命；固执的土壤学家认为，一旦将这种奇怪的植物种入土壤之中，那么土壤的肥力就会被这种植物吸收而最终枯竭。无论这位农学家如何奔走，如何热情地呼吁，就是没有人愿意种植，于是马铃薯在法国依然得不到推广。

后来，这位农学家想出了一个办法，他故意请求国王派出一队卫兵帮助自己看守马铃薯种植园，不允许任何人采摘它的一片叶子。消息传出后，人们都很好奇，附近的农民白天躲在不远的地方偷偷观看巴蒙蒂埃怎样耕种，怎样锄草，怎样施肥。等到了晚上，卫兵们离开休息时，附近的农民就偷偷溜进种植园将马铃薯挖出来，带回家偷偷种植。

后来更多的人了解到这种植物，就向巴蒙蒂埃讨要马铃薯的种子，然后带回去自己种。就这样一传十，十传百，没几年工夫，这种大众作物就传遍了整个法国。

农学家利用迂回的方式，让卫兵看守马铃薯种植园，从而引起人们的好奇，人们相信：只有最好的东西才会用士兵去看守，这种能口口相传的口碑效应远比现在的电视广告还有实效，而马铃薯也在很短的时间内就在法国推广开来。

这就是思维的重要性。农学家利用了自己独特的思维化解了这个难题，而他这种思维的形成是建立在他迂回推广实践的基础之上的。在生活中常常会有难题需要我们用自己独特的思维去解决，所以，对于我们来说，最宝贵的就是思维！

■ 思维是一种建立在实践基础上的能力。

什么是“思维”？从英语的角度来说，思维翻译为“thinking”，意为思想，通常认为思维即为一个人的思想与观点，所以思维并不是我们通常所认为的知识，有专家更是认为它是一种建立在实践基础上的能力，并认为这种能力往往能决定一个人一生的兴衰成败。

■ 思考是一种思维过程，有了思考才会形成思想和观点。

所谓“思考”不单是对知识的理解、咀嚼，更是指对环境、变化的一种反应。

这几年，我走访了许多地方，进行了多次的社会实践，这要感谢学校老师与父母的支持与帮助。

走出校门，到社会上去做调查研究，把书本上学到的东西运用到社会中去，但问题的解决并非一帆风顺。我曾遭受过被拒绝门外，差点被保安甩掉相机的境况，这需要开动脑筋思考，用什么方法去解决问题？耐心、勇气、恒心对问题的解决也显得非常重要。

不同角度的社会实践，使我接触到了社会的许多方面，了解到社会的许多阶层，在实践中，我感受到环境的存在与变化，不断地观察与分析事物存在的原因与变化的规律，尝试着去预见事物变化的趋势。这是一个漫长的思考过程，在这个过程中，我逐步形成了自己的思想与方法，逐步形成了自己的思维方式。

■ 实践的感悟内化为思想，促成了人的思维。

正如上述，我丰富的社会实践让我对环境有了许多感悟，这些感悟逐渐形成了我的思维模式，让我有了解决问题的能力。人和人的区别在哪里？在思维！在能力！在竞争环境里，思维能力决定胜负！有思维的人，就是能独立思考的创造者，他们能够自如地解决社会中的实际问题。没有思维就意味着没有观点，就意味着人只剩下了一个空壳，这样的人行走在充满荆棘的人生之路中又是多么的举步维艰啊。

现在社会上充满了不确定性，所以这些已经被简化的“死”的知识不能使人有效地把握这些“不确定性”，只有“活”的思维习惯才能帮助人相对正确的简化现实的世界。

比尔盖茨登上世界首富后说：“我不再像以前一样认为智商是无可替代的，要想成功，你还必须要知道该如何做出明智的选择，以及拥有更广阔的思维能力。”

本章小结

世界上，所有玫瑰都有刺，也没有两枝长着完全相同刺的玫瑰。

这些步入青春期的孩子们，每个人都是鲜活多彩的个体，他们追求个性发展，向往自由平等，他们需要宽容、理解，他们渴望支持、尊重。

教育这些孩子自觉学习是有意义的。因为他们一无所有地来到这个世界，要在未来站稳脚跟，发展自我，靠的就是“知识”这笔无价之宝。

给予这些孩子足够的发展空间和时间则更有意义。因为他们可以用自己的眼睛看世界，可以学以致用，可以形成自己对世界的看法和观点，可以掌握解决实际问题的方法。

这样一路走来，等待我们收获的是孩子们的成长。

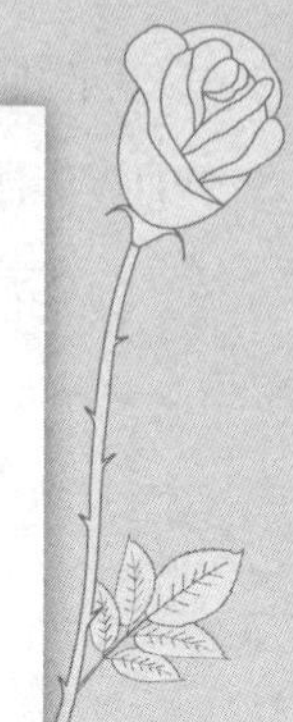

第二章
读懂有刺的玫瑰

玫瑰有刺，乃自然造化。有刺才算完整。不要伤害玫瑰，因为长刺这件事本来就是一个成长规律。

走近有刺的玫瑰，我们发现，这刺虽然不长，但很尖硬。不小心被刺的感觉很疼。但不要因为“玫瑰”的“刺”而惧怕甚至伤害“玫瑰”，亲爱的父母，呵护有“刺”的“玫瑰”方法很重要。

如果谈论父母与孩子的关系，那么“刺”实际上就是孩子与父母之间的距离，“刺”让孩子像括号一样把自己包括了起来，“刺距离”使得父母不能与孩子很亲近，这就意味着亲子关系在孩子进入青春期时正在悄然变化。

在不知不觉中，孩子似乎不再需要家长们的拥抱和呵护了，他们可能会把父母好意的做法当成是冒犯，把善意的劝说看成是啰嗦。孩子的房间没有以前那么整洁了，日记本可能会收藏起来，打电话时会把门关起来。

而在孩子看来，他们的父母似乎也发生了变化。父母给自己的空间小了，说话变得蛮横无理了。许多孩子与父母的沟通变得困难起来，他们抱怨家长的教育观念和教育方式陈旧，父母给予的压力使他们抬不起头，于是开始有了对父母的不满……

一时间，似乎这个世界乱套了，许多父母想不明白，这到底是怎么了，为什么孩子现在变得不那么可爱了呢？

要回答这个问题得从亲子关系说起。

亲子关系其实蛮复杂的，但多数情况下表现为依恋的关系，即父母与孩子的情感依恋，这种依恋从婴儿期直至成年期。许多父母希望一直保持与子女的这种亲密的依恋关系，所以他们付出很多，也希望子女明白事理，懂得感恩。伴随着孩子的长大，父母仍就放不下这种依恋，仍就用这种依恋将孩子紧紧拴在身边，这无疑阻碍了孩子独立探索世界的欲求，致使孩子长大后仍就不能心智成熟。

孩子们是怎么想的呢？

父母的这种放不下的依恋对孩子造成了怎样的负面影响呢？

这种爱缺少了什么？

我把这些话题抛给了我的学生，请听听他们的回应。

其实亲子关系是一种很神奇的东西，这种神奇的东西到现在我都无法完全理解，但无论如何，我都要感谢父母，因为他们带给了我生命，并尽全力养育着我。

小时候，在父母百般呵护下，我们幸福地生活，快乐地成长。但是，我们会长大啊，父母仍用老眼光看我们，对我们放心不下，这些过多的爱，让我们难以承受。在父母眼里，我们都是长不大的孩子，所以我们的一言一行都要按照父母制定的要求去做，他们似乎包办得太多，我们似乎一无是处。可事实上，我们在成长，这是自然规律。

每个小孩都会长大，到青春期的时候，大部分子女多少都会和父母发生矛盾，有时真的很烦他们的唠叨，这些唠叨填塞着我们的头脑，让我们没有自己的思想空间。父母们，你们的孩子已经长大，请给予我们自己探索的空间吧。

苦恼之后，还是要为自己的成长负责，我们既不应该逃避亲子之间的矛盾，还要努力维系这种亲子关系，因为他们毕竟是给予我们生命、养育我们长大的父母，我们希望一起解决我们的矛盾。

（1）亲子之间要多沟通，分享彼此之间的想法和建议，尊重各自的思想和观点。

（2）亲子之间也可以一起参加有意义的活动，这样可以更加了解孩子的想法。

（3）父母不能只说孩子哪里不好，要经常给予孩子一些鼓励。当父母唠叨的时候，孩子也要想想是不是自己还没做好。

孩子逐渐长大，身体和心理方面的许多变化是成长规律所致，父母面对孩子的变化是否还以不变应万变？父母该怎么做？怎样读懂孩子？

在我看来，孩子的身心发生了变化，做父母的首先要尊重这种变化，因为这是人成长的规律。其次父母应该在思想上和行为上接受这种变化，包容这种变化。第三父母要用恰当的方法去应对这种变化，在应对变化的过程中，对孩子施予正确的引导，让孩子走在正确的变化道路上。

一、冰山的下面是什么

我们很多家长并不注意怎样与青春期的孩子相处，于是亲子之间产生了许多矛盾，有些矛盾甚至不可调和，这些让孩子们、父母们都十分痛苦，也影响到孩子的身心发展。

为什么亲子之间的矛盾会演绎得这么尖锐呢？

孩子们之所以现在成为这样，家长们知道深层的原因吗？父母们了解孩子们内心的所思所想吗？

孩子们又需要什么样的父母呢？家长们是否仍然沿用着儿童时期的教育方式来教育已经走进青春期的孩子呢？要知道，青春期的孩子已经开始出现与父母们不一致的观点了！

1. 对“冰山”的讨论

在一次家长会上，我给家长展示了一幅漂浮在海洋上的冰山图，问家长这样一个问题：“冰山的下面是什么？”

许多家长的回答都是：冰山的下面是巨大的冰体。

如果单纯从问题的本身来回答，这个答案没错。

如果从孩子的教育角度来回答会是怎样的一些答案呢？

我们知道，冰山是漂浮于水面以上的冰体部分，可这浮于水面的雄伟壮观的冰山仅占所有冰体的1/7，支撑这1/7冰体的是水下的6/7！

这会让人联想到什么呢？

我想到了这样的一个道理：可见的1/7因素来自这不可见的6/7

因素!

如果从教育的角度来看又会有什么启发呢?

我每天与孩子相处，每个孩子的习惯或表现都各不相同，在孩子身上有许多好习惯和被老师或家长看来很好的表现，也有一些不良的习惯和被老师或家长认为不好的表现，这些习惯和表现都是可见的。

那么导致这些外在表现的不可视的因素占了多少呢？根据“冰山理论”,形成这些可视习惯的不可视因素占了6/7！正所谓习惯非一日养成，这些不可视因素的长期作用，造就了每个孩子的可视习惯和表现。

作为家长和老师，在关注孩子外在习惯和表现的同时，是否更要注意导致这些习惯和表现形成的潜在的不可视的因素呢?

亲爱的家长们，如果只被孩子的表面现象所迷惑，而不了解孩子内心深处的思想，岂不就是只见冰山一角，而无视冰山之下呢?这又怎么能很好地理解孩子，教育好他们呢？那么该怎样才能更好地了解自己的孩子，用恰当的方法去教育好他们?

2. 我眼中的父母

我带班有一个习惯，就是坚持让学生每周写一篇周记，周记的内容大都以本周发生的主要问题为背景，多数为指定题目，形式可以是论述或记叙等。一学期下来，我可以看到来自学生的对学校、家庭、社会等等多方面的许多观点和看法， 这些生动鲜活、丰富多彩的文章不仅充实了我的教育生涯，同时也让我的工作更有针对性。

以下文章选自学生周记，主题围绕家庭教育。文章告诉我们什么道理呢？什么样的家庭教育观是孩子们所需要的？孩子们又是怎样看待他们父母的呢?

世上没有相同的两片叶子

人活在世上，从出生到死亡，在生命的历程中，都存在着一种无形、无色、无味而又独一无二的思想。我失望于一次又一次地接受母亲的善意管理，我失望于母亲对我的判断，我失望于母亲和我讲的话，我失望于母亲对我的观察不够细微、精细，我失望于母亲要认识、了解我的做法。因为我和别人不同，我并不想说自己的性格特点、人格品质、对事物的看法和态度有多好，我希望她能从我的动作、行为、说的每一句话、每一个表情来判断我，因为我和别人不同。

光阴飘到现在，我从懂事至今一直信赖着一句“人有不同的想法，看法”。在日常生活中，我觉得妈妈管得太多了，该我整理的她都代劳了。比如说衣服，平时不常穿连问也没问（我）就拿去给人或者扔掉，我真的很生气想跟她发泄情绪，那些都是我的“最爱”和穿得最轻松的“宝衣”，但我还是勉强控制住了。因为我很清楚和她讲是白费口舌。还有就是头发，她认为这个头发不好看，非剪不可！她生活的时代与我不同，而她往往就用那个时代的眼光去看待一切事物，她认为外表不良，就认定内在的人品不好，注定做不良少年。当然她的看法也有对的地方，但这不表明所有的人都一样啊。我认为她并不只应重视外在，最主要的还是内在的气质为人，不可单靠一方面就认定一切啊。

假如我是父母，当小孩还在孩童时期，我就要开始培养他的良好品德，因为童年的一切可以影响到一生。到了青春期，则根据情况，看看孩子的性格特点、人格品质、对事物的看法和态度，从而采用不同的方法教育。因为世上没有相同的两片叶子，人有不同的思想与观点，父母的教育要因人而异。

没有自卑感才能堂堂正正走入社会

现在，铺天盖地的报道上写着某某十几岁的孩子跳楼、跳河自杀呀等等！这些孩子们为什么会自杀呢？我想了很久，也许是因为承受不住打击，才在万般无奈之下采取的不明智的举措吧。中国孩子本身就比外国孩子学习压力大，每天都背着学习的“大巨石”，被压得喘不了气。

我不赞成爸爸溺爱孩子，但也不希望爸爸给孩子施压过大。作为爸爸应该根据实际情况正确引导孩子才行。要让孩子有一个愉快的心情，多鼓励孩子，让他自觉学习。其实爸爸强逼孩子学习比孩子自觉学习的效果要差得多。当第一次考不好，把试卷拿回家，被打一顿，以后就因为害怕被打，就再也不拿试卷给家长看了。

在未来的日子里，假如我当上父亲，我决不会打骂孩子，当然也决不溺爱孩子，比如孩子做错了事，打一顿有用吗？孩子就会听话吗？相反地，孩子因为经常挨打，会丧失自信心，感到自卑，心里压力增大，有可能会做出极端的事情来。要想让孩子真正朝好的方面发展，就应该让孩子没有自卑感，这样才能堂堂正正走入社会。

让儿子自由发展不失为一种好做法

假如我是爸爸，我会选择让孩子自由发展。在家做适当的表扬或设置奖项，让他在学习上自觉刻苦，经常带他们出去玩，做些有意义的事情，让他参加适当的培训，培养多方面的兴趣。当然在孩子小的时候应当严格些，从小培养自立和责任感，到了懂事时就放手让他自己自由发展，只要他做的事对自己有益，学习成绩有保证就行了。

不要用暴力对待犯错误的孩子

我认为，作为家长，首先要做好自己本职的工作。我知道爸爸妈妈赚钱很辛苦，还要照顾弟弟妹妹。我也知道爸爸妈妈让我到条件这么好的学校来读书，是希望我成绩好。但是，他们有没有想过我们的难处呢？我们已经很用功了，可他们一听到成绩不好就恼火，经常用一些难听的语言来刺激我们，甚至使用暴力。成绩退步了，听不懂了，这都不是我们想的，他们有没有了解一下原因呢？谁不想搞好自己的学习？

假如我是一个学生的家长，我也许不会把孩子逼得太严。考不好，不要打、骂，要让他自己去分析为什么考砸了，以后该怎么做。让他去总结经验，这样才会有进步。打个比方：许多孩子都有一个毛病——挑食，这很不好，让他什么东西都吃也并不容易，把孩子不喜欢吃的东西硬放进他们的碗里，他们也会扔掉，所以最好的就是跟他说这东西有什么好处。还有就是不能一动不动就打、骂，这样孩子会产生叛逆心理。每个孩子都有自尊，都有属于自己的秘密，所以不能随便看他的东西，还有不能逼得他太紧，与孩子相处，我们呼吁：理解万岁！

假如我是妈妈，我可以用一些既严格又和蔼的方法去教育孩子。如果自己的孩子在学校闹事，老师投诉，我不会用暴力来对待孩子，我会跟孩子好好谈，先把整件事搞清楚，再和老师谈谈，希望老师能原谅。如果孩子在学校不认真，我也会好声好气地跟孩子说话。如果说孩子旷课，我也会让他在门口站上一两个小时好好反省，反省好了自己再跟家长说清楚，不再犯了。所以，对于每个家长来说，教育好自己的孩子是责任，而在孩子身上用暴力，那么就等于把暴力设在自己身上，孩子哭了，家长也会伤心，问题也不能解决。

送给儿子一个好榜样

爸爸，我希望你不要经常抽烟，搞得到处乌烟瘴气，让周围的人吸二手烟，害人又害己。我知道你不能戒了，但我希望你少抽点。也要少喝酒，你只要一喝酒就会喝很多，每天晚上回家都会看到你脸很红的样子，过一会儿就去厕所呕了，这样下去身体会很差的。

假如我是爸爸，我会做个好榜样给儿子看，不喝酒，不抽烟，不赌博，这样儿子就不会学坏。多关心儿子学习，但不要经常催促儿子学习，不要强逼孩子做不喜欢的事情，这样会给他很大压力，要让他觉得很轻松，多鼓励他学习，要让他知道学习是循序渐进的，要慢慢地来，成绩自然就会上来了。多做点思想教育，这样他就很难学坏，上大学前不让他拍拖，这样他就可以专心致志地学习了。

对孩子的教育更需要耐心

教育需要耐心，对孩子的教育更需要耐心，怎么做才算是耐心？我认为有三种态度：

第一：平静地坐着和孩子谈心，父母与孩子是平等的关系；

第二：一个劲地讲道理，絮叨半天也不考虑孩子的反应；

第三：听说孩子出了问题，不问青红皂白拿着鸡毛掸子就打。

我会毫不犹豫地选择第一种方式。平静地坐着平等地谈心，在聊天中插入话题，了解儿女的心情，这样不会让儿女觉得紧张，也不会觉得无发言权。有的家长，只要自己的孩子有一点点事就整天拿着那件事跟孩子说，哎，家长不烦孩子也会烦，所以家长不应该太唠叨。而我的父母应该也属于第二种：一个劲讲道理，一个劲唠叨，只要一说起，我们都低头不说话，没有发言权，不管怎么说，有没有道理也会被妈妈说回去，所以我们也只好不说了。有的家长只会打，以为打了孩子就会改正，但我觉得打是没用的，不但家长心痛，说不定孩子的胆子会越来越大，心里也会想：只不过被打一顿，打完了就没事。希望父母对孩子的教育要耐心点。

妈妈请您多陪陪我

好久没有跟妈妈说心里话了，也许是她工作越来越忙的关系，我觉得和妈妈谈心的时间越来越少。妈妈在家的时间几乎很少，所以当妈妈有空在家里陪我时，我既高兴又觉得很奇怪。虽然在表面上我会表现得很随便，很无所谓的样子，但是在心里，我是多么希望妈妈能有时间和我说心里话啊。我实际上是孤独的，父母不在家时，我只能用玩电脑，看书，写作业，看电视或者是睡觉来打发时间。虽说看起来很丰富，安排很妥当，但是电脑玩久了，电视看久了，都会对眼睛和身体不好。所以希望妈妈尽量找出时间来陪我，不要再让我一个人孤单地在家里了。还有，我发现最近和妈妈闹别扭的次数也在不断增加，我想大概是妈妈不经常在家，慢慢地变得不了解我了吧。我不想把关系搞得那么僵硬。

爸爸请给我解释的机会

我觉得爸爸有时并不理解我，因为每次我犯错，他都不给我解释的机会。有时候我明明没有错，他都会有理由说这是我的错，却不给我解释的机会。虽然我的家庭经济条件很好，但我觉得这并不是我要的，我希望爸爸能多关心我，多理解我。

要培养一个有爱心、又善解人意的孩子

作为父母应该努力培养一个既有爱心又善解人意的孩子。爱心可以转化为一种力量，这种力量能唤醒人内在的同情与理解，激起对他人关心与帮助的愿望。一个善解人意的人，不斤斤计较、不患得患失、不无理取闹。我觉得，做一个有爱心又善解人意的人，是最基本的做人道理。

积极的心态让孩子受益无穷

每个人不一定在每一个时候都会有一个积极的心态，但是积极的心态确实很重要。一个人只有积极地对待一件事，才能把它做好。一个人也许有消沉的时候，但只要你有一个信念或者有一个寄托，就一定会重新积极起来。就拿考试来说吧，也许这次没考好，但只要制订下一次的目标，并且为了那个目标而努力的话，就不会有消极的心态。

儿女的教育很重要，如果我是妈妈，我会怎样对我的儿女呢？首先最要培养的一定是孩子积极的心态，因为积极的心态让孩子受益无穷。所以我不会太在意分数，因为考试虽然是检测一个学生近段时间的学习成果，但是成绩并不是全部。假如这个学生因心情不好、身体不舒服等原因没有考好，为人母亲就不能太在意分数啦。此外，我还会给孩子买

大量有益书籍，让孩子增长阅历，吸纳书中人物或事理中积极的一些因素，同时也要多带孩子去旅游，陶冶情趣，培养孩子乐观开朗的上进心态。

妈妈，别太宠爱我

我曾听过老师讲一个母亲教育孩子的故事：一个孩子经过一块西瓜地，看见地里长满了西瓜，未经允许就拿了一个回家，他的妈妈看到了不但没有骂他，还和他一起分享。于是这个孩子渐渐养成偷窃的习惯，最后有一天因为他触犯了法律而被判了死刑，在被枪毙之前，他咬下了妈妈的耳朵并说："我小时犯错误你为什么要包庇我？"

我希望在妈妈保护下的儿女们是健康快乐的，但不能过于宠爱，因为被过分宠爱的孩子，会在不经意中养成许多坏习惯，带着这些坏习惯行走在人生之路上，岂能一帆风顺呢？当他们走到生命的尽头时，最终换来的是后悔和痛苦。所以我呼吁："妈妈，别太宠爱我！"

每个妈妈都希望自己养育的孩子将来能够出人头地，走上光明大道，可是很多妈妈却不知道怎样引导和教育自己的子女，错误的认为爱孩子就是宠爱孩子。对于一个犯了很多错误的孩子采用包庇的态度，会使这个孩子一错再错，最后成为社会的败类。

看了孩子们的文章，我的心情久久不能平静。孩子们的"呐喊声"听起来有点柔弱，但却很坚定，就像从远处传来的雷鸣声，不停地轰隆在我的耳旁，使我不能坐视不理。

其实，孩子们已经简单明了地述说了自己所需要的父母：

- 我有个性，你们要理解我、尊重我；
- 我犯错误时，希望你们选择合适的教育方法，不要粗暴地打骂，允许我解释；
- 耐心地与我沟通，让我释放不满的情绪；
- 给我一个好榜样。

“冰山一角”是孩子可见的表现，希望家长借鉴孩子的建议去发现隐藏在“冰山之下”的东西，避免不良习惯的养成，让孩子走在正确的道路上。

二、教育的选择

不同的家长对于教育子女有不同的观点，怎样的教育是恰当的呢？

面对“青春期”的家长，我觉得有压力，倒不是因为我不自信，那是因为什么呢？

与一些家长接触，我感觉到许多家长在教育子女方面都很优秀，但也有些家长在教育方法和教育行为上有失偏颇，因此我想尝试改变一些家长的教育观念，观念的改变很重要但也很困难，所以我感到了压力。

心理学表明，在人的成长过程中，有两个阶段最容易出现心理障碍，即是从十一二岁到十四五岁青春期阶段（初中生阶段）和十八九岁到二十三四岁的大学、研究生阶段。

现在我要谈的是初中阶段也就是青春期孩子的问题。

为什么初中阶段的孩子容易出现心理障碍？

因为这个阶段是个体身体发育的一个加速期，身体的各个方面迅速发育并逐渐达到成熟，其心理各个方面虽然也在发展，但相对于生理发育速度来说则相对平稳，因此造成身心发展的不平衡，这种不平衡在孩子身上引发出了许多困惑和焦虑，使他们面临一系列的心理危机。

面对这样一个矛盾集合体，家长该选择什么样的教育？该怎样与处在这个特殊时期的孩子相处？

“鱼”与“熊掌”不可兼得，尊敬的家长们，当眼前出现如下问题时，您该做怎样的选择？

1. 孩子做人重要还是做事重要

孩子做人（这里更多的是指做一个心理健康的人）重要还是做事（这里指学业分数）重要？当然，我们希望这两方面都好，但如果不能呢？

这是一个有关做人做事的问题，就这个问题再深入下去，又引发了下面的一些问题：

做人要做什么样的人？怎样才能做一个好人？

做事要做什么样的事？怎样才能做好一件事？

我们怎样才能培养出德才兼备的人才？

青春期的教育目标和任务到底是什么？

家长在教育孩子做人做事的过程中要承担多少责任？

古往今来，有许许多多的教育家、校长都考虑过诸如此类的问题，也提出过许多教育理念。伟大的教育家竺可桢先生的教育理念则是强调独立思考，注重培养有人格修养之人。他提倡人格教育，强调孩子们要有清醒的头脑，有独立思考，明辨是非的能力。他还认为，学校教育要让学生掌握学习方法，通过研究学问来培养他们反省意识和批判精神，只有这样，才能对自然进行细微观察、才能在处事时慎重考虑。

那么现实社会是怎样的呢？

我举一个例子。

2007 年 4 月 29 日某市某中学初中一年级一男生留下一封不到 200 字的遗书后离家，3 天后的清晨，少年的尸体浮起在距家不到 300 米的河面上。究其原因是 25 日下午，因不能忍受英语口语考试课堂上任课老师的批评和惩罚，到附近的河流跳河自尽。

家长们，当您的孩子有了网瘾、厌学情绪、社交恐惧、逆反心理、自卑心理、孤僻症、亲子关系紧张等青春期心理问题时，该怎么办？您更为关心的是孩子的什么呢？面对青春期的孩子，家长们是否应该更多地关心他们的为人处世和心理需求，而不仅仅是学业。

刚刚步入青春期的孩子们会出现诸如逆反、消极等等很多让老师、家长都很棘手的问题，常见的有如下一些：

①消极，似乎什么事都与他无关，上课没精打采，作业仅仅是应付而已。

②放弃，对学习毫无兴趣，对老师的动员无动于衷。

③逆反，无论自己是错还是对，别人的意见他第一反应就是“你不对，我不同意”。

④由于自己的一些原因，导致糟糕的人际关系，一方面出现社交恐惧，不与他人交往；另一方面不断地找别人的缺点，把小事化大。

⑤由于经常性的挫败而信心不足，缺乏耐心，害怕困难，容易放弃。

⑥情绪化导致学习状态不稳定，容易发脾气，生闷气。

⑦不遵守学校的规定，显得没有教养。比如在社区里骑摩托车、用手机约会、想吃零食而找理由不吃饭、不请假冲门岗出校、放学后不马上回家在外面闲逛、乱花零花钱、戴首饰、化妆、涂指甲油、破坏公物、带游戏机来校。

孩子不可能每一方面都好，有问题是正常的，关键的是要尽快帮助他们解决，使他们在一个个矛盾的化解中成长。

解决孩子的问题需要学校和家长的配合。在孩子的初中阶段，对“人”的教育更为重要，“人”的问题解决了，“事”的问题自然迎刃而解。我们对孩子既要严格又要尊重，既要控制又要鼓励，要培养孩子诚实、公正、理性、宽容的品质。有些家长与老师配合很好，孩子的问题解决起来就很容易。但一些家长由于工作忙，对子女顾及不暇；或者由于个人观点的错误而采取错误的教育方式；或者过于溺爱而不忍心批评导致孩子失去对事物的判断力。

《易经》里说：“履霜，坚冰至。”意思就是说“走在霜上就知严寒冰冻将至。”这个例子告诉我们，家长的许多错误做法会使得孩子的问题积少成多，逐步形成一些错误的观念，当孩子的问题冻结成“冰”

时，孩子可能要用一生的“温度”去化解矛盾，这岂不是影响孩子一辈子的幸福吗？所以，作为家长，当你们在处理孩子的问题时要知道防微杜渐的道理。

青春期是孩子身体、心理变化很大的一个时期，尤其是心理变化，家长们要多关注孩子的这些变化，及时发现问题，防患未然。任何事情在刚发生时都很微小，如果忽略，其将逐渐发展壮大。希望家长要耐心细致地观察孩子们的变化，及时发现并谨慎对待这些微小的变故，施与有效处理；而许多家长，不关心孩子，等到弊端壮大才设法挽救。要知道矫正起初的小错，用力小而收效大；救治已明显的大害，往往是竭尽全力也不能成功啊。

《成长心理案例集》发出了如下的感叹：“我们不是丑化孩子，在中国现行的教育里，孩子的人情、人性、人格、道德、勇气、意志、审美能力、心理承受能力、生存适应和成长能力等，从来就没有被置于一个十分重要的地位。整个教育界乃至社会关注的，从来就是这些孩子掌握了多少“知识”（主要是自然科学知识），而对人文素质如何却漠然视之。”

如果我们问孩子们花在什么方面时间最多？无容置疑，答案一定是学习，那么学习对做人做事的意义是什么？孩子们要学什么？怎么学？仅仅是学习狭隘的书本知识吗？如果只是死读书、读死书、偏科学习，这样对孩子的成长将会产生怎样消极负面的影响？

梅贻琦先生曾是清华大学的校长，他非常重视通才教育，尤其重视文史方面的教育，他曾告诫学生：学问的范围宜广不宜窄，学文的人应当懂些理科知识，学理的人应当懂些文科知识，这样才能形成平衡的世界观和人生观。

家长们请多抽出时间，多关注孩子的身心健康，教育孩子要打好基础，读好书，做好人，做好事，健好体，以便将来更好地适应社会。同时，也请家长多思考孩子的未来和发展，培养孩子遵守规定的习惯，既要鼓励孩子有个人的思想观点，也要告诫孩子尊重老师的思想意识，善于和孩子换位思考，这样才能了解孩子真正需要什么，为孩子解决一些实际问题，信任鼓励孩子，做孩子的朋友和支持者。当孩子接纳你了，与你有共同的话题时，问题的解决就比较容易，孩子健康快乐，对学习也就自然积极起来，而您就是一个成功的家长。

2. 学校教育重要还是家庭教育重要

《富爸爸 富孩子 聪明孩子》一书这样写到："孩子最重要的老师是他们的父母。许多家长对孩子说'好好学习，要接受好的教育'，可问题是这些家长却不能身体力行地将这些话体现在自己的生活当中。孩子总能发现父母在语言和行动上的不一致，如果想成为好的父母，务必言行一致。"

现在的家庭教育越来越重要，更多的家长都在努力寻找新的教育方式，努力提高家庭的教育能力。父母是孩子最直接的老师，父母自身的修养和榜样会对孩子产生巨大的影响力。很多事例告诉我们：优秀的孩子源于优秀的家教，而问题多的孩子，家庭教育可能存在这样或那样的问题。

我想举两个例子。

第一个例子：一位初一的学生，长得小巧可爱，唱歌跳舞样样都好，也擅长朗读表演，经常出演话剧，对人物的刻画惟妙惟肖。但因成绩差，父母不支持孩子发展艺术特长，对孩子的喜好总是竭力反对，要求她努力学习，提高成绩，因此双方的关系非常紧张，终于有一天，这孩子离家出走了。

第二个例子：《成长心理案例集》第 8 章"亲子关系紧张"中的一个案例"父母养育我 15 年，我按岁数还他们 15 刀，是他们让我没有尊严再活下去！"2005 年 2 月 28 日，这个孩子为了报复偷看自己日记的父母，用尖刀一刀一刀地割自己的左臂，由于抢救及时才脱离生命危险。

以上两例反应的是亲子之间紧张的关系，这种紧张的亲子关系不可能出现良好的家庭教育，这种家庭出来的孩子一定有人格的缺陷或心理问题。

再来看看孩子们是怎样评价他们自己的父母的呢？

- 家长的言行经常不一致，他说的和做的都不一样。
- 为了不让我看电视玩电脑，爸爸把家里的电脑拆了，把电视插头拔了。
- 在家里爸爸妈妈不给我玩的时间，如果作业做完了他们又给我布置新的作业。
- 只看我的缺点，不看我的优点，我看不到爸爸妈妈的鼓励。
- 我想做的事情，爸爸妈妈不让我做，我不知道听谁的，我没有自我了。
- 我的妈妈太啰嗦，一件事要讲很久，在别人面前也数落我的不是。
- 总是拿我与别人比，说别人成绩如何如何好，说我为什么学不好。
- 我妈只关心我的成绩，考不好少不了挨打，总是挨打，我的自信心都打没了。

有几个误区，请家长们注意：

青春期的孩子已经开始有自己的观点了，这些观点常常与父母不一致，而在父母的心目中仍习惯于“小看”自己的孩子。因此，父母往往以自己“过来人”的身份让子女按照自己的想法去发展，而子女却常常不听从父母的“好心劝告”，于是，亲子关系紧张的“拉锯战”开始了。

有家长说：“孩子要什么我给什么，可他们为什么还有那么多的不满意？为什么还有那么多稀奇古怪的想法？”这实际上是家长对子女缺乏理解和关爱造成的。因为平常孩子学习紧张，已经积累了一些心理问题，如果家长不理解，或再加码，或没有正确的疏导，很容易诱发心理危机，其实，孩子真正想要的是父母的理解与关爱。

一些家长过多地关注孩子的学习成绩，对孩子的心理世界了解却很少，对孩子本意的需求或兴趣更是置之不理，他们很少和子女谈自己的内心感受，不仅没有指出子女错误的地方，甚至还用自己错误的观点去教育子女，使子女一错再错，这样的家长营造的难道不是一种非常糟糕的教育环境吗？那么，在这样的家庭环境中成长起来的孩子，他们阳光开朗吗？他们宽容积极吗？他们身心健康吗？

三、下给家长的“雨点”

许多人把犹太人称为“智慧的民族”，那么，这个民族的智慧来自哪里呢？无容置疑，犹太人的智慧来自于他们执着的学习，而推动他们勤奋学习的动力是根植于这个民族灵魂深处的教育价值观，其中，独特的家庭教育在其中也起着很重要的作用。戴本博的《外国教育史》里有一段这样的话：“正是这种浸沉着浓厚宗教气氛的家庭教育，使得每个犹太人家庭都是一个牢不可破的堡垒。正是这种把一切统摄在笃信上帝、充当上帝的子女的教育之下，使得犹太人尽管此后散居各地、被掳往异乡，仍能继续生存发展，保持其传统习惯、宗教信仰。”由此可见，家庭教育对民族发展的意义是多么大。

1. 家庭教育是教育的主战场

孩子的成长离不开家庭教育，一个孩子，如果有一个好爸爸和一个好妈妈，他是幸福的，如果爸爸妈妈重视对孩子的教育且教育方法得当，那么这个孩子就更幸福了。但许多看似幸福的孩子并不幸福，　因为他们仅仅拥有物质上的满足，缺少家长的鼓励与正确的引导。这些孩子的家长往往走入一个误区：认为孩子的教育只在学校，给孩子找一所好学校，就能教育好孩子，而家长的作用仅仅是给孩子提供衣食住行。

在我的教育生涯中，我一直认为家庭教育是教育的主战场。

亲子之间总是有着许许多多的矛盾和意见分歧，他们之间需要沟通，但多数家长并不懂得怎样与自己的子女交流。“望子成龙”的家长们经常在激烈的“亲子战争”中败下阵来，带者满身的疲惫对我说：“你帮帮我，我教不了他了”，但也有家长不知问题的根源，却把满身的怨恨发泄给学校，认为是学校没有教育好他们的子女。

我们的孩子在成长过程中的确需要教育，殊不知，教育的最主要方面是来自家庭啊。不善于家庭教育的父母们无疑给我的教育带来了不便，这就迫使我在教育孩子的过程中也同时开始着另一项“伟大的工程”，那就是“教育家长”。

与家长的沟通与交流成为我教育的主要内容之一，每次闲逛书店免不了买几本书，如有适合家长看的，一定买下送给家长，希望家长看完之后有所感悟，能够改善教育子女的方法。

我把家长会看成是向家长传递自己教育思想的机会。我重视家长会，每次家长会，我都会把一些孩子的教育问题提出来与家长共同探讨。

一直以来，我都认为亲子之间妥善沟通的前提是互相理解、彼此信任。家长与孩子都要积极地寻找沟通的方法和渠道，由于家长是长辈，所以我认为家长更要掌握沟通的主动权，更要讲究沟通技巧，只有这样，家长的建议才能更好地被子女接受，使子女得到有效的帮助和提高。

此外，作为父母，要培养子女多方面的兴趣，千万不要对孩子说：“这些东西学来对考试无用，不要把时间浪费在这里。”等这样狭隘的话题。

对孩子的成长，家长一定要施与正确的引导，千万不要因为家长自己片面的认识和不正确的行为让子女误入歧途，出现本不应该出现的问题。

2. 三个“家长教育”目标

目标1：家长要学会用合适的方法与孩子交流。

在一次家长会上，我设计了几道题目，分别提供给家长和学生，题目如下：

给家长的问题：①当孩子稍微有点不舒服时，您怎样处理？②当您发现孩子玩耍时间超过规定时间时，您怎样处理？③当您的孩子正在讲述一件让您不愉快的事情时，您是否打断？为什么？④您知道孩子最感兴趣的事情吗？您曾经与您的孩子谈过他的理想吗？

给学生的问题：①你知道你父母的生日吗？②长大后愿意接管你父母的生意并让资产翻倍吗？③你父母时常为什么事情烦恼？④爸爸妈妈最让你感动的一件事情是什么？

参加发言的家长和孩子有的回答得很好，这说明这些家长善于与自己的孩子交流，于是，我借题发挥，把这些优秀的交流方式推荐给其他家长。对于答案让双方都不满意的亲子们，我也指出了他们在与子女交流中存在的问题。

目标2：家长要善于培养孩子猎取广博知识的兴趣。

在另一次家长会上，我设计了几道题目，请学生发表评论：

①请预测下次奥运会中国男子篮球队的赛况。

②如果人类消失，世界将会怎样？

③你认为倡导用生物燃料替代煤、石油的做法好吗？

我不是真的要学生给出一个标准答案，只是借题发挥，让家长因欣赏见多识广的孩子而转为激励自己的孩子博览群书，开阔视野。事实上，侃侃而谈的学生，他们的家长脸上流露出满意的笑容，而一些回避回答问题的学生，他们的家长脸上明显有失望的表情。

这个活动折射出不同孩子有着不同的学习习惯、不同的学习方法、不同的学习能力、不同的学习兴趣以及不同的学习热情。为什么有的孩子能引经据典， 口若悬河，而有的孩子对外面的世界了解甚少，这与家长的平时引导有没有关系呢？

有的家长平常与孩子交流少，只有当孩子考试不合格的时候才一顿教育，平常孩子玩电子游戏，看无益书籍，学习方法出现问题等他们一概不知，甚至告诉学生只要学好中考科目的书本知识就可以了。长期下来，孩子的眼光越来越短浅，思维分析力、事物发展的洞察力、知识的融会贯通能力不仅得不到发展，甚至呈萎缩状态。这样的孩子还有什么学习热情呢？

我告诉家长广泛阅读对孩子成长的意义，不要只用狭隘的眼光看待学习。孩子学习的好坏不能一概而论，要分析原因，承认学习差异的存在，但也要确信这种差异是可以改变的，当然这种改变更离不开家长的引导和鼓励。学习资源是有限的，孩子们要怀着热情积极巧妙地“抢夺”，孩子主动放弃了，机会永远与他们无缘。

目标3：面对孩子成长中的挫折，家长要持以理解与包容，要施与正确的引导。

我设计了一个“牵手同行”的亲子活动，里面有这样一个场景：

用桌椅摆成一条弯曲的路径，用围巾蒙上家长的双眼，让小孩牵着蒙眼的家长同行，最终回到出发地点。在行走的过程中，家长不能碰到桌椅，孩子也不能说话，否则犯规，这就要求孩子必须小心翼翼，而且要很有耐心，回到出发点后，家长要亲手把一块吸铁放在白板“笑脸”的鼻子位置，孩子不能帮忙，但可以把家长领到一个正确的位置。

这个活动寓意是：前进的道路宽窄不平，要做成一件事是多么的不容易。通过角色反串活动，让蒙眼家长感受独自行走缺少引导的艰难，在自己犯错误时（行走时不小心撞到了桌椅）感受到孩子理解与包容的温暖。其实孩子们的学习道路也一样充满艰辛与压力，家长要多关注孩子学习，当孩子遇到困难时家长要给予帮助，善于化解孩子的学习压力，当然也不能放纵孩子。

青春期教育正是终身教育中一个承担特殊责任的学段，亲爱的家长，请高度关注并参与孩子的初中教育。

四、孩子与父母共同成长

有个这样的寓言故事：有一天，天鹅、梭子鱼、虾想一同把一辆小车从大路上拖下来。天鹅拉着车拼命往天上飞，虾一步步向后倒拖，梭子鱼却朝着池塘推去。这三个家伙使出全身的力量拖车，但无论怎样努力，小车还是在老地方，一步也没有移动。其实以他们三个的力量拉这辆车是绰绰有余的，那为什么没有成功呢？原来，三者力不齐心。

学生的教育也是如此。小孩、教师、家长的目标是共同的，但如果方向不统一，使出的力量相互抵消，“小车”还是停留在老地方。

在美丽而充满生气的花园里看花，种花的人和养花的人最有共同的语言，他们都爱花，都有着种养花卉的种种经历，都积累了许许多多的经验，谁说他们的角色不可以互换呢？种花的人不就是父母吗？而养花的人不就是老师吗？从这个角度来看，教育不就是一件美丽的、有生命的事业吗？我希望能和家长一起在美丽的花园里徜徉，和家长一起满怀激情地用艺术去管理，从不同角度去欣赏孩子，引导他们改正不良习惯，帮助他们实现自己的理想。

由此我认为家长可以是孩子最好的老师。

那么怎样让家长成为孩子最好的老师呢？

每个家长对自己的孩子都有良好的期望，而结果许多孩子并非如父母所愿，原因很多，家教本身就是其中之一。所以不是家长不愿意教好孩子，而是不知道用什么方法去教好孩子。我们不应当去抱怨家长某些错误的教育观念和不良的言行举止，因为抱怨不仅无效而且消极，我认为当务之急的是要影响并改变一些家长的教育观念，尝试着对他们的行动做些指导。

我与家长交流的方式很多，比如发短信、写信、家校联系表、家长会、电话访问、面谈、评语，甚至通过借阅或赠送教育类的书籍给家长看等。通过这些途径，我把自己对教育的一些思考和一些想法渗透给家长，让家长接受我、支持我、帮助我，家长和我的想法一致，我们的力就能往一处使，有时家长的一句话产生的教育效果是我一堂班会的好几倍呢。

我尝试着影响并改变一些家长的教育观念，虽然很困难，但我一直在努力。下面将通过对四个“家长疑惑”的解答来阐述“孩子与父母共同成长”的意义。

1. 家长疑惑之一：孩子不遵守规定是否品德有问题

一位学生连续两次违反纪律，一次带游戏机，另一次叫外卖，这两次我分别给予通报和警告处分，打了处分单让家长签字。家长觉得很不好意思，并开始怀疑自己的孩子品德是否有问题。

我在电话里与家长沟通了我对这件事情的处理方法：

第一，我告诉家长我在班会上的做法。

在班会上，我让爸爸玩过游戏机、叫过外卖的孩子举手，然后我问：爸爸玩游戏机、叫外卖犯法吗？为什么学生玩游戏机、叫外卖就要批评？因为国家没有制定有关玩游戏机、叫外卖违法的条文，所以成人玩游戏机、叫外卖不犯法，但你们是学生，学校规定学生在校不许玩游戏机、不许叫外卖，所以你们在学校玩游戏机、叫外卖就违反了学校的规定。玩游戏、叫外卖成年人也做，一般情况下也不是一件坏事，但为什么老师要处分你们？一方面是学校的规定，另一方面由于你们的自控能力不强，如果放任自流，会对学习和健康产生影响。国有国法，班有班规，遵守规定、守时守法是一个人的素质，一个有素养的人不需要别人提醒，我希望大家能够养成自觉遵守规定的好习惯。

第二，我告诉家长我对这件事的观点。

玩游戏叫外卖这两件事只是孩子的好奇所致，这个年龄段的孩子贪玩贪吃，这些欲望促使孩子违犯学校的规定，这扯不上什么道德品质问题，批评孩子要针对孩子所做的事情而不要否定孩子本人，肯定孩子的优点并不是肯定孩子的一切。不要用成人的眼光来要求孩子，孩子毕竟是孩子，做事情不可能都尽如人意，大人要宽容待之。孩子犯错不可怕，孩子是在错误中成长起来的，但如果孩子没有在错误中悟出道理，没有明白是非，那么这个错误就没有价值；而如果这个错误警示了人生，修正了行走轨迹，那么孩子犯这个错误就不可怕。我处罚他是要告诉他这件事做得不对，而他其它很多方面的表现并不坏。

家长听后非常感动。

教育孩子还要注意方法和技巧，同样的一句话用不同的方式说出来，效果就不一样了，我建议家长不要经常使用反问句，多使用陈述句，比如小孩迟到了，你一见孩子就反问："你为什么又迟到了？"孩子本来可能要为自己的不好行为道歉，但一听这活就上火，不仅不道歉，说不定会反驳。我对家长说：你可以问："你几点来的？超出规定时间多少？"孩子听后一定会为自己的迟到感到不好意思。

2. 家长疑惑之二：孩子学习不好是否智力有问题

某孩子在班里年龄最小，追打、说话、地上打滚都有他的份，而成绩却是中下水平。2008 年的金融风暴也吹到了他家，孩子不良的表现以及家长抑郁的心情交错在一起，导致不好的亲子关系。他妈妈告诉我说他爸爸没心情管孩子，她也不知怎么办，忧心忡忡地问我，孩子成绩不好是否智力有问题啊，妈妈对孩子的发展忧虑重重。

偶有一次，他爸爸来校，我就抓住这次机会，用轻松的口气对他爸爸说："这孩子是我们班的'活动拖把'，一方面他做值日很认真，地扫得很干净，班里有什么需要帮忙的事情，他很积极参与；另一方面他经常在地上打滚，只要不伤到身体，他愿意打滚就打滚吧，班里像他这样的孩子还有好几个呢，都没长大。”父母都笑了。他爸爸担心他学习有困难，我告诉他，这没关系，孩子的成长有早有晚，我例举了一个非常有名的“双生子爬楼梯”的试验，这个实验说明孩子的学习与个人的成熟度有关，孩子才刚刚起跑，未来的日子很长，不要让孩子被未来吓到。我们知道，马拉松最终获胜的并非全都是起跑快的，那些最终成功的人，往往是不放弃的人，只有坚持才有最后的胜利。父亲恍然大悟，他说原来是自己太着急了，由于心情不好，所以没有好好地教育孩子。我说，父母的引导很重要，其中父亲的作用更大，许多聪明的父亲都不将自己的养育之恩挂在嘴边，而是让孩子自己去体会和感悟父亲默默的付出和关注。

3. 家长疑惑之三：这么大的学习压力是否压垮孩子呢

一个孩子在写给我的总结里有这么一段话：

学习好累啊，作业多得做不完，我课间都不出去玩，都在写呀写呀，但还是跟不上，晚上经常睡不着觉，甚至做恶梦。妈妈、老师，你们帮帮我吧。

看了这段话我很着急，我找生活老师了解情况，她说这孩子在小学时就因为学习压力大而发病抽筋过。

在一定的压力下学习是必要的，但压力太大会对学习产生副作用，在这里我得谈谈高压力下学习副作用。

学生学习上不去不能简单地冠以某种“高帽子”，而要仔细地分析原因，教师犹如医生，对学习差的孩子要认真“把脉”，找出原因，对症下药。

许多学生学习上不去可能是高压力所致，这种高压力产生了如下副作用。

（1）学习目的不明确。这是我们在引导上出了问题。许多妈妈们都会这样唠叨："快点看书，马上就要考试了，成绩上不去将来怎么能考上好的中学？上不了好中学怎么上得了好大学？"孩子长期被灌输的是：读书是为了考试，考试是为了再读书。长期以往，孩子被"读书—考试—再读书—再考试"的循环搅得疲惫不堪、晕头转向。背负着这个沉重的负担坐在课室里，整天迷迷瞪瞪，两眼昏花，怎能正常地学习呢？怎能很好地进入学习状态呢？

（2）学习没有兴趣。孩子的读书是为了考试，是为了谋取一份好职业，殊不知读书的功利性，让孩子的兴趣、特长丧失。把孩子关在课室里，让他们学自己不想学的东西，做自己不想做的事情，孩子哪里来的创造性？

（3）学习懒惰懈怠。没有积极性往往产生消极怠工的学习状态，因为对学习没有兴趣，觉得自己学不好，努力也没用，那就破罐子破摔，对什么都无所谓了。这种学习状态特别令人担忧。当然，这类学生本身也可能存在一些问题，譬如学习能力欠缺，在学习过程中注意力不集中，不够细致等，意志不够坚强也在很大程度上对学习起了反作用。

（4）学习恐惧。每个孩子承受压力的程度不同，对于一些孩子，可能遭受几个小挫折就难以爬起来了，这些小挫折让孩子对学习产生恐惧。因此，父母要细心观察，通过表面现象看问题实质。一旦遇到诸如此类的情况，就要及时疏导教育，告诉孩子学习的道路不是一帆风顺，只要做事就会遇到困难，只有积极应对才能解决问题。人的内心要足够地强大，这样才能遇事不燥，才能放宽心态、放松心情。

我们提倡孩子要努力学习，一个不努力的人是不会成功的，但如果遇到"学习恐惧"时，恰当的思想疏导和学习方法引导就要及时跟进。

分析原因，上述这个孩子应该是属于"学习恐惧"，于是我对他泄压疏导，我找这个孩子谈话，讲成功人士的故事给他听：

这是个农村小孩，16 岁才开始学英语，考了三年考上北大，在读大学期间又因为生病休学一年。在读大学期间一直是英语最差的，别人背单词一次过关，他三遍也过不了，大学毕业，别的同学因为成绩好出国了，他留校做了老师，但他一直不放弃，坚持背完牛津英文字典，掌握了6万多条英语词汇，后来他创办了一所学校，他的那些国外的同学都回来成了他学校的教员。他其中的一位同学说：我们之所以回来是因为你曾经为我们打扫了四年寝室，坚持每天为我们打水，你从不计较，懂得分享，是个坚持不懈的人，我们相信你能成功。这个人就是新东方的创始人俞敏洪老师。

我说，孩子，你在很多方面都与这位老师很像，你有很多优秀的品质，这些让我不能小看你。学习暂时赶不上不要紧，你看老鹰与蜗牛都想登上金字塔，老鹰很轻松就飞上去了，但是蜗牛却很吃力，但只要坚持，蜗牛一定能爬到金字塔的顶部，当老鹰与蜗牛都从金字塔上看世界时，它们的视野是一样的，孩子不要放弃。

同时我与他妈妈做了交流，妈妈很心痛孩子，说："这么大的学习压力是否压垮孩子呢？"我告诉家长：学习不可避免会带来压力，家长和老师所要做的是帮助他释放压力，帮助他解决问题，鼓励他不放弃，我希望家长多关注孩子多加引导。一段时间后，孩子有进步了，脸上有了笑容，妈妈给孩子写了一封信，并特意留给我一份，现转摘一段如下：

我的好儿子：

你的学校可真大啊，大得我至今都摸不到你的触角，我从哪儿才能得到你更多的信息呢？于是，我闲着的时候就看学校的网页，看你们的班级板报，从学校的一举一动寻找你的踪影。我欣赏了你军训的照片，你不怕苦不怕累、坚持不懈的精神令妈妈感动不已。得知你中秋吃到了学校发的月饼，妈妈感觉很安心。

这个学期初，你学习跟不上，爸爸妈妈为你可没少操心，同时也感觉彷徨无助。万幸的是，你的老师们为你制订了特别的加餐，帮助你前行，令你脱胎换骨，自信的微笑重回脸上，学习的劲头十足，做功课的速度比以前快了三倍！最令妈妈欣喜的是你爱上了阅读！要知道，那将是一个最为重要的好习惯！感谢关心你的老师们！

正如你所说，你是条大鲸鱼，老师是浩瀚的海洋，爸爸妈妈是博大的天空，希望你在海洋的滋养下，在阳光的照耀下，怀着一颗感恩的心，快乐地在学海中奋力遨游！

孩子，你知道吗？发生在你身上的芝麻大点的事儿都会让我牵肠挂肚，你的一丁点快乐到了我这里就是满满的幸福啊！

新年即将来临，这是一个挑战的年份，爸爸妈妈希望你珍惜时光，坚持不懈，相信“天空”和“大海”都会因你而更美丽的！

祝你圣诞快乐，新年进步！

爱你的爸爸妈妈

4. 家长疑惑之四：女儿这几天怪怪的，是否不正常啊

一天，一位六年级的家长很着急地对我说：“女儿这几天怪怪的，经常一个人反锁房门，说话有点不着边际，我不知怎么办，着急得睡不着觉，孩子是否不正常啊？”我说：“你孩子很正常，这些特征表明她开始步入青春期了，开始有自己的想法和主见了。恭喜你，你女儿长大了。”

孩子们已经出现了对性别的兴趣，我意识到青春期的教育要开始了，青春期教育不能缺少家长的参与，所以我又一次想到了家长。其实家长都知道孩子们即将到达青春期，因为许多细心的家长都发现了自己的孩子在身体上、心理上的一些变化。于是在一次家校联系表上，我给六年级的家长写了一封有关青春期教育方面的千字书信，信文如下：

尊敬的家长：

您好！

您的孩子虽然是六年级的学生，但即将步入青春期，在这个阶段，有些孩子身体与心理的发育已经开始有了不协调，许多孩子身体开始发

育了，但心理仍是单纯的。同时，相伴随而来的，在他们的思想中也开始考虑自己的人生观和价值观的问题，比如人活着有什么意义？为什么要那么努力地去读书？

青春期是您的孩子即将步入人生的第一个关键期，青春期的教育没有跟上，将影响孩子的成长甚至终身的发展。所以班级的教育重点也逐步转为青春期教育和人生观、价值观的教育，作为班主任更是希望得到家长的协助与配合。

在我看来，青春期的教育很重要。通常情况下，女孩比男孩早发育两年，由此，父母尤其是母亲需提前进行女孩的青春期教育及为女孩提供相应的生理卫生知识。

这个阶段的男女生之间已经有了对彼此的兴趣，同时也有了一些茫然不知所措而带来的焦虑和紧张感，为掩饰自己可能被取笑、戏谑，他们可能通过开玩笑或者对立的态度甚至是恶作剧的方式来交往。

其实这个阶段的孩子，在异性交往方面常处于一些矛盾体中，生理方面体现出来的是男女有别，由于兴趣不同，他们喜欢与同性交往。比如，男孩更多的是喜欢球类等集体活动，而女孩喜欢三两个在一起谈些悄悄话，或者看看书、做些手工活等。虽然有性别界限，但并不是说他们真的不喜欢异性成员。但现实中，男孩与女孩之间又不知如何相处，因为有些孩子担忧同异性成员的来往，会被看成是开始谈恋爱的标志，他们害怕同学、老师、家长的“另眼相看”。种种所谓的异性间的友谊给年幼的孩子带来了许多不适感和焦虑。

作为老师和家长首先要理解他们，对于孩子出现的一些心理或者生理方面的问题，无需大惊小怪，这是人生成长的必经之路，但发现问题及时引导很必要，同时教导他们特殊时期的生理和心理知识也显得特别重要。

现阶段是孩子成长较快的时期，希望家长要细心观察孩子在身体或心理方面的细微变化，希望女孩的母亲、男孩的父亲能够承担起相应的教育与指导的义务，如果错过了教育的最佳时机您不仅会后悔，更重要的是无法挽回。

班主任叶老师

在信中我告诉家长青春期的教育很重要，青春期教育离不开家长，无论是男孩还是女孩，有些话父亲或母亲去说比我说要好得多，尤其是女孩的母亲，要特别关注和引导好自己的女儿，因为女孩比男孩早发育两年，母亲需提前进行女孩的青春期教育及为女孩提供相应的生理卫生知识，并希望家长召开一次家庭会议，内容围绕性别教育方面的话题。许多家长按照我的要求召开了家庭会议，并把会议的结果反馈了回来，内容非常丰富，我觉得很欣慰，因为家长比我做得好多了。

以下是我摘录的部分家长对孩子进行青春期教育的反馈：

■ 青春期是孩子们生命曲线的又一次高峰期，在生理上和心理上会带来很大的困惑和烦恼，作为家长，我们向孩子讲述了以下知识，并进行了讨论，希望能与学校和老师们一起帮助孩子健康地度过青春期。

怎样健康地度过青春期?

(1) 了解第二性征

青春期最突出的变化是第二性征的出现。从外貌外形上看，主要表现在生胡须、喉结突出、嗓音变粗、生长体毛等；从生理机能上看，表现为遗精、对异性的向往等，这些都是正常的心理和生理现象。

(2) 正确对待遗精现象

遗精属于正常的生理现象，它不是病态。无论男女，到青春期后，都要注意个人卫生，不要看黄色淫秽书画。

(3) 帮助孩子塑造健康的“自我”

青春期是孩子长身体、长知识，形成世界观的关键时期。作为家长，我们应该帮助他们把握航向，使他们沿着健康的航道茁壮成长。

第一，心理健康。这个时期要让孩子们多看一些有关科学、人文类的书籍，了解更多社会上的新鲜事物，遇到问题要冷静，要有一颗宽容的心；

第二，情绪乐观。青春期的孩子情绪容易激动。家长应当让孩子学会自我调节的本领，要经常与孩子交谈，要让孩子正确对待表扬和批评，克服情绪容易起伏的弱点；让孩子勇于发表自己的见解，当孩子的意见与别人的意见不一致时，要镇定、冷静地去处理。

■ 我身为一个男孩的妈妈，认为男孩在学习、生活中应当大胆、勇敢些，这也是男孩子的天性。在与女生或女性相处时，要特别注意礼貌、礼节，要知道女孩子很容易受到伤害，也比较敏感，所以要尊重她们。

青春期能顺利度过，这也等于孩子过了一道槛，让他们的人生道路更顺畅。我给予孩子青春期的教育主要从解开他的疑惑开始，孩子希望知道的我将尽量告诉他，我自己不知道的也会帮助他查资料，我们尽量做到知无不言，言无不尽。对一些敏感的话题，孩子问及，就尽量告诉他，同时也告诉他什么事情可以做，什么事情不可以做，有些事情做与不做的利害关系。

■ 青春期是每个孩子的必经阶段，也是每个人最重要、最拥有美好回忆的阶段。青春期也是个困难期，女生喜欢男生没有错，但要看是在哪个时期、选择什么样的男生。现在谈恋爱为时过早，应该把时间和精力用在学习上，如果细心一点，你就会发现原来读书是多么的有趣啊。

女孩第二性征发育，说明孩子长大了。有时候，女生想引起男生注意，这也不必大惊小怪，有些女生会控制不住自己的情绪，这是因为看了太多的爱情片或爱情小说，所以在阅读内容上要注意有所选择。

■ 孩子有了排斥异性行为，但有时对异性也有些好奇，做父母的我们已经感觉到孩子的青春期悄悄来临，他妈妈随时提醒他对女性的尊重与耐心，并以女性的角度告知女性的心情与喜好，以及与男性的不同见解。作为父亲的我，则尽可能引导他参与较为阳刚的活动，如球类、海边游泳等，采取随机教育，适当时候提醒男孩所应该具备果断、承担及勇气，教育孩子要积极面对所有困难。事实上，最近孩子确实有明显的改变，阳刚之气也重了。

■ 我们拿自己少年时期的一些趣事、一些经历和心路历程与孩子分享，告诉他，我们当时跟他现在一样的困惑，我们是怎么过来的经历等。告诉孩子不用太担心，现在的一些反常表现是很正常的。鼓励及支持他们，保持与同性及异性的纯洁友谊，保持自己心灵的纯净。当然，孩子们也是非常担忧异性间的交往会遭到误解、百辩不清。如何去做？可能只有时间可以见证，给予孩子一定的时间和空间，也许问题就可以解决。

没有哪位家长不希望自己的孩子健康成长的，许多家长对教育自己的子女都持积极态度，这是一股投放教育的潜在力量，只要引导得好，这股势不可挡的力量将发挥强大的震撼力，形成不可估量的教育价值。

因此，教育不仅仅是老师的事情，也是老师、家长、学生三方共同的事情，在处理一些问题时，千万不要离开家长和孩子本人，没有他们的帮助，我们很多事情寸步难行。

5. 家长疑惑之五：儿子为什么不愿意与我们多说话

一位朋友打电话给我说：“放寒假了，带着儿子一起去旅游，结果很不开心。整个过程，儿子既不与我们走在一起，也不愿意与我们多说话。如遇必要的交流，总以吵架收尾。”

这着实是个恼人的问题，难道青春期的男孩真是无情无义、不可理喻的吗？我在想：是否男孩的“情感通路”出了问题而导致男孩不能正常的表达情绪？或者是父母不经意间用了不恰当的方式堵塞了男孩发泄不良情绪的通道，导致他们对父母产生怨恨而出现上述家长反映的问题？因此，在此我想谈谈二七男孩的情感问题。

数学里有“二七十四”的口诀，所以我的“二七男孩”是指年龄12 ~ 15岁左右正值青春中期的学生。

二七男孩的情感是怎样的呢？他们擅长表达或者愿意表达自己的情感吗？我细细地琢磨，有时真觉得这个问题既重要又有点深奥。

这个岁数的男孩，随着逻辑思维能力的发展，以及对事物的分析、决断能力的提高，对自己的情感也有了更多的认识和控制。由于社会、家庭等“男性类”传统习俗文化观点的影响，导致这个阶段的男孩“男子汉”意识进一步加强，以致男孩开始漠视甚至湮灭自己的情感。

一位教育家这样来概括此年段的孩子：“任何宣扬男孩不是懦夫的规则都会被男孩接受并遵守，敢斗、性别优越感、好胜心牢牢地抓住了这个年岁的男孩，合作行为则不被提倡，男孩们之间的关系重点集中在‘一起做事’而不是‘一起相处’。”

这么说这个年龄段的男孩觉得自己应该是强者而不是懦夫，应该是“有泪而不轻弹”，哪怕是有郁闷、烦恼、痛苦也不能轻易说出来，如果轻易表达自己的情感，也许会被同伴、老师或者家长瞧不起。

假如这个阶段的男孩得不到表达情感的实践机会，那么将会有什么发生在他们身上呢？

一位学生在他的周记里这样写：“青少年有许多心里话想找人说，总想发泄心中的一些不满，可是由于怕被人责骂，因此当问起时就撒个谎蒙骗过去，久而久之，就表现为不端的行为，如无心上学，成绩下降，打架斗殴，逃学旷课，脾气暴躁，心烦意乱等。青少年需要发泄、需要关心！”

这位学生在文章的最后用了“！”，这个“！”引发了我与这个男孩的一次对话。

我说："你一定有要发泄的不满情绪，能告诉我是什么吗？"

学生说："一言难尽，多数是因与父母相处的不愉快造成。"

我说："你不喜欢与父母交流？你可以尝试着把这些不愉快的情绪告诉他们，也许他们理解你了，就会改变与你的谈话内容和方式。"

学生说："为什么我要先改变？"

我说："那你希望父母怎样与你相处？"

学生说："我不想与他们多说，因为只要我一开口，所有的错都是我的，被教训的滋味不好受。"

我说："那你在家是否不开心？ 怎样发泄不满的情绪？"

学生说："不知道。总之，这些不满的情绪让人很烦恼，有时会想砸东西或打人，甚至都会产生厌世的想法。"

孩子情感没能表达的后果这么严重！找机会让男孩表达"情感"，对教育好孩子有多么重要的意义。

情感表达最便利、最有效的方式是口头表达，但多数男孩往往用行动而不是用口头表达，当发现这个男孩在行动上有反常时，就要考虑这个孩子是否出现了"情感"通道的堵塞。如果情感没有及时被表达出来，就会积压在身体内、隐藏在心灵中。

那么积压在身心当中的"情感"最终会否爆发出来呢？

情感能量不会真的消失，它将从"情感支路"跑出来，以其他方式释放，释放出来的"情感能量"直接或间接地引发身体或心理的相关问题。真所谓不让走正道那就走歪门邪道，歪门邪道里跑出来的"情感"对人的杀伤力也许要翻好几倍呢。

有个这样的故事：一个活跃的 4 岁男孩，总是欺负他刚刚出生的小妹妹。当他被鼓励着说出"妈妈不能陪我玩，我伤心极了"这句话之后，他的"敌对"行为在两天之内就减少了一半。

是呀，当孩子不能用口头表达情感时，他就会转而用行为动作的方式来表达情绪。其实每个人都有情感，情感不仅丰富了人们的生活，也提升了人们的生存的质量。约翰·林琪在《隐藏的痛苦》中这样说："情感丰富不是女性的专利，同样地，它也能让男孩在感受自己和他人的时候更加人性化。"

"男儿有泪不轻弹"这句话从心理学角度上看，其实就是情感的压抑。如果不能述说自己的需求，没有与他人的沟通，不能很好地认识自己的个性，长期以往，这个人将变得孤独、冷漠，或者暴躁，甚至残忍。

很多人认为男孩应该表现得像一个男子汉，或者应该有男人味，而男子汉或者具有男人味的人不应该是一个情感丰富的人，在这种意识下，男孩的心理或生理无疑会受到伤害。

妈妈们是否应该鼓励男孩们大胆表达自己的情感呢？

玛丽·鲍尔斯－林琪博士以细腻的、充满人情味的手笔书写《儿子，你尽管说》一书。书的封页有一段话这样写道："该书剖析了完善的情感表达和全面心理健康之间的关系，指导我们从男孩不引人注目的方面获得信息，从而给男孩提供必要的帮助和支持，让他们成长为强壮的、不受拘束的、完全意义的男子汉。"

在现实生活中，许多粗俗的所谓"男子汉规则"阻碍了男孩真实情感的表露，不仅如此，女孩在情感表达方面也并非想象中的流畅，也是"犹抱琵琶半遮面"。

多年与学生交往的经历告诉我：倾听孩子们的想法和感受，在情感方面支持他们，对师生之间真诚相处以及孩子自身健康发展都具有重要意义。于是我以"爸妈我要对您说"为题让学生"发泄"自己的不满。我对"发泄"的内容进行了归类，以便家长们知道是在哪些方面堵塞了孩子们的情绪通道。

（1）父母在许多情感通道上都设了关卡

一位学生说她和同学去买东西，妈妈也要问和哪位同学去，甚至在她专心做某事时也来"骚扰"她，问这问那，令她很反感，但又不好发泄出来，只好把对家长的一切抱怨全部都埋在心里。还有一位学生说她妈妈每天晚上都会问她在学校里的表现，她非常反感，真害怕早晚会受不了这种生活。她觉得父母给予她一个没有自由的空间，于是感叹只有书和作业的世界是多么的无趣！一天到晚像审犯人一样的日子，也许将来会永远呆在学校里也不愿意回家！可怜自己好像已经失去了整个世界，没有了娱乐，只有读书、作业，感觉自己的世界已经被人占领了。

许多孩子都发出了这样的呼吁：他们已经长大了，很多事情都有了自己的看法与见解，都会有自己的计划。希望父母们放手让他们自己照顾自己，让他们有自己的空间，让他们自己安排自己的时间，希望父母们能给他们更多的自由。

（2）父母忽略了疏通来自学习压力的情感通道

许多孩子在努力的时候都害怕失败，害怕自己不够信心，害怕因失败而站不起来。在大考后他们想着开家长会时会出现怎样的情况？为此而夜不能寐。他们不明白，为什么中国的孩子考试后整天都要提心吊胆呢？他们担心那些承受力差的孩子，可能会做出令人不可想象的事情来，这些不是父母们给予子女的压力吗？中国的父母是否要好好反省自己呢？他们真希望考试后没有那种害怕的感觉；希望父母不要只看中分数、名次，而不看他们的进步，不要只看缺点而不看优点；希望在父母的眼里是个好孩子而不是一个坏孩子、笨孩子。

（3）孩子关闭了对父母的情感通道

一位学生说现在的青少年都不喜欢和家里人交流，很重要的原因是与朋友谈得来但和家人的交流就不一样，家里人就是爱谈学习或者唠叨一些细小的事情，令人很烦。他说每遇到这些事情，往往选择逃避，不回答。甚至长大了连父母的生意也不愿意接。

这些只是学生倾述和发泄的部分消极情绪，消极情绪没有得到释放，那会在孩子们身上暗藏多少杀伤力啊！话说回来，为什么那么多的学生包括父母和老师眼中的好学生，都有着对自己父母的种种不满？可怜天下父母心啊，这些“穷自己也不能穷孩子”的中国父母不是给予孩子太少而是太多了。我们不禁要反思：在父母的眼里学习的价值取向是什么？而家庭教育又到底出了什么问题？

五、依靠家长的力量教育孩子

每个家长本意都希望自己的子女健康成长，将来能出人头地，这可以看成是家长的“教育本能”。在教育的过程中，我们千万不可低估家长的这种“教育本能”所产生的力量，我们要想方设法利用好家长的这种力量，借家长之势、靠家长之力教育好孩子。

班里的学生来自不同的家庭，有着不同的教育背景，但有一个共同之处，他们都是富裕家庭的孩子。因此，无论家长对孩子的教育怎样，父母本身都是某一方面的成功人士。

孩子们的父母有的是做企业搞管理的，有的是经商做生意的，还有的家长自己也是从事教育工作的。无论从事哪个行业，这些成功者一定明白人际关系的重要性，懂得管理好员工对企业的意义，因此，他们一定有自己处世、管理的理念和方法，这些宝贵的经验何不“借”来用用呢？而且是通过家长自己的话语传递给孩子，这种效果有时比我讲会好很多倍呢。

如果我们诚心邀请，哪个家长不愿意，这毕竟是他们自己的孩子。

我经常借家长的力量来教育这些孩子，因此，我的班级活动经常留有家长的身影。

一次，有个孩子犯了很严重的错误，家长对孩子的行为非常恼怒，严厉地批评了他，这让孩子不能接受，于是父子关系恶化，尽管他后来接受了我的教育，表示会改正，但对父母一直耿耿于怀。我对这孩子的父母说：“面谈有点困难，是否以书信的方式与他沟通，尽量写得感人些，如果您同意的话，我希望能够在班会上朗读。”这位家长有很强的语言表达能力，信写得很感人，把自己对孩子的爱表达得淋漓尽致。

记得在那次班会上，我说：“家长们都很关心自己的孩子，今天，我要朗读一封来自家长的信，不知道大家听后有什么感受，听完后，猜猜是哪位家长写的，我为这个孩子感到高兴，因为你有一位伟大的父亲。”我发现，有些孩子开始睁大眼睛了。

我在朗读时一直关注这个孩子的变化，开始时，他的眼睛不看我，也许他认为这封信与他无关，但随着内容的进展，他把头抬起来了，露出了惊讶的眼神，后来，他发现这封信是他爸爸写给他的时候，整个人都坐直起来了。后面发生的事情，也就不言而喻了。这封信不仅感动了这个孩子，对全班同学也很有教育意义。

一次晚会上，一位妈妈把自己作为“礼物”送给她的女儿，让这位女生很意外，因为她已经很久没有见到她的妈妈了。这位母亲很懂心理学，她把心理教育方面的一些知识融入到游戏当中，带着全班同学做游戏，激励孩子们努力学习，让全班同学深受教育。

许多激励孩子努力学习的活动，我也邀请家长参与，借以告诉孩子：努力了就有收获，家长和老师都会为你们的进步喝彩的。

在一次班级活动中，七位家长给其孩子送来礼物，奖励孩子学习的进步。圣诞节晚会，十一位家长共购买价值约 1 500 元的书籍送给他们的孩子，表彰孩子们的积极行为。

家长的教育力量真是无穷啊！作为班主任老师，带的不仅仅是 25 位学生，如果用数学符号来表示，那可能就是“1 ＞ 3”，也就是说，班主任要调动的可能是 25×3=75 人的积极性，如果这 75 人的积极性都调动起来，还有什么教育困难呢？

本章小结

玫瑰慢慢长大了，不难发现这刺也越来越坚硬，越来越容易伤人。父母们经常有“伤”感是因为没有读懂“刺”，没有给予孩子长“刺”的空间。

孩子们在成长的同时，也慢慢地积累着烦恼，积累着消极，积累着不满甚至愤怒的情绪。他们希望倾诉烦恼，释放消极情绪，这个时候，给予孩子成长的耐心是多么重要。

对孩子的成长要学会放长线，眼光看远点，因为孩子未来的路很长，不要因为他一时的问题而否认他一世的发展。

培养这些孩子优秀的品质是有意义的。因为只有品质卓越者才会绽放出人性的光辉。一个人如果汇集了宽容、爱心、勇气、顽强、智慧、责任、热忱，那他就有了安身立命之根本，就有了光辉灿烂之品性。

这样一路走来，等待我们的是收获孩子们未来的成功。

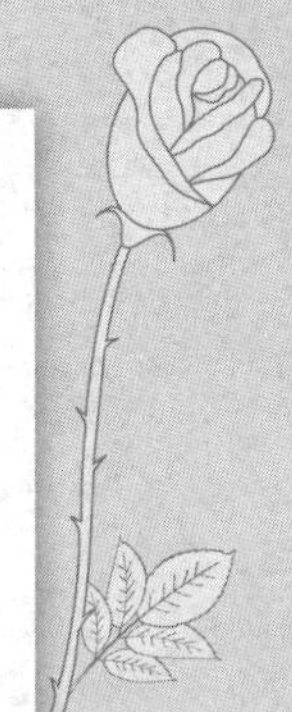

第三章 呵护成长的玫瑰

自然万物都有其发生发展的规律，因此刺的存在也有其必然性。倘若换一个角度，刺也是玫瑰生命的一部分，也同样需要呵护。

有人问我："为什么你要从事教师这个职业？"我说："师是我家事。"我的父亲、母亲、叔叔、姑父曾都是老师，我从小到大一直生活于学校，学校幽静的环境以及学校里的那些人与事都给我留下了美好的印象。

而让我真正希望从事教师职业的是我母亲对教师工作那宗教般执著的精神，她时常说自己是个"小知识分子"，用良心与忠诚与小孩打交道，可不能因为孩子小而不尊重他们。不同的人有年龄大小的不同，但每个人的人格是平等的，要从一开始就引导孩子， 使他们不要做违背自己意愿的事情，不要做违背道德的事情。母亲说教师的力量有时会很大。

于是，我毫不犹豫地选择了教师的职业，把传道授业解惑作为自己的本分，在我与我学生的接触中，我真的感觉到了母亲的"教师的力量有时会很大"这句话的份量。

一路走来，我小心翼翼，生怕自己走到歪门邪道上去，生怕自己给孩子指错了方向，有时候也很迷茫，觉得前方的路太遥远而不知所措。

曾有一位记者采访爱因斯坦："声音的速度是多少？"爱因斯坦说："我不知道，我不会在脑子里记一些书本中能找到的信息。"很多年前，一位老师挖苦他，说他将"一事无成"，很多老师都认为爱因斯坦头脑迟钝，因为他总是记不住东西。

这个例子警示我们什么呢？

学生应该学什么？怎么学？

教师应该教什么？怎么教？

学生的学习方式是否很重要？

我更多的在于思考与总结，希望能够理解这些本质的东西。

在我看来，学习的本质是培养一种思维方式，所以教育的价值应该体现在培养人的思维方式上，解决问题的角度上，但这不能否认孩子对基础知识掌握的必要，不具备一定的基础知识，孩子的视角大小、思维宽窄都会受影响，那么，教师传道授业中，重复的、机械的训练需要多少呢？知识与想象力孰重孰轻？知识的传授和思想的引导孰先孰后？

许多孩子没有自主学习的时间、没有俏皮的嬉戏、快节奏的脚步慢了下来、朗朗的书声没有了，这些难道不让人担忧吗？

许多孩子不喜欢现在所学的东西和老师的教育方法，因为他们看不到现在学习的知识与未来所置身的现实世界之间有什么关联。

那么，生命该怎样度过？对于一些步入青春期的孩子，探讨生命的话题是有必要的，这样才能从一个大的范围、一个高的视角来了解人生的价值和自身存在的意义。

教育是一门艺术，这说明方法很重要；管理是一项技术，这说明技巧也很重要，我该怎样去教育好这些孩子？

一、生命系数

地球上生息过无数的生命。

生命系数本来就是一，可是有的生命系数却大于一，而有的却小于一。

何为“大于一”？何为“小于一”？

所谓“大于一”即这个生命是活得有意义的，是精彩的，是有价值的。而“小于一”的生命则是碌碌无为地虚度年华，毫无意义。

一个偶然的机会，又有一些新生命诞生了，这些可爱的生命一路走来，他们欣赏着大自然的美丽，体验着人类社会的精彩，逐渐步入人生最美好的青春期。

这些生命成了我的学生，我希望他们的生命系数大于一，希望他们活得精彩有意义。

怎样的生命，其系数是大于一的呢？于是，我带着学生开始了对生命的系列探讨。

我选择以下五个话题，希望学生明白人活着就要珍惜与感恩，就要思考与选择，就要坚强与勇敢，就要互相帮扶关爱。

1. 生命探讨的第一个话题是：生命美在哪里

我的话题从“樱花”开始。

我说：“有一种花，那是樱花，它适应于温凉的环境。绽放的樱花特别美丽在一次观看樱花展时，我了解到关于樱花的这么一个信息：在日本有一民谚说：樱花 7 日，”就是指一朵樱花从开放到凋谢大约为 7 天。当我知道一朵樱花的花期只有 7 天的时候，我对她不仅仅是喜欢，更多的是什么呢？短暂而绚丽的樱花难道不是折射出我们生命的意义嘛！人生虽短但也要活得有意义！请同学们思考这样一个话题：生命美在哪里？”

通过对生命之美的探讨，同学们感悟到这样一个道理：虽然生命短暂，但也要努力活得精彩，珍惜来到这个世界的缘分，感恩大自然的造化，把最美的一面留给世间。这些就是我们理解的生命的真谛。

讨论：生命美在哪里？

■ 美是一种缘分，一种感恩

在这个地球上，生息过几十亿生命，而在今天，父母把你带到这个世界，让你、我、他有缘千里相会，这种缘分多么来之不易啊！让我们一起来珍惜这种缘分吧！

人的成长离不开一些人与事，所以要学会感恩：

感恩父母——那是给予我们生命的人。

感恩同学——那是伴随我们走过最美好岁月的人。

感恩老师——那是曾经影响过我们的人。

感恩社会——那里是我们生活的空间。

感恩挫折——那是我们成长的阶梯。

■ 美是一种磨难，一种坚强

地球上没有两条相同的河流，可是没有一条河流不是蜿蜒曲折的，这难道不是折射了我们的人生多磨难吗？请不要去责怪磨难，这是成长的必然经历，而你所要选择的是坚强！

■ 美是一种珍惜，一种安全意识

既然生命的到来和成长都是来之不易，所以，我们要珍惜生命，乐观阳光地活着！我们要有安全意识！

发生在我们身边有哪些安全隐患？当我们的身边出现安全隐患时，我们如何面对？

在我们周围的环境隐藏着许许多多的安全隐患，这警示我们在成长中要注意生命的安全。

（1）用电安全。注意周围的电线、插座、插头安全，不要违规使用电器。

（2）外出必须关好门窗。

（3）锐器会伤及身体，要安全使用。

（4）行动行为要注意安全，不能追逐打闹。课前、自习前教室内保持安静。实验室、技术课室等功能室要守纪。体育课上预防运动伤害。

（5）校外活动安全，出门一切行动听指挥。

（6）校车乘坐注意安全。

生命是美的，珍惜生命，乐观阳光地生活吧！

2. 生命探讨的第二话题是：什么让生命更高雅——对细节的思考

“泰山不拒细壤，故能成其高；江海不择细流，故能就其深。”所以，大礼不辞小让，细节决定成败。想做大事的人很多，但愿意把小事做细的人很少；我们不缺少雄韬伟略的战略家，缺少的是精益求精的执行者；我们不缺少各类管理规章制度，缺少的是规章条款不折不扣的执行。我们必须改变心浮气躁、浅尝辄止的毛病，提倡注重细节、把小事做细……

讨论：

（1）什么是细节？

（2）细节的实质是什么？

例子 1：用心才能看得见的细节

有家招聘高级管理人才的公司，对一群应聘者进行复试。尽管应聘者都很自信地回答了考官们的简单提问，可结果却都未被录用，只得怏怏离去。这时，有一位应聘者，走进房门后，看到了地毯上有一个纸团。地毯很干净，那个纸团显得很不协调。这位应聘者弯腰捡起了纸团，准备将它扔到纸篓里。这时考官发话了："您好，朋友，请看看您捡起的纸团吧！"这位应聘者迟疑地打开纸团，只见上面写着："热忱欢迎您到我们公司任职。"后来，这位捡纸团的应聘者成了这家著名大公司的总裁。

这道显然是专门用来考察求职者细节的试题，在这里，一个不经意的细节就决定了面试的成败。

例子 2：忽视细节的代价——白蚁的危害

临近黄河岸边有一片村庄，为了防止水患，农民们筑起了巍峨的长堤。一天，有个老农偶尔发现蚂蚁窝一下子猛增了许多。老农心想：这些蚂蚁窝可能会影响长堤的安全，他要回村报告，路上遇见了他的儿子。老农的儿子听后不以为然地说："那么坚固的长堤，还害怕几只小蚂蚁吗？"随即拉着老农一起下田了。当天晚上风雨交加，黄河水暴涨。咆哮的河水从蚂蚁窝始而渗透，继而喷射，终于冲决长堤，淹没了沿岸的大片村庄和田野。

这就是"千里之堤，溃于蚁穴"这句成语的来历。白蚁确实可以造成长堤溃决的后果，所以任何麻痹和对细节的忽视都会带来难以想象的后果。

也许孩子们不能很好地理解“细节”的本质，但生动的例子能让孩子明白细节对成功的意义。比如上课在预备铃前进教室会被认为是个守时的人；见到老师都能主动打招呼会被认为是有礼的人；认真记录笔记会被认为是个有心的人；认真对待每一个题目会被认为是细心的人。这些都是许多优秀学生都十分注意的细节，许多时候事情做细了、做精了，就做得专业了、完美了。这样无论做人还是做事都奠定了稳固的基础，在这个基础上就可以站得更高、看得更远、想得更深。这样的人在他们身上将透出更优雅的气质，这不就是高雅的生命吗？

一位学生在《成功的背后定有“细节的团队”》的文章里有这样一段话：

细节是能够体现事物内在联系和实质的微小事物和情节。

细节，在我们生命中起到了非常重要的作用。成功之路永远少不了细节，可以说细节决定成败，细节让生命更高雅。不管是成人的世界还是我们的世界，细节都往往起到非凡的作用，相反的，假设没有用心去注意细节，成功的路会离自己越来越远。注意细节，对待每一件事情都有十二分热情，十二分责任，并将小事做细。生命假设只是用来做大事，那永远都是一场空梦，每一个成功的人其背后一定会有一个“细节的团队”。

3. 生命探讨的第三个话题：丑陋的根是伟大的——对内在的思考

根是生命体的一部分，是植物体中丑陋而藏于地下不见天日的东西，很少被人赞美。“丑陋的根”让孩子们关注到了隐藏于生命中的虽不显眼但却伟大的力量。

一位学生在讨论会上这样说道：“大事乃小事积累，高山乃小石积累，河流乃小水滴积累。中国有一句老话“人不可貌相，海水不可斗量”。是呀，看人不可以只看表面，还要看内心。植物的根是丑陋的，为了植物的生长，它宁愿深藏在黑暗的地底，无私地服务于枝干和花叶。”

这让我想起热带草原的景观。

一望无际的草原上往往也能看到几棵高大的树木，由于每年要经历极端缺水的旱季，所以这些树木树枝粗壮得像个水桶，有的因树干像织布纺锤而称为纺锤树，有的树冠像雨伞而称伞形金合欢，还有的因其果实猴子爱吃而叫猴面包树。这些零散稀树因为在平平的草原上凸起，所以变得那么醒目，那么出众。当我们在夸赞它们伟岸的同时，是否想过埋在地下的那些丑陋的盘根错节呢？有没有挖掘它们存在的意义？我们设想一下，在热带草原的环境下，如果没有树根的作用，哪里会有这样的参天大树！如果没有树根，在热带草原成长的永远只有小草！与其相似的是，高大的房子最重要的是看不见的地基，高档衣服的价值还体现于平整的针线。

青春期的孩子有的由于个性过于张扬过于自我，他们时常会好高骛远，他们忽略了脚踏实地的意义，不注意基础的作用，不关注默默无闻的人，不尊重内在的品质。如果他们看到的都是被我们赞扬的那些“崭露头角的人”，那么在他们的生命中就会一直忽略那些“被埋没的人”存在的意义和贡献。一个人的人生如果没有细节就没有高水准、没有修养就没有内在的高尚。

学生时代如果在思想上都没有引起重视，谈何行动与实践？又谈何成才？要在草原上做参天大树，最重要的是要做好树根！这就是我引发“丑陋的根是伟大的”讨论的意义。

4. 生命探讨的第四个话题：独立的意义——对“蜘蛛网”的思考

蚕吐出的丝能织成华丽的绸缎，但蚕吐丝的最终结果是编织成一只茧，将自己封闭束缚起来…… 而蜘蛛却用自己所吐的丝编织成网，借此获得食物，让自己生存下去……

同学们，“蜘蛛网”给你们带来了什么思考？

许多同学对蜘蛛原本是厌恶的，但来自另一个角度的思考却让孩子们对蜘蛛产生了好感，这也许可以看成是独立自主的意识在孩子心中的萌芽吧。

以下是孩子们讨论的片段。

■ 网，很常见，蚕可以做出，蜘蛛也可以。蜘蛛织网虽是为自己，但体现出他们自立的思想，它们织自己的网，用自己的能力拿到它们自己想要的食物。我们要学蜘蛛的自理自立，这样才可以更好地在社会这个“大网”中生存。

■ 在大自然当中有两种比较特别的昆虫，一类是蚕，还有一类是蜘蛛，它们都有一个共同的特点，“会吐丝”。蚕吐丝能织成华丽的绸缎，而蜘蛛为的只是自己捕食。再换一个角度说，蚕吐丝后，将自己封闭束缚在里面，但蜘蛛吐丝后，可以捕捉各种各样的昆虫，把自己放在了一个自由的没有束缚的空间里。作茧自缚的一类人，整天沉迷在网络里而玩物丧志，他们或者整天呆在家里，完全没有给自己提供学习新知识的机会。而另一类人如蜘蛛，他们用这张网收集自己需要的东西，这类人懂得在广大的世界中汲取自己所需要的知识。选择蜘蛛这类人吧，因为这类人有主见，懂得选择，不断追求，永不放弃。

■ 蜘蛛网粘性很大，倘若粘到你身上，你会鄙夷厌恶地弹开，而我却恰巧相反。蜘蛛网在我眼里有一种独特的美。蜘蛛费九牛二虎之力，一针一线地缝制的这张完美无缺的网是为了捕食。更为重要的是，这张凝聚着蜘蛛付出的网，让蜘蛛有了生命的依托，有了生命延续的希望。这让我联想到了坚持与努力对生命的价值。设想一下，如果我们执着努力地编织一张充满知识的网络，我们不就可以在这里汲取更多的营养，茁壮成长吗？同时，我更懂得了宽容与尊重对生命的意义。自然界除了人类还有许多其它的生命形式，它们为了生存下去，同样要付出艰辛万苦。生命之间要互相尊重，互相包容，因为我们都是自然之子，难道我们不应该和谐相处吗？

5. 生命探讨的第五个话题：生命的力量——对绿叶的思考

呈现在学生面前的一张幻灯片里，一块大石头缝下顽强地伸出一叶并非很嫩绿的生命……因此又一次在学生的思想中激起了波澜。

以下段落来自学生周记，让我们来看看这“并非嫩绿的生命”引发了学生一些怎样的思考呢？

幼芽的力量

人们说幼芽（种子）的力量是最大的，也是最坚强的。它可以把压在上面的石头推翻；它可以在乱石堆中生长；它可以在硬石道中发芽。它有着顽强的力量，这是一种伟大的力量，一种生命的力量。这片被压在石头底下的绿叶尽管是弯曲着生长，但它让我感悟出这样一个道理：成长需要努力，需要坚强！小草能推动巨石，努力成长，那我们又为何不能克服困难呢？

有太阳就有希望

石头下的绿叶，命中注定要付出更多。它从一颗种子就开始了奋斗的历程，它不懈地努力着，用细小的根吸收土壤里的养分，同时奋力地扭曲着稚嫩的绿芽，将它送到阳光下进行光合作用。由于巨石的阻挡，它活的并不容易，叶芽面上由于缺少阳光而斑驳生出黄褐色，但它从不因环境恶劣而放弃过。它有着自己的信念，它要向着太阳冲刺，只要太阳还在，希望就还在。我惊叹于它的努力和毅力，我坚信：只有真正经历过风雨的植物才能长得更茂盛。

生活也是如此，因为不可能永远站在山峰，不可能永远面对阳光，所以，当遇到困难时，我们要充满希望，勇敢地面对。

选择面对

一粒被压在石头底下的种子，是选择逃避，还是通过努力，从大石头底下冒出来呢？这个选择摆在了我的面前，所幸的是面前的这粒种子冲开了巨石，顽强地成长起来了。

它给了我怎样的启示呢？

这让我想起了《哈利·波特与密室》里的一句话：“决定我们成为什么样的人不是我们的能力而是我们的选择”。如果把种子比做人，那么大石头就是一件让人感到无奈的困难。他面前有两条路可以选择，要么就是勇敢地面对现实，解决掉这个问题，要么就选择逃避，永远都不去面对。选择了面对的人一定能够长成参天大树，变得事业有成，生活幸福美满，而那些选择逃避现实的人，最终只能够永远被大石头压在底下，事业一败涂地，生活寂寞空虚。

生命的精神

这是一张单调的图片，泥土、绿叶和石头，但却强烈地冲击着我的视线，震撼着我的灵魂。因为这不仅是颜色的对比，更是一个生命的抗争。

可以想象，这原是一粒被石头压在底部的种子，因为环境恶劣，它不能像其它种子一样，被暖呼呼的太阳照耀着，被湿润的土壤包围着，它靠的只能是自己的抗争。不知等待了多久，不知努力了多久，它终于生根了，发芽了。在石头与泥土的缝隙中，它探出了头，拥有了一片属于自己的天地。它终于看到了太阳，用坚毅不屈的精神，谱写出了生命的辉煌。

生命平凡却又伟大，我们拥有了生命，就应该拥有这种精神。

生命可贵，既然拥有就应该善待。在成长的路途中，不应该放弃，既然选择了便要一直走下去。

生命短暂，我们要做的事很多，从现在开始，像这片绿叶那样奋力成长。

这片叶子还很幼小，原本是嫩绿的，可是却停留下斑驳的褐黄色，这褐黄色不正是告诉人们小叶成长的艰辛吗？无论向上长芽还是向下扎根，它都碰到了坚硬的石头，但是小叶仍勇敢面对，最终，它还是感受到了阳光照耀的温暖，欣赏到晨露浸润叶片的喜悦，即使最终叶黄了、根枯了，它还是要活的充实无憾，让有限的生命精彩有意义。

在现实生活中，成长并非一帆风顺，面对困难，要有信心，积极行动起来，如果只是怨天尤人，感叹不幸遭遇，幸运之神即使光顾，最终还是会留给你一个冷漠的背影！有句话说得好："自助者天助之，自弃者天弃之。"

关于"生命"的话题远非这些，对生命的认知在于不断地探索和感悟。

自然界中有许许多多的生命，每个生命都极其珍贵。植物生长于土壤，于是土壤里演绎着植物生根、发芽、开花、结果的生命规律。而人的生命不存在根系，那么，人的生命应该根植于何方？

一位先哲在露天下给他的三个弟子上了一堂课。

先哲问："你们看，田野里长着些什么？"

弟子回答："杂草。"

先哲说："告诉我该怎么除掉这些杂草？"

三个弟子不禁有些愕然，这个问题这么简单。

于是大弟子说："只要给我一把锄头就足够了。"

二弟子马上说："还不如用火烧来得利索。"

三弟子反驳说："要想斩草除根必须深挖才行。"

先哲听后，微微一笑，站起来说："这堂课就到此为止，你们回去后按照自己的方法去清除一片杂草，一年以后再在这里相聚。"

一年时间很快过去了，当弟子们再次相聚时，他们都很苦恼，因为无论他们采取什么方法，都没有明显的效果，有的反而更多了。然而先哲已经与世长辞了，他留给弟子们一本书。书中有一段话：“你们的办法是不能把杂草彻底清除干净的，因为杂草的生命力很强。要想除掉田野里的杂草，最好的办法就是在田野里种上庄稼。”

你是否想过，其实我们的心灵也是一片田野。这片田野如果不耕耘，就会长满杂草。而在心灵里根植生命，那么杂草就无处可生。生命是人类最可贵的东西，只有把生命种植于心灵，心灵才会拥有生命。生命与心同在，用心维系生命，才会绽放生命之光彩，演绎辉煌之人生。

二、生命实验

一位老人走完了他 81 年的生命历程。这个普通人死得很普通，但这个普通人死前的两个嘱咐让我感动不已。

第一，他嘱咐儿子记得交电费。生前家里的电费一直是老人交的，长期以往，交电费成了他的本分，由于担心自己走后家人忘记做这件事，因此在走之前，唯一叮嘱儿子的事情就是要记得交电费。

第二，他嘱咐儿子简单处理后事。他告诉家人：死了烧了撒了就可以了，后事从简。

我感动于老人生前处事的认真和对待死亡的坦然态度。

老人去世让我对死亡有了许多感悟：正如我们满怀希望迎接生命的到来一样，面对死亡我们也应该坦然待之，因为这是自然规律。无论多么聪慧，人类只是自然界的一部分，是自然界的产物，人类的生命要遵循自然规律，有生有死，这些不可否认，也不能改变，人类所能做的是在活着的时候让生命更有意义，做好本分事情，让自己在死前觉得自己在世上活过，活得不后悔。

许多人希望自己活得长点，但在活着的时候，却不珍惜生命。记得有一句话是这样说的："有的人活着的时候似乎觉得自己不会死，而有的人到死的时候却似乎觉得自己没有活过。"生命是短暂的，我们该怎么面对人生，又该怎么面对死亡？活着该做些什么，死后又该留下什么？生命的意义在哪里？

我感觉到应该对青少年进行死亡教育，也许理解了"死亡"才能感悟"活着"，才能明白生命的意义，才会在生的时候做有意义的事情。那么人生有多长？在什么时间里可以做什么事情？

1. 生命的实验

我在一本名为《十几岁决定孩子一生》的书里看到个非常有趣的实验，我根据学生实际情况对这个实验做了一些改进，并与学生一起完成了这个实验。现把过程摘录如下：

首先，我给每位学生准备了一张备有问题的实验长纸，如下所示（见附表）：

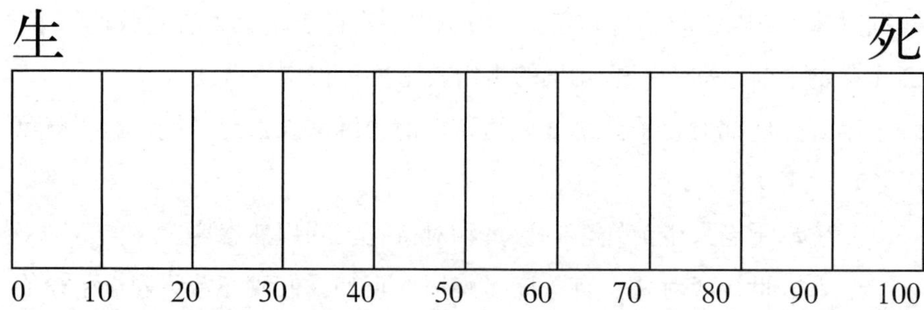

生命的实验

测量生命的长度，在有生之年我的有效学习能为我带来什么……

将生命的长度分成 10 等份，每一份代表 10 年的生命。在长纸条上标上生命的刻度，从 10 一直标到 100，最左边的空余部分写上“生”字，代表生命的开端，最右边的空余部分写上“死”字，代表生命的终结。

第一步：请找到现在的年龄，由于过去的生命再也回不来了，因此要彻底撕掉相应的前面部分。然后根据家族及自己现有的身体状况估计自己能活到多少岁，如果活不到 100 岁就要把后面那部分撕掉。手中剩下的一段长度就是自己现有生命的长度（L– 生命段）。

第二步：请找出自己退休的年龄，把相应退休以后的部分（T– 退休段）从后面撕下来，不用撕碎，放在桌上。所剩这段是可以用来学习和工作的时间（G– 学习工作段）。

第三步：一天 24 小时的分配：把时间分成三部分，一部分是睡觉的时间（S– 睡觉段）；第二部分是吃饭、休息、聊天、游乐、上网、看电视的时间（Y– 休闲段）；第三部分是有效学习的时间（除去无效课堂）（X– 学习段）。分好后，把剩下的纸条按照 S–Y–X 折成三份，并把 X– 有效学习段撕下，放在桌上。

第四步：请比较 L– 生命段、G– 学习工作段、X– 有效学习段，把感想写在空位上。

第五步：回答下列问题：

①决定“L– 生命段”长短的因素是什么？

②你对自己的寿命持乐观态度吗？为什么？

③什么是健康的生命？

④怎样才能拥有健康的生命？

⑤在有生之年做些什么才有意义？

⑥决定“X– 有效学习段”长短的因素是什么？

⑦怎样才能做到有效学习？

⑧有效学习对生命的意义是什么？

2. 对生命试验的分析

从实验中得出一些比较数据和结论：

（1）关于“健康生命”的探讨：

①根据学生自己的推测，每个学生的生命长短不一，而对寿命持乐观态度的学生（80 岁以上）共有 20 人，占全班 22 人的 90.90%。这个比例很高，为什么学生对自己的健康持乐观态度？把学生的分析归纳为如下几方面：

- 对目前的身体状况、生活状况非常满意，也很快乐；
- 现在的生活水平高，卫生、医疗条件都很好，很多疾病可以治疗；
- 人固有一死，无须为死亡担忧，虽然人生有挫折，但应该努力去面对，快乐的生活；
- 自己很注意运动和饮食，每次体检也很健康。

②生命有了健康才有意义，健康的生命很重要。什么是健康的生命？把学生的分析归纳为如下几方面：

- 身体健康无疾病，体魄强健；
- 心态乐观积极；
- 思想健康，充实而有意义地生活；
- 善待生命，面对挫折不低头。

③怎样才使生命健康起来？把学生的分析归纳为如下几方面：

- 遗传是一方面，但要注意锻炼，保持身体各项机能的正常发挥；
- 保持每天心情的愉快，有均衡的饮食习惯，保证充足的睡眠；
- 做该做的事情，不做不该做的事情，要做有意义的事情，不做后悔的事情；
- 不抽烟，不喝酒，不吸毒，生活内容丰富但不沉迷于游戏网络。

（2）关于“有效学习”的探讨：

根据学生自己的估算，每个学生的有效学习时间长短不一，而认为有能力实行有效学习的学生有 21 人，占全班 22 人的 95.45%。

①生命是有限的，在有生之年做些什么才有意义？把学生的分析归纳为如下几方面：

- 努力学习，积极工作，做好自己本分，实现自己的理想；
- 不做对不起国家的事情，不做不道德的事情；
- 做一个好人，孝敬父母，尊敬长辈，多做善事，帮助需要帮助的人，对国家对世界有贡献。

②决定“X－有效学习段”长短的因素是什么？

- 取决于自己的寿命、取决于自己的退休年龄、取决于自己的娱乐时间和睡觉时间的长短；
- 个人学习态度，合理的时间安排。

③怎样才能做到有效学习？把学生的分析归纳为如下几方面：

- 对学习有了浓厚兴趣，对知识有了强烈渴求，因为有了兴趣有了渴求才会认真、才会专注；
- 有了有效的学习方法才有有效的学习结果；
- 有目标、有信心、有毅力、有一颗勇于挑战的心；
- 学会安排学习时间，做好学习计划，把握课堂，此外要有一个一丝不苟的学习过程。

生命是有限的，要想在有限的生命里有所作为，只有提高生命的有效性。对于步入学生时代的人来说，本职工作是什么？怎样才能使步入学生时代的人生命有意义呢？毫无疑问，学生学习是本分，学习是天职，学生只有有效学习才能使生命有意义。

④有效学习对生命的意义是什么？

- 学习本身就很重要，学习好了，知识就丰富了，就能在将来做很多事，在学习的过程中，要节约时间，把握时间，不浪费时间，也就是有效学习，这样才能充实生活，让生命活得更丰富更光彩；

- 知识是精神食粮，生命需要精神支柱，有效学习为以后的人生做好铺垫，帮助自己实现伟大理想；
- 有效学习能够影响一个人的一生。

（3）关于“实验本身”的探讨：

①这个实验对学生来说能产生什么影响呢？学生的感悟如何？

- 有句话说：“人的一生都在学习。”而我们应该有效地学习，不要把时间浪费在无聊的事情上。
- 由于我做事拖拉导致我的有效学习时间很少，“生命的实验”让我悟出：我必须珍惜时间，因为生命的时间是那么有限，过去了就不能再回头了，而有效学习时间则更短，所以现在要赶紧认真学习，好好珍惜宝贵时间。
- “生命的实验”让我明白了原来在人的一生当中学习的时光只有很少一部分，何况我们现在还不懂得珍惜。时光如流水，孔子说：“逝者如斯夫”，如此浪费“时光”是多么可怕的一件事啊。
- 如果做个统计，有效学习段只占可工作学习时段的 1/3，占生命段的 1/7，只有 10 年左右，看上去很少，一转眼就过去了，我应该好好把握这 10 年的时间，让这 10 年发挥出最大的效率。
- 老师解剖的“生命段”对我影响很大。除去走完的时间和生命终结的时间，剩下可以有效学习的时间还真不多，只有细细的一小条。可见人的一生真正学习的时间太少了。所以把握现有的可以学习的时间，尽可能多学一些知识吧！时间过去了就不再回来了。
- 人生短短几十年要好好珍惜，不要让自己后悔；虽然生命很短，我承诺要活到老学到老；而学习只有付出才有收获。
- 生命的长短也许自己不可以决定，但却可以让自己在世时做许多有意义的事情，让自己无怨无悔。做了这个实验，我开始认真地去寻找过去都做了哪些有意义的事情，也在思考将要逝去的现在又有什么有意义的事情要做，未来会做些什么有意义的事情来充实自己。我逐渐感悟到生命时光流失的那种飞快速度。我的生命化成了那么短的长度，还真有点遗憾自己没有好好珍惜以前消失掉的那些时光，应该好好想想未来如何让自己的生命活得更精彩、更健康。

■ 什么是生命？无忧无虑的人不会去想生命的意义，而消极的人却在感叹生命的苦短，“进入这个世界，厄运会不会来到我的身边？”时常想这些问题的人是在浪费生命。既然生命的长短不由自己决定，所以我们无须感叹、无须恐惧。人类生生不息，可对个人来说，生命却只有一次，让我们一起来珍爱生命吧！让自己的生命更有颜色。

②家长的态度又是怎样？以下是家长写给自己孩子的话语：

■ 希望能够真正意识到提高学习效率增加有效学习时间的重要，希望你能合理安排时间，全面发展。

■ 父母对你的回答很满意。看得出来你对生命的意义和人生的态度有着正确的看法，我们希望你心态乐观、自信开朗，热爱学习，帮助别人，把自己奉献于世界，希望这些能成为你做人的理念，相信你一定能成就未来，成为杰出之人。

■ 希望你能珍惜自己的生命，安全、充实、幸福地过好每一天，高高兴兴上学，开开心心回家。

■ 这个生命的实验很有意义，让每个人认识到生命的价值，尤其是过去的再也不能回来，所以要好好把握今天。

■ 你的回答很切实际，妈妈替你高兴，看得出你成熟了很多，希望你好好把握、珍惜今天的来之不易。

■ “生命的实验”让你感受到健康与学习的重要，希望你能为更美好的未来去奋斗，相信你一定能做到。

3. 生命实验的感悟

以下是来自学生的一篇文章，题为《生命感言》，文章表达了“生命实验”带给她的感动。

生命感言

“生命尤可贵，千金亦难买”。人的生命是至重至贵的，当一个人失去生命的时候，其所拥有的金银财宝、名车豪宅都将人去楼空，毫无意义。

人在一生当中，许多的事情并非仅仅是为了生存，“人吃饭是为了活着，但人活着不仅仅是为了吃饭”，生存只是一种手段，最终的目的是为了完成自己的理想，实现一种价值追求。

当我做完生命的实验后，感触真的很大。原来我们人类活在世界上的时间只有那么短，而我在没做实验之前总以为自己每天都有充足的时间，所以每天都浪费了好多时间！现在想起来真的很后悔……但是后悔也是没有用的，因为它不会再回来了。

看着手中学习段的纸条，我不禁吓了一跳！啊，原来我们学习的时间就那么细短的一条呀！细短得似乎都可以把它忽略不计了，细短得它悄悄地从身边溜走也觉察不到。我问自己：“我们学习是为了什么？”我仔细地想了又想，还是拿不出更好的答案。

过去的就让它过去吧！因为我们再也捡不回那珍贵的东西了。其实我们在世间也已活了十几年了，我们收获了什么？生命的实验警示我：在剩下的时间里，在未来的人生之路上，我要靠自己来发挥时间的有效性，使自己不虚度年华。

把时间演奏成美妙的音乐，还是烦恼的噪音呢？我立志要把时间变成红橙黄绿蓝靛紫的生命，当我在死亡之时，我会觉得我的生命是有价值和有意义的。

这是一群 13 ～ 15 岁的孩子，正值青春期，从身心的发育来说，这个阶段的孩子会有许多烦恼，但从这组实验的结果来看，孩子们对自己的健康持乐观态度，也知道为自己的健康负责，知道怎样做才有健康的生命。他们知道反省自己，知道自己该做什么，不该做什么，领悟到生命的价值与意义。看得出来，这些孩子对家庭、对学校、对社会充满希望，对父母、对老师、对同学、对朋友充满情感。作为他们的老师，我感到欣慰，之所以这样，我想也许孩子们的许多矛盾在未发生之前就已经得到了化解。

步入青春期的孩子面对的是一个泱泱的世界，这个世界充满了令人困惑的一系列选择，譬如，世界是怎样的？人生该怎样度过？在人生观、价值观的形成阶段，教师应当提供机会培养孩子健全的判断力，切莫怠慢孩子的人生观与价值观教育，引导孩子形成正确的人生观、价值观，孩子才会走入正确的人生道路。

什么是正确的人生观、价值观呢？我们又该怎样去教育呢？

人生观是人们对人生目的和人生意义的根本看法和态度，我们经常会问：人为什么活着？人生的态度应当是积极的还是消极的呢？同样，学生也会问老师、问父母：我们为什么要学习？学习为什么这么辛苦？多和孩子们一起探讨幸福观、苦乐观、荣辱观、生死观……也许能帮助孩子们树立正确的人生观。

那么，价值观回答什么问题呢？对于学生来说，很重要的一个问题就是：学习值不值的问题，“学习”这件事努力去做有没有价值、有多大的价值，这个问题直接制约着孩子们的思想和行为。

正确的人生观和价值观对孩子的成长有着重要而深远的意义，因此就有了我给孩子们的又一重要的一课。

三、生命需要“立”起来

继生命教育之后是自立教育，因为任何生命都需要“立”起来，依附于他人的生命不能长久。

一个刚入初中的学生在周记里写到：“记得小学时，我的学习还挺不错，但到了初中，成绩每况愈下。现在科目多了，觉得学习越来越难了，经常耐不住性子，做作业很依赖老师，没有记笔记的习惯，上课经常听不懂，很不适应中学的学习。”

对于刚入初中的孩子来说，虽然比小学时候懂事些，但心里却有着畏难和恋旧的情绪，是什么原因呢？原来小学的时候，家长和老师在各方面对学生照顾得较多，而进入中学，老师则更强调学生的自觉、自主。这样一来，许多学生遇事没有主见了，他们会问：为什么都要自己去解决？依靠在哪里呢？许多学生都产生了“无助”的感觉。另一方面，初中课程增加了许多，内容也难了，由于思考能力不够，学习方法发展滞后，许多学生对学习很茫然。

“自己的事情自己做，靠人靠天靠主上，不是好汉。”这是陶行知先生写的自立歌。这首自立歌唱给对于刚刚迈入初中的孩子听正是时候。因此，孩子进入初中，首先要培养的是“自立”的意识。

班会课上，我在黑板上画了一个圆，在圆的中间写下一个“人”字。我问学生看这幅图想到什么典故？我告诉学生这是盘古开天地。这个圆就是鸡蛋，是未形成的宇宙，中间这个人就是盘古。在天地形成之前，盘古发育成了巍峨的巨人，就像一根长长的大柱子，立于天地之间，他用双手撑起了天，而双脚牢牢立于地，在盘古的努力下天地形成了。

盘古的成功来自他的“立”。我告诉学生：“立”字中间两“竖”是“高高举起的双手”，表示无须依靠，无须搀扶，“立”字上部一“点”一“横”表示天，下部一“横”表示地，能够“立”起的人就能够顶天立地。

人总是要长大的， 人活一辈子不能依靠一辈子，需要靠自己，什么时候自立？其实从小就应该有自立的意识，到了初中，不仅仅在自立意识方面要强化，还要在自立能力方面得到提高。

于丹在她的《论语》心得里说：中国人是讲究变化的，这种变化最终达到了一个境界，叫着“神于天，圣于地。”她认为这六个字其实就是中国人的人格理想：既有一片理想主义的天空，可以自由翱翔，而不妥协于现实世界上很多的规则与障碍；又有脚踏实地的能力，能够在这个大地上去进行其他行为的拓展。只有理想而没有土地的人，是梦想主义者不是理想主义者；只有土地而没有天空的人，是务实主义不是现实主义者。理想主义与现实主义就是我们的天和地。

一个人能够“立”起来，就能够介于“天”与“地”之间，取得天地人的和谐力，这样他既是一个有理想之人又是一个能务实之人，更是一个为自己为他人为社会负责任之人。

自立的过程是人生成长中的一个过程。自立的一个层面的意思是指自己的事情自己干，因此，在这一过程中，我们应该有自己的理想，向着理想，我们应当不断地完善自己。自立的另一层面的意思是责任，责任是指做事要对自己、对别人负责，做错事要敢于认错，敢于承担责任，因此，做事不能徒有虚名，不要虚无缥缈，要脚踏实地。一个人成功最基本的就是自立和责任，我们从小要自立，从小培养自己成为一个有责任的人。

我对学生说，进入初中的你们就是“盘古”了，因此就要像盘古一样，立起来，去开辟一个新天地。要有理想更要脚踏实地，要用自己的双手去获得自己所需要的东西。

四、懂得去做一个勇敢的人

与“自立”相伴的词是“勇敢”，因为人要“立”起来就会遇到许多困难，如果不勇敢去面对并战胜这些困难，如何能够自立呢！

在班会上，我让学生讨论“勇敢”这个词，一位学生写下下面一段话：

“勇敢，这个词的笔画虽然不复杂也不难写，但是我对于这两字却很敏感。我觉得自己对于一些事情表现得很勇敢，而对另一些事又常常选择逃避。或许有时候我会把自己勇敢的一面表现出来，但是内心却是软弱的。虽然这样，我还是会勇敢地面对一些事情，就算心里再害怕也要坚强起来。有时候，当遇到一些困难的事情时，其实真的很想哭出来，但也许是因为自己长大了或者是一些其它因素，我努力做到不流泪，我必须懂得如何勇敢地去面对这个复杂的社会。”

看到这段话，我觉得这位学生真的长大了。与这位学生交流，知道了她在小学经历过的一些事情。由于家庭的原因，这位学生在小学阶段的表现令老师头疼。正如她自己所说的那样，内心深处的柔弱使自己经常想到要逃避一些事情。

这是因为家庭原因给孩子带来的挫伤，家庭是孩子的避风港，家庭出了问题，这个避风港就成了通风港了，孩子怎么承受得了这个风浪的打击呢？如果不及时拉住这些孩子，很难想象他们要滑到什么地方去。

教育她最好的办法就是鼓励，于是我开始让她承担一些班级工作。我多次在班会上表扬了她工作的细致，赞扬了她工作的能力，逐渐把她的注意力吸引到工作与学习上来。每个星期我都与她家长联系，由于家长的配合，孩子开始勇敢地面对生活，学习也自信起来了。

五、理想教育

在一次班会上，我向学生介绍了美国的一位著名人士——马丁·路德·金，借此拉开理想教育的帷幕。

马丁·路德·金是诺贝尔和平奖获得者，1963年8月23日，他在林肯纪念堂前向25万人发表了著名的演说《我有一个梦想》，为反对种族歧视、争取平等发出呼号。多少年来，这个“梦想”一直激励着仁人志士们不断奋斗。今天，我号召我们班的全体学生也要为梦想而努力奋斗！

1. 理想教育的第一步：我让全班同学都写出一个与自己未来理想有关的人物

一个与自己未来理想有关的人物表

序号	崇拜的人物
1	德国地理学家魏格纳
2	法国设计家 Isabel Marant
3	美国政治家赖斯
4	美国篮球手迈克尔·乔丹
5	美国著名发明家爱迪生
6	美国篮球前锋文斯·卡特
7	法国时装设计大师夏奈尔
8	中国企业家彭鸿斌
9	美国篮球手麦克·格雷迪
10	荷兰著名生物学家安东尼·列文虎克
11	中国歌手陈奕迅
12	美国篮球手奥尼尔
13	美国篮球手德维恩·韦德
14	美国篮球手勒布朗·詹姆斯
15	中国农业科学家袁隆平
16	奥地利作曲家莫扎特
17	美国篮球手科比·布莱恩特
18	美国盲聋作家残障教育家海伦·凯乐
19	美国盲聋作家残障教育家海伦·凯乐
20	中国古代政治家军事家成吉思汗
21	中国著名设计师范思哲
22	中国民族英雄岳飞

2. 理想教育的第二步：理想人物探讨，这些理想中的人都有些什么“感动学生”的地方呢

以下是从部分学生周记里收集到的“感动学生”的理想人物事迹。

（1）企业家彭鸿斌

他的老师用质朴的语言激励这个农民的儿子：一定要考到北京去！考上，穿皮鞋；考不上，穿草鞋。

1990 年夏天，他以优异的成绩考进了外交部，并在外交部当英语翻译。1994 年，他递上了辞职报告，开了一家销售计算机的公司。1995 年，他有了些原始积累，于是关闭了自己的公司，自费到欧洲进行商务旅游。彭鸿斌信奉这样一个商业信条：永远与有实力的人合作。他与艾格老师的会晤是戏剧性的。这位家族企业的掌门人早已看中中国的巨大市场，连续 3 年参加过中国的各种国际展览会，但是一平方米强化木地板也没有卖出去。当彭鸿斌用流利的英语讲述了自己的行销方案时，这位老板被面前的年轻人深深打动了。

感想：在成功人的背后总有许多的汗水和代价，若不是一次次的失败也不会成功，“失败是成功之母。”如果一失败就放弃，怎么还会有成功呢？

（2）Isabel Marant

Isabel Marant 是法国新生代设计师，是世界上少数赢得国际时尚界注目的成员之一。她从不愿穿和别人雷同的衣服。当她还是小姑娘时，曾把父亲的羊绒衫剪了用来做裙子。作为一名巴黎人，她从母亲那里汲取了德国文化，从婆婆那里汲取了拉美安地列斯文化。

为什么我会崇拜她？或许是因为她的生活背景和她的设计风格吧！我钦佩她能设计出独一无二的服装。在网上浏览她设计的衣服时，发现她设计衣服所追求的是“简单而又包含多元化”。她的想法有许多跟我相似之处，我理解她的设计理念：简洁明亮。其实衣服不用设计得很复杂，简单自然，就如人的生命一样。

我印象最深刻的是她说过的一句话："对于时尚，比这个更重要的就是要有风格！它不是代表是不是名牌，也不是要让自己穿的够不够辣，甚至也不仅仅是好不好看，而是穿的是不是越来越像你自己，那是一种近似于后天的修行，却可以是每个女子寻找幸福感的重要途径。" 或许就是这句话打动了我。

（3）海伦 · 凯勒

海伦 · 凯勒（1880.06.27—1968.06.01），是美国盲聋女作家和残障教育家。1880 年出生于亚拉巴马州北部一个叫塔斯喀姆比亚的城镇。在她一岁半的时候因为一次猩红热夺去她的视力和听力，接着，她又丧失了语言表达能力。然而在这黑暗而又寂寞的世界里，因为她的导师安妮 · 沙利文的努力，她学会了读书和说话并开始和其他人沟通，而且以优异的成绩毕业于美国拉德克利夫学院，成为一个学识渊博，掌握英、法、德、拉丁和希腊五种文字的著名作家和教育家。

"我们谁都知道自己难免一死，但是这一天的到来似乎遥遥无期。当然，人们要是健康无恙，谁又会想到它，谁又会整日惦记着它？于是便饱食终日，无所事事。有时我想，要是人们把活着的每一天都看成是生命的最后一天该有多好啊！这就更显出生命的价值。如果认为岁月还相当漫长，我们的每一天就不会过得那样有意义、有朝气，我们对生活就不会总是充满热情。"

上面是海伦 · 凯勒的一段文字，其实人类就应该像海伦一样坚强地面对生命的每一天。海伦 · 凯勒，我喜欢您那惊人的精神，您的精神永远刻在我的心里，我要向您学习。

我突然觉得自己很幸运，我能看到光明，听见美妙的声音，我必须要珍惜这一切，勇于面对自己的弱点，勇于面对自己的困难。

（4）爱迪生

爱迪生一生当中有数不清的发明，而灯泡是我认为最伟大的发明。他发明灯泡时尝试了数千次的试验，最终发现钨丝是最符合要求的。

这让我明白了一个道理：一个人只要向着目标前进，只要坚持追求最终就能成功。

（5）迈克尔 · 乔丹

我最崇拜的人是曾在 NBA 里拿过六次总冠军的 Michael Jordan（迈克尔 · 乔丹），我所崇拜的并不是他打篮球的技术和身体的强壮，而是他那坚强的意志力。

乔丹 1963 年进入 NBA，在短短的六年间就已经是公牛队里的大哥大。乔丹是好胜的人，他也曾失败过，比如他曾只拿过 6 分，但在比赛过后，他就发誓不会再次发生这样的错误。我想这件事就好比我们的考试，其实考砸没什么，最主要的是你有没有一种上进心，有没有勇气在心里发誓要东山再起。

我想乔丹的经历让我明白了人生的许多道理，使我对学习的意志又高了许多，乔丹永远是我的人生示例。

（6）成吉思汗

名铁木真，九岁时，他父亲被一个敌对部落的成员杀害。岁岁月月，家中的幸存者在危难和贫困的边缘挣扎。而这还只是一个不幸的开端，后来，铁木真的境况更加恶劣：年轻时，他在一次敌对部落的突然袭击中被俘，由于怕他逃跑，他们给他脖子上套了一个木枷。但是铁木真却在一片荒凉的国土上，由一个完全无依无靠，目不识丁的囚犯崛身而起，成为了强大的人物。

我想一直支持他的，应该是他那坚强的精神吧！

（7）列文虎克

安东尼 · 列文虎克，荷兰显微镜学家，微生物学的开拓者。幼年没有受过正规教育，1674 年开始观察细菌和原生动物，即他所谓的“非常微小的生物”。1677 年首次描述了昆虫、狗和人的精子。1684 年，他准确地描述了红细胞，证明了马尔皮基推测的毛细血管是真实存在的。他对肉眼看不到的微小世界的细致观察、精确描述和众多惊人的发现，对 18 世纪和 19 世纪初细菌学和原生动物学研究的发展起到了奠基性的作用。

列文虎克的一生为生物学做了很多很大的贡献，是所有生物爱好者或从事生物界事业的人不能忘记的人物。我长大之后，也要成为列文·虎克一样为生物界做出贡献的人。

（8）杨丽萍

杨丽萍 1958 年 11 月 10 日出生，云南洱源白族人。她有两个妹妹，是单亲家庭的孩子。她从没有进过舞蹈学校，但舞蹈成就斐然。她以“孔雀舞”闻名，是第二代孔雀王，并是第一个在国内举办个人舞晚会的青年舞蹈家，曾在多国进行艺术交流，并编导过电影《太阳鸟》。

虽然她从小就没有优越的条件学习舞蹈，但她依然努力地学习着，热爱着自己喜欢的事业，最终成就了自己。我也是热爱舞蹈的孩子，相比之下，我的学习条件更为优越，为什么出不了好的舞蹈成绩？执着、刻苦的品质也许正是杨丽萍为我树立的学习榜样。

3. 来自名人的“感动”

一个孩子写了一篇题为《爱，造就了信心与未来》，这是一篇海伦·凯勒《假如给我三天光明》读后感，文章如下：

爱，造就了信心与未来

——《假如给我三天光明》

读后感

读完海伦的著作《假如给我三天光明》，我思绪万千，感慨万千。最让我感动的是海伦对朋友的感恩。假如海伦有三天光明，她第一天最想要做的就是看她的朋友，她要把所有帮助过她的朋友都看一遍，特别是安妮·沙利文老师，她要感激朋友的善良、温厚与友谊……

童年的记忆对海伦来说是零碎的，痛苦的。在海伦一岁多时，一场大病让她永远失去了光明。但在亲人、朋友的帮助下，她凭借顽强的气概，重新张开了“眼睛”，那是心灵的“眼睛”！

海伦的一生只有十九个月的光明，那些绿色家园、蓝色天空、五彩鲜花、葱绿草木，所有这些记忆，对海伦来说都是模糊的。在没有光、没有声的世界里，早期的海伦沮丧而暴躁，气愤时她竟然把母亲锁在了储藏室里，在双重孤独中，她差点把妹妹摔死，她时常发火，为此，她的亲人束手无策。家人把海伦带去看过著名的大夫，看过医学博士，但都无济于事，直到一个人——沙利文老师的出现，她才有了重新生活的勇气。

沙利文老师用特殊的方法，有想象力的语言教会了海伦许多道理，在老师的帮助下，海伦学会了说话。

人间不能没有爱！老师用爱温暖了海伦，给了海伦生活下去的勇气，也让海伦有了爱。于是，海伦把一辈子的爱献给了他人，献给了社会，献给了世界。

人与人交流，语言非常重要。当海伦说出第一个字时，她欣喜若狂。为了学说话，沙利文老师一直教导她，到写这本书时，沙利文老师依然每天纠正她的发音。

当海伦学会说话后写了一本小说《霸王》，但没想到早就有人写了内容与其相似的小说《霸仙》，因为这事，海伦和沙利文老师的信心受到了巨大的打击，但他们依然在努力着。1893 年，美国举办世博会，海伦把世博会比作“天方夜谭”，因为海伦发现每件物品都是那么令人着魔，她在这里度过了快乐的时光。之后海伦进入剑桥女子学校，在那里，她信心百倍地告诉大家：“我要读哈佛。”在女子学校，她第一次与健全的女孩生活在一起，但海伦学习并不太好，特别是数学，在朋友、老师的鼓励下，在自己信心的推动下，她冲破了逆境。她真的入读了哈佛大学。

海伦在本章最后一篇文章《一双托满阳光的手》中写到："朋友们创造了我的一生，他们费尽心思、绞尽脑汁，把我的缺陷转变成美好的特权，使我在阳光中，安详而快乐地前进。"

当我写到这里时，我觉得朋友是多么的重要啊，正是因为朋友的帮助，海伦才有了信心，而信心正是每个人必不可少的一个武器，它能帮助你冲破逆境，创造希望与未来。信心、恒心与毅力，能让人的潜能达到难以想象的程度。

信心、恒心、毅力、合作，这些不都是人们要有的品质吗？有了合作，人们才能生存；有了信心，人们才会创造；有了创造，人类的未来会更加美好。

咬文品读，我感触很深。爱、友谊、希望、信心、恒心、毅力……一个个感人的故事，一个个做人的品质……都深深地敲击着我的灵魂。作者海伦被许多善良的人关爱着，而后又用爱去感动千千万万个盲人，用她自己的信心、恒心、毅力给其他盲人送去希望。她不仅教育盲人，也教育正常人。她把自己作为一个例子，告诫人们——"善用你的眼睛吧！"

是啊，四肢健全的人，可能很难体验残疾带来的痛苦。正如和平年代的某些人，居然希望有战争的刺激一样，他们不知道生命的脆弱。生命有时真的很脆弱，但有时却是顽强的，因为这个世界充满着爱，有了爱就有了勇气，就有了信心与希望。爱是我们生存的基础，爱护自己的生命吧，让我们短暂的人生发出耀眼的光芒。

孩子们无论想成为什么样的人，作为父母、老师都应该投以鼓励的目光、赞许的微笑。也许在不久的将来，这个孩子真的成为他所崇拜的人。为什么呢？因为名人、伟人的人格魅力感染着孩子们，不断地推动着他们奋进。

六、把“蓝图”拆开然后分解成一幅幅小“地图”

理想教育之后的几天时间里，孩子们都很兴奋，感觉找到了“未来的我”，他们手拿“指南针”，指点着自己未来的“蓝图”。

但一段时间后，理想“降温”了，这是我意料之中的事情，因为理想毕竟离孩子们太远。打个比方，孩子眼前的“蓝图”实在太大了，一望无际，他们的“小手”又怎么能拿得下呢。再加上青春期孩子本身又处于情绪不稳定时期，他们心里仅有的承受能力不能承受来自外界的一点干扰，这样使得我们的孩子经常改变主意，以至放弃他们的追求。

好比有条河流，水流到这里出现了漩涡，怎么才能绕过涡旋一直流下去呢？这就提出了这样一个问题：理想有了，如何直行而不至于回到原地呢？最好的办法是什么？

美国知名人士肖恩 · 柯维说：“为了更好地帮助自己把握想要的人生，我建议把自己的目标或任务以‘使命宣言’的形式写出来，将其作为人生道路上的地图”。

如果把“蓝图”比成理想，在学生眼前描绘“蓝图”是必要的，但在恰当时机要把“蓝图”拆开，分解成一幅幅小“地图”，这些地图看得见摸得着，可以“随身携带”。那么这“地图”又是什么？这“地图”其实就成了人生通往“蓝图”的具体目标。目标就是实现理想的桥梁，当孩子们实现了一个又一个小目标后，他们的理想也就实现了。

孩子们懂得拆分“蓝图”吗？他们有没有自己的“地图”呢？

一次听英语课，英语老师连续问了5位学生是否有目标，让我意外的是竟然没有一位学生说出自己的目标。连续几天，这个“目标问题”一直在我脑海里回旋。

目标重要吗？

后来几天我翻看《十几岁决定孩子的一生》一书，里面的一个目标追踪调查和一个有关目标的故事引起了我的注意。

这是一个哈佛大学研究人员长达十年的目标追踪调查：

被调查者是哈佛大学 MBA 专业的毕业生，智力、学历、生活环境等条件都差不多。调查开始于 1979 年。哈佛大学 MBA 专业的毕业生被问及的问题是："你是否有明确的生活目标并把它写下来了？你是否已经制订好了计划去实现它？" 调查结果发现，只有 3% 的毕业生有清晰的目标并把它写下来了，13% 的毕业生有目标却没有写下来，其余 84% 的人除了打算离开学校后好好过个暑假以外，什么目标也没有。1989 年，研究人员又找到了当年那些被调查的学生：有目标却没有写下来的 13% 毕业生挣得的钱是没有目标的 84% 的毕业生的两倍。有清晰的目标并把它写下来的 3% 的毕业生平均挣得的钱是其余 97% 的毕业生的十倍。

这是一个萨尔洛夫将军与罗斯福夫人之间的故事：

罗斯福总统夫人在本宁顿学院念书的时候，打算在电讯业找一份工作，以补助生活。她的父亲为她引见了自己的一个好朋友——当时担任美国无线电公司董事长的萨尔洛夫将军。将军热情地接待了她，并认真地问："想做哪一份工作？"她回答说："随便吧。"将军神情严肃地对她说："没有任何一类工作叫'随便'。"片刻之后，将军目光逼人，以长辈的口吻提醒她说："成功的道路是目标铺出来的。"

回想起 2000 年，我在美国学习的 20 天。在这 20 天里，我走访了幼儿园、小学、中学、大学等十多所学校，在与学生交流时发觉美国的学生很有主见，精神面貌特别好。在教室四周的墙壁上、校园的走廊里到处贴满了学生的各种作品，其中不乏有学生对自己未来的看法和将来所要从事的职业。走进一间小学三年级的课室，一位学生得知我来自中国，就走过来问我能不能给他一个中国硬币，我问为什么，他说将来要从事对各国钱币的研究，现在正在收集各国钱币，在他所收藏的钱币中正好没有中国钱币。这位小学生把自己的未来想得这么清楚，真让我惊讶。

前几天的“目标问题”又一次来到我的眼前。环顾身边的教育，难道我们没有与孩子们畅谈目标吗？孩子们已经写过不少“我的理想”啊。

后来，孩子们告诉我，“理想只是理论上去想一想”，虽然孩子写的理想是发自内心的，但也只能是“梦的空想叹的高调”，因为他们知道，谈太多理想没用，唯有考上大学才最重要，而读书是考大学的必经之路，枯燥的读书生活让许多孩子失去了理想。“学习是为了考试”这个观点深入人心。

很显然，“学习是为了考试”其实包含有目标，这个目标就是“考试”，这是一个阶段目标，如果继续追问的话：考试又是为什么呢？许多学生无语。

在与一位学生交流时我终于明白了。这位学生说：“考试”似乎是我们的唯一，考多了我们谁也不喜欢“考试”，可是除了“考试”我们又能做什么？干脆不想那么多了，所以“无所谓”、“随便”便成了一些同学的口头禅。

厌学使得学生失去了目标，可是目标对成功又是多么重要！要成功就要设定目标。

我该怎样去教育这些孩子？也许孩子们由于“学厌了”而“厌学了”，所以我暂时不与孩子谈学习，就目标谈目标。

于是，理想教育之后，我开始了目标教育，着手分解“蓝图”的工作——我要把“地图”送给孩子们。

七、在“地图”上确定“目的地”

与目标教育不一致的是“摸着石头过河”式的学习。“摸着石头过河”比喻在没找到好方法之前边做边看，或者是做事没有计划性，做到哪里算哪里，等同于蛮干、瞎撞。学习不提倡“摸着石头过河”，而应该有目的性和计划性。如果随意性学习或者跟着感觉走，这种学习根本谈不上效果。

美国著名行为科学家维特莱说：“有了目标，内心的力量才能找到方向。”目标要具体，正如俄国托尔斯泰所说：“要有一辈子的目标，一段时期的目标，一个阶段的目标，一年的目标，一个月的目标，一个星期的目标，一天的目标，一个小时的目标，一分钟的目标。”有了目标，学习就有了使命、有了责任、有了动力。有了目标就有了奔赴目标的航线，这就是计划，在计划的实施中感悟探索的艰辛和成功的喜悦。

接下来，我要谈的是目标教育。

目标教育——在“地图”上确定自己一个一个的“目的地”，这样就不会在理想的道路上徘徊、虚度光阴，甚至放弃。

1. 首先明确目标对成功的意义

目标对成功有什么意义呢？射箭需要靶子，没有靶子，箭射向哪里？靶子就是箭的目标，靶子指明了箭要射出的方向，才能有射中的成功。因此，目标对成功有两个意义：

第一，目标能够指引成功的方向。目标很明确很具体，人生何去何从？有目标即可知也。

第二，目标能够推动人走向成功。有目标之人，其心态积极，由于知道自己要做什么，所以总是不厌其烦地专注于目标。

因此，无论是谁，只要有了目标，他就知道自己要往哪里走，如果他专注于这个目标，只要坚持下去，就会取得成功。正如美国哲学家爱默生所说：“一心向着目标前进的人，整个世界都给他让路。”反过来，无论是谁，如果没有目标，他不知道自己要去哪里，于是随随便便、情绪用事，他没有早上起床的动力而上学一再迟到，没有认真听课的耐心而昏昏欲睡，没有认真完成作业的愿望而潦草应付。遇到困难他首先想到的就是放弃。所以没有目标的人，世界处处充满障碍、暗藏危机。

2. 让学生写下短期目标和长远理想

我对全班22位学生做了一个调查， 我让全班学生写下短期目标和长远理想。

结果这样：8位学生写下了短期目标和长远理想，占36.4%；9位学生只写下短期目标，没有长远理想，占40.9%；5位学生完全没有目标，占22.7%。

现摘录那8位同学确立的短期目标和长远理想的内容：

第一位：本学期所有科目及格；将来能够研究化学、发展化工业，从事有关化学的行业。

第二位：本学期进入年级二十名之内；将来做一名国际性的设计师。

第三位：本学期进入年级十八名之内；初三考进市重点中学。

第四位：期末拿到学习奖状；将来进入NBA，做奥尼尔的接班人。

第五位：本学期使自己最薄弱的一科——英语提高到及格；将来成为一名服装设计师。

第六位：本学期进入年级十名之内；将来从事与动物有关的事业。

第七位：本学期进入年级前三十名之内；将来做一个成功的企业家。

第八位：本学期进入年级前十五名之内；做一个忠诚有责任之人。

从八位学生制订的短期目标和未来理想的内容上，可以看出学生制订的目标存在着如下问题：

①不联系自己，也不了解自己，不知自己该向什么方面发展，所以制订的目标很空洞，不具体，无多大可行性和指导性，这样的目标动力性不强。如有学生把“好好学习，天天向上”作为自己的目标。

②不知什么是“目标”，不懂得怎么制订目标，觉得这是一件很难的事情，因此也就不去制订目标。

3. 怎样制订目标呢

树立“目标”意识，告诉学生人生要有长远目标，也就是理想，然后要学会分解大目标，确定短期目标，也就是小目标。既要关注大目标，因为这是人生的方向，更要重视小目标，因为这是实现大目标的有效途径。

在制订目标之前，要静心思考，细致分析自己的状况，了解自己需要什么，不需要什么，屏除那些与目标无关的东西，把目标控制在自己的精力与能力范围之内，动脑筋想出一些好的方法、计划。

先确定大目标，如果没有，那就写下自己的兴趣。接下来确定短期目标，然后再分解目标，一步一步下来，最后找到自己最薄弱的科目，然后制订具体目标。

具体目标一定要具体，否则没有收效。如一位学生制订的小目标是“提高英语成绩”，为了实现这个目标，他决心上课认真听，做好笔记，课后预习复习，不懂就问。我对他说，这个小目标还是定得不具体，我为他提出如下建议：

①上英语课做好笔记，最大可能记录英语信息，为此你需要一本英语笔记本，最好记下老师所有例句，课后还要温习；

②一定要在老师讲课之前先预习课文一遍，背下新单词；

③每天晚上一定要抽时间复习老师讲过的英语知识，背下典型例句。

经过与学生沟通，全班学生再次制订目标，效果明显，现摘录两位学生的目标如下：

（1）学生一

我心目中最重要的人生目标：从事研究环境方面的工作。

近期目标——分解为具体目标：

语文：每天看一篇课外文章并且要思考这个文章所要表达的意思。在每一课学完后，马上预习下一课，并且思考课后习题。

数学：准备一本难题集，把一周里觉得很难的题型写下来，在周末时候再做一遍。

英语：

①每天背三个课外单词，增加词汇量；

②刚学一篇新文章就要多读几遍，读熟为止；

③每星期看一次《初中英语语法》，把相关要点记下。

物理：学完一节后要及时整理思路，并写下来，不懂的要看参考书或问老师。

地理：

①查看各种地图（世界地图、中国地图……）每周熟记一幅地图；

②坚持学完一章就写一章复习提纲，内容要详细；

③阅读各方面地理知识，并联系生活，有用的做好记录。

最近要坚持做的事情：每周日运动 2 小时，为此必须在周六晚上少玩些，10 点之前睡觉。

（2）学生二

我心目中最重要的人生目标：从事与动物有关的事业。

近期目标——分解为具体目标：

语文：

①每天写一篇日记，不一定很长，只要能写下当天的心情或发生的事情；

②课堂要尽可能记全笔记，不能抄了一半就半途而废；

③每天一定至少抽 20 分钟时间复习当天的内容和预习第二天要学的内容；每周至少抽出 2 小时看课外书籍，扩大文学知识面。

数学：笔记一定要做全，不懂的问题一定要及时去问老师，直到弄懂为止。每天一定至少抽 20 分钟时间复习当天的内容和预习第二天要学的内容。每天坚持做 2 道以上的练习题。

英语：坚持自学，但也要把笔记记全，尤其要记下没有自学的内容；

每周坚持看有关英文的节目至少1小时，有机会一定要多与外国人交流。

物理：本学期至少去一次科技博物馆。

生物：每月至少查看一次生物信息与资料，记下有用的知识。

最近要实现的的一个目标：提高写字速度。

许多学生的目标明确了，具体了，有了目标的指引，在学习的过程中就有了方向、有了动力。

有位学生在目标里说：晚修时尽可能不出教室不去问老师，养成独立思考的习惯，自己解决学习问题。这位学生成绩不算好，所有的作业要独立完成，对他来说确实不容易，但连续几天晚修他一直安静地在教室里学习，并完成了作业。我很高兴，他做到了，坚持下去他定会成功。

为了让目标发挥长久作用，我把全班同学的详细目标都贴于墙壁，并告诉学生我把他们的目标都记下了，墙壁有眼看着你们。有的学生还把其中的小目标贴于桌上。如有几位学生经常迟到，于是他们的桌上就有了这样的目标：6点55分之前必须起床，整理内务，吃早餐。自从贴上目标以来，迟到现象少了很多，有的至此就不再迟到了。

八、生命的另一个元素是诚信

在这里仍需要与大家探讨的是生命的另一个元素——诚信。有句谚语说："最大程度的诚实是最好的处世之道"。孩子要在未来社会处世、立足，诚信必不可少。

古今中外都很重视诚信教育，如我国古代就有个故事说：一位国王要选择继承人，于是发给每个孩子一粒花种，谁能种出最美丽的花就将被选为未来的国王。当评选时间到来时，绝大多数孩子都端着美丽的鲜花前来参选，只有一个叫杨平的端着空无一物的花盆前来，最后他被选中了。为什么会这样呢？因为孩子们得到的花种都已经被蒸过，根本不会发芽，怎么可能开花呢？可见杨平是最诚实的孩子。

一位朋友向我讲述这样一件事：有一次她本来约好了三位朋友聚会，后来认为其中的两人不合适见面，因此找借口推辞了一位。在她打电话“说谎”时，她的儿子在旁边全听见了，等她把电话挂了后，儿子立即说：“妈妈骗人”，自认为一向诚实的她当时真不知该如何收场，她觉得在儿子面前做了一件不光彩的事，儿子纯洁无瑕的心灵是否被她善意的谎言给污染了？该怎样向儿子解释才能弥补这种反面的教育？

老师或父母经常教育孩子要做诚信之人，可在生活甚至在课堂里却不经意出现不诚信之举，当孩子在父母或老师的言行举止中被潜移默化影响时，造成的后果是多么严重。

教育并非说教，讲太多的道理起不了多大的作用，而教师或父母的言行举止却塑造着孩子的灵魂。

有一天下午，我检查卫生，发现有许多地方没有清扫干净，特别是一些卫生死角，堆积了许多垃圾。晚上，我让学生自己看自己清扫的地面和墙角，他们都不说话了。我问：有哪些同学是清扫过卫生死角的？只有几个女生站起来说自己打扫过，绝大多数男生都承认自己做卫生时很随便。我问其中一位男生为什么这样？他不好意思地站起来说自己急着要去打篮球。我问他：你做卫生时是否需要老师站在旁边看着？他说：老师站在旁边效果当然会好点。我接着问：你该怎样来概括自己的这种行为？他停了一会说：讲得严重一点是自己还不够诚信。

什么是诚信？“诚”是什么？“信”又是什么？从字面上看，诚，即真诚、诚实，这是一种态度，一种踏踏实实、认认真真的态度；信，即守承诺、讲信用，这是一种素养，一种遵守规定、信守承诺的素养。人有社会性一面，人生活在社会中，总要与他人和社会发生关系。在处理这些关系当中，如果人不遵从一个社团的规则，有章不循，有诺不践，这个人就失去了立足之本，社会则失去了运行之规。

在学生当中不讲诚信不仅仅是表现在做卫生上，还有很多方面，我让学生讨论，然后把自己在各方面的不诚信之举概括出来：

①不遵守课堂常规，上课分心，课后抄袭他人作业；

②不遵守考试规定，以作弊应对；

③在家校联系表上模仿家长签字，涂改成绩单，弄虚作假蒙骗家长；

④讲假话骗取同学或家长的钱物，用于上网吧，买零食；

⑤违反纪律，不敢面对现实，为失败找理由，或者隐瞒事实真相，编造谎言不承认错误；

⑥随便拿别人东西，或捡到钱物不主动上交而据为己有；

⑦做设计作业时，上网下载、剽窃他人作品；

⑧答应的事做不到，借了同学的物品不归还；

⑨为了达到目的，随便编造谎言，欺骗他人。

子曰：“人而无信，不知其可也。大车无輗，小车无軏，其何以行之哉？”孔子说：“一个人不讲信用，是根本不可以的。就好像大车没有 、小车没有 一样，它靠什么行走呢？” 意思是说，人如果不讲信誉那怎么可以呢？说明孔子对“诚信”的重视，也说明讲诚信是多么重要。

古人云：诚信于君为忠，诚信于父为孝，诚信于友为义，诚信于民为仁，诚信于交为智。诚信没有了，人也就什么都没有了。

社会需要诚信，诚信教育应当从小开始。

本章小结

在玫瑰的传说里，玫瑰花被喻为生命美的象征，而玫瑰刺则是对美的向往和呵护。生命是美的使者，没有了对美的向往和呵护，何来对美的追求？生命又何来更完美呢？

在当下社会，真假、善恶、美丑等鱼龙混杂，漠视生命的现象时有发生，孩子们如何去选择自己的人生？

对于青春期的孩子，树立正确的世界观和人生观是有意义的。关于孩子们的“世界是怎样的？怎样度过自己的人生？”这些问题，我们该怎样诠释？在对孩子们教育的同时，怎样帮助他们更好地认识自己，完善自己，发展自己？

在多元的世界里，无论是自然界还是人类社会，无论是无生命的光、热、水、土、气还是有生命的万物生灵，都立于天地之间。引领孩子们看看岭边水崖的风光，探讨山那边的秘密，这样，生命就汲纳着天地的灵气，这灵气会让生命更有意义、更有价值。

亲爱的老师们，引领孩子向着人生目标的高处攀登吧。只有站在更高的角度，才能知道 “横看成岭侧成峰，远近高低各不同”的庐山真面目；只有站在更高的角度，才能转换角度，感悟“山重水复疑无路，柳暗花明又一村”的道理；只有站在更高的角度，才能理解“登泰山而小天下”之原因所在。

感悟自然运行规律，明白事物发展道理，生命将变得顽强坚韧。

这样一路走来，哪怕是沿途艰险，未来仍是无限风光。

第四章
培育开花的玫瑰

玫瑰长至开花季节别忘了施肥浇水，更别忘了要处理好水、肥、土、气的关系。假如水浇多了，土壤里就没有了空气，而土壤里缺少了水，根系也不能汲取养分……

玩是孩子的天性，是孩子最快乐的事情，而学习是孩子的天职，是孩子最重要的事情。要让孩子健康成长，一定要考虑孩子的天性与天职的关系。就像玫瑰，如果处理不好水肥土气的关系，花儿还能盛开吗？

在孩子的24小时里，“天性”与“天职”总有矛盾的时候，教师与家长如何帮助孩子协调？孩子最快乐的事情与最重要的事情是否真如“鱼”与“熊掌”只能二选其一？可否巧妙地结合起来，在不违背孩子“天性”的同时又能让他们做好“天职”呢？

天性是指人先天具有的品质或性情，是一个人与生俱来的秉性，一个外界难以改变的心理感知特性及行为趋向。人的天性很多，对十几岁的孩子来说，“玩”乃是他们最主要的天性，在玩中能够表现出孩子的其他天性，比如探索欲、创造欲、表现欲……

人的天职就是利用自己的价值为社会创造财富，天职是由个人所在的环境或者这个行业的规矩所确定的，但对于十几岁的孩子来说，虽然他们只是作为一个纯消费者、一个自然人而存在于环境或者社会当中，还未完全具备为社会创造财富的条件，但他们有责任在将来为社会服务。所以他们必须积累知识、锻炼能力，以便于将来能够为社会做出自己的贡献。因此，孩子的成长过程最主要的就是学习过程，学习成了孩子最重要的事情，成了孩子的天职。

如果我们把“天性”与“天职”比成两个圆，那么这两个圆是相交的，也就是说“天性”与“天职”有共同之处，这个共同之处就是属于“天性”的探索欲、创造欲、表现欲等，这些也是学习所需要的。所以我们可以把“天性”与“天职”巧妙地结合起来，可以做到把孩子最快乐的事情与最重要的事情结合起来，能够做到在不违背孩子“天性”的同时又能让他们做好“天职”的事情，关键是我们该怎样去做？

在我看来，这个问题归根到底是对学习的认识问题，也就是学习观的问题。要让孩子正确理解学习、用有效的方法学习、用积极的态度学习，让“天性”与“天职”融为一体 ，发挥“天性”中积极的一面，使其为“天职”服务，在完成“天职”的同时，享受“天性”带来的乐趣，这样就达到了“学习”与“玩”的良性循环。

一、学习是循序渐进的事业

班里一学生把学习比作“事业”，我觉得很有道理。

何为“事业”？《易经》有云，“举而措之天下之民，谓之事业。”这句话的意思是说：为“天下之民”的利益而努力才是事业，否则不能称之为事业。换句话说，有事业心者，心中定有“天下之民”。周恩来总理之所以努力读书，是为了中华之崛起。

如果把学习比作事业，这样的学习者心中一定拥有美好的梦想，有着为祖国发展、为民族振兴的意志。一个为理想而学习之人，他定是一个积极主动的学习者。

一位哲人说过：如果一个人能够把本职工作当成事业来做，那么他就成功了一半。学生的本职工作是什么？毫无疑问是学习，换句话说，如果一个学生把学习当成事业来做，那么这个学生的学习就成功一半。“学习 = 事业”的学生，意味着执著追求，力求完美，而“学习 ≠ 事业”的学生，意味着学习是出于无奈，是不得已而为之，这为被动之学习。

学习不仅是一项事业，更是一项循序渐进的事业，那么学习为什么要循序渐进呢？

朱熹的“朱子读书法”中第一条即是循序渐进。朱子曰：“以二书言之，则通一书而后及一书。以一书言之， 篇章句字，首尾次第，亦各有序而不可乱。量力所至而谨守之。字求其训，句索其旨，未得乎前，不敢求乎后。未通乎此， 不敢志乎彼。如是，则志定理明。”由此，学习应该有计划，有步骤逐渐深入提高，要根据实际情况和能力进行，扎扎实实打好基础，不可囫囵吞枣，不可急于求成。

一位学生在周记里这样写着：“学习的过程，开始看起来收获并不大，但其实已经在过程中有了积累了，逐渐奠定了基础，这粒‘基础’种子，慢慢发芽，最后必然长成谓之“收获”的参天大树。”

如果学习者把学习当成循序渐进的事业，那么这个学习者一定心有理想、脚踏实地、积极主动，学有所成，此乃学习者为之奋斗的方向。

二、“1+ 学习方法 =100”

当班会课上我说：“中国要一亿条裤子才能换一架美国飞机”时，全班都惊讶了。

我还告诉学生有人就此事做了这样一个假设：美国 1 000 人用一年时间生产一架飞机，中国 1 人一年生产 1 000 条裤子，那么一年要生产一亿条裤子大约需要十万人，也就是说，美国一个人的生产力相当于我们 100 个人的生产力。

根据这个假设，我给学生列出了“美国 1= 中国 1+99”的等式。我问学生：美国的“99”到哪里去了呢？中国的“99”又是怎么来的？“99”意味着什么？

1.“99”意味着什么

我的问题如投石落水在学生中激起了浪花，同学们热烈地讨论了起来。

后来我这样来解释：“99”是“科学技术”。在美国，“99% 科学技术”已经转化为生产力，而在中国还没有，因此“美国 1= 中国 1+99”的等式应该是“美国 1+ 科学技术 = 中国 1+99”，计算结果：“科学技术 =99”。“这个等式说明了什么？我让学生思考讨论，最后我们得出共识：科学技术是第一生产力，科学技术落后，只有用人力、用时间来取代，导致“勤劳不致富”。

我告诉学生说，这个“公式”的意义也隐含在学习当中，那么“科学技术 =99”的公式在“学习”当中又有怎样的含义？很显然，在学习中，学习效率的提高至关重要，正如科学技术能够提高生产效率一样，学习方法也能提高学习效率。从这个层面讲，“学习方法”犹如“科学技术”一样重要，因此，对学生来说，“1+ 科学技术 =100”的公式就转化为“1+ 学习方法 =100”，等式变换的结果为：“学习方法 =99”，或者说正确的学习方法能够产生 99% 的学习效率，当然，要说明的是这里的“学习方法”还包含了积极的学习态度。

提高学习效率对学生来说既是重要的事情也是困难的事情，中国的学生学得很辛苦，因此，我认为必须让学生明白学习效率对学习的意义，同时更要让学生致力于提高学习效率，而良好的学习方法无疑是一条提高学习效率的捷径。

2. 那么良好的学习方法对学习的意义是什么呢

我这里所说的学习方法不是狭义的概念，不是为了单纯取得考试高分去死记硬背的方法。它是一个广义的概念，当然也包括学科学习方法，比如如何提高识记、理解、分析等能力，提高解题技巧等。但是，对人的成长来说，广义的学习方法更为重要。我认为这个广义的学习方法既是一种思维也是一种能力。这就是我接下来要与大家讨论的问题：为什么方法既是一种思维也是一种能力呢？

当孩子们在书本的世界里徜徉时，他们不应该与外面的世界断绝联系，不应该“两耳不闻窗外事，一心只读圣贤书”，他们应该了解外面的世界发生了什么？怎样将所学知识与现实世界联系起来？怎样最有效地学习？最高效地解决问题？最愉快地与他人交流？这些问题无疑是学生发展的终极目标，而这些问题恰恰是方法要解决的问题，也是方法的本质问题。

什么是方法？方法是解决问题的办法，而采用什么方法解决问题，完全决定于人的思维。不同的人，有着不同的思维，会采用不同的方法。所以，从这个角度来说，方法是一种思维。从另一个角度来说，采用恰当的方法解决了问题，也体现出了一个人解决问题的能力，因此，从这个角度来说，方法也是一种能力。

曾指导学生进行过一场“学习笔记展示会”的活动，这个活动的意义就是通过活动，掌握方法，拓展思维，提高解决问题的能力。

我把学生干部召集起来，提出了如下问题：

如何策划组织一场学习笔记展示会？

接下来，我又提出了一些指导性问题，以便更好地引导学生采用恰当的方法。

指导性问题如下：

为什么要举办学习笔记展？

怎么展？

展示要达到什么效果？

为了做好这次展示，学生所要考虑的具体问题有：

如何写展示会计划？

怎么布置展馆？

怎么营造与展示内容协调的氛围？

如何讲解宣传？

整个过程需要考虑哪些细节？

怎么安排场馆的收拾清理？

本次活动，从学生角度看，达到了较好的效果，参与组织活动的学生实践能力得到了很大的提高，活动后我又引导学生进行了反思，提醒学生思考为什么有些环节会出现问题呢？

以下是学生的反思总结。

经两次修改，虽然形成了比较具体的计划，但最终未能按计划如期进行，会展延迟了 2 天，造成了一定的损失，原因是场馆布置没达到要求，来不及对讲解员进行培训。

另外，经三次讨论，会场布置达成共识，笔记的收取虽然存在很大的工作量，但最终在年级组和班主任的支持配合下，收到 200 多本。我们对笔记进行分类，具体分为三大类，包括天然型、书库性、精致型，并对这三类名称进行了界定。笔记分类并界定这块工作比较有创造性，但在场馆布置方面因时间比较匆忙，没来得及做展板和手册之类的宣传材料，没能营造出与展示内容相符的氛围。

展示过程考虑比较周到，进场、观看、讲解、退场等环节有序进行。除学生会主要干部参与外，还吸纳了 10 位志愿者参加，其中包括 3 位讲解员，1 位摄像员，5 位班级与场馆的联络员，1 位新闻报道员，他们的工作很出色。在整个过程中，我们设计了许多互动的环节，这也是值得表扬的一面，当然仍有问题，这表现为我们临场发挥不够以及应变能力不够。整个展示只有一个小时，要在一小时内完成 18 个班级的学生观看，当某些学生不听讲解不守秩序时怎么办？这方面状况的出现更多的是因为我们的实际锻炼不够，很多的活动实际上虽然是我们自己组织，但大多都是老师事先安排好的。

反思是有意义的。反思要成为一种习惯。在不断的反思中，方法、思维、能力等才会有提高和完善。

在教育学生的过程中，我很注意方法的引导，而我认为比较有效的途径是组织活动，让孩子们在活动中锻炼，让思维得到拓展，解决问题的方法自然就有了，问题解决了，能力也提高了。

三、步骤学习

对于学生来说，所要做的重要的事情是学习，话说回来，又有哪个学生一开始就不爱学习呢？学生本质上都热爱学习，但学得好不好，这里面的学问很大。我一贯认为学习除了应该有策略、有方法外，还要有步骤。

1. 什么是“步骤学习”

“步骤学习”的观点来源于孔子关于为学的学说。

黎东方先生在《孔子》一书中有一篇幅详细阐述了孔子关于为学的学说。他说，孔子教人求知，这种知，看来简单其实不易。它要包括四个步骤：“博学之，审问之，慎思之，明辨之。”

先要博学，乃史料囊括，领会所有相关材料。

其次是审问，乃问题表，推敲上述材料，问个明白，得到答案。

第三是慎思，乃解决问题，看那些答案是否真能解决问题，或一个问题有无两三个可能的答案，表面均能成立，而实则互相牴牾。

第四是明辨，乃作结论，把上述的问题及互相牴牾的答案分别出是非正误来，这样所得出的结论才是可靠的结论，才是正确的知识。

孔子求知四步对现在学生的学习，无论是在课上还是课外，都有深刻的指导意义。

学生进行书本学习，首先要认识领会知识，其次要推敲弄明白答案，再次要着手解决问题，最后就是判断是非做出结论。

在我看来，孔子的求知四步对于学生参加社会实践更具有指导意义。

2. “步骤学习”对社会实践的指导意义

社会实践的核心是把书本上学到的理论知识运用到社会实际中去，

达到学以致用。因此，社会实践的第一步就是能找到理论与实际的结合点，这个结合点往往通过探究性问题的方式呈现出来，这实际上也是个选题的过程。问题的提出需要学生对课本知识的透彻理解以致融会贯通，然后还要有对社会、环境有明晰的洞察力，但许多学生往往都不能很好地完成这步，因为他们对社会的了解不够，对书本知识的理解也不够，所以，学生第一次提出的问题都很大而且很空洞，这个时候很需要有经验老师的指导，让他们产生顿悟。在老师的帮助下，学生不断地修正思维，最后提出的问题就具有一定的实践价值了，这也是他们学习重要的一步。这里我给大家提供一个帮助学生选题的例子。

之前我曾指导过一届国际文凭中学项目班九年级学生的送审作业，这是一份关于《两个国家的对比与反思》的拓展性写作，这份作业对学生来说，最为困难的是确定主题。因为同学们要在了解许多国家的知识后，找到有可比性的两个国家，并对两个国家进行深入学习、分析和比较，找出两个国家间相同或不同的地方，之后再进行反思，从中获得启示，提炼可比要点，然后概括为一句话标题。

为了完成这份作业，我在课堂上重点介绍了中国、美国、日本、印度、加拿大、德国、埃及、巴西、澳大利亚、法国、英国等国家的地理知识。通过学习，让学生掌握评价国家的基本方法，知道一个国家的优势和潜在的发展机遇，通过反思提炼观点，据此来确定主题。

我给学生提供了 4 个主题示范：

来自第二次海湾战争的启示（美国与伊拉克）

古代文明带来的思考（印度与埃及）

天时地利与经济——也谈成事在天（瑞士与新加坡）

不可低估的生产力——也谈谋事在人（尼日利亚与日本）

我这样来解释我选题的思路。

我说："美国为什么要攻打伊拉克？伊拉克的存在对美国构成什么威胁吗？伊拉克的位置优势在哪里？石油资源对美国发展的意义是什

么？美国与伊拉克两国关联的焦点是石油，这不就是《来自第二次海湾战争的启示》吗？

印度与埃及都是文明古国，都有灿烂的古代文化，但一路走来，两国的发展之路怎样？两国的经济发展速度又是怎样，两国的发展各遇到了什么困难？为什么许多文明古国如埃及在后来的发展中举步维艰？而古巴比伦却在发展中消亡？印度发展起来的原因又是什么？这不就是《古代文明带来的思考》吗？

瑞士与新加坡的自然资源都比较贫乏，可两个国家的经济发展得都很好，这是为什么？两国发展了自己的什么优势？瑞士是个内陆山国，它的旅游业带动了精密仪器制造业，“钟表王国”享誉世界。而新加坡正是发挥了区位优势，发展海洋运输和转口贸易，这不正是《天时地利与经济——也谈成事在天》吗？

尼日利亚与日本，这两国的差异很明显，尼日利亚经济十分落后，而日本确是经济发达国家，尼日利亚有十分丰富的石油，而日本是个“贫油国”。把两国放在一起比较正是可以看出《不可低估的生产力——也谈谋事在人》。

在我的指导下九位学生确定了比较的国家和主题：

战争与和平（美国与伊拉克）

我看美英关系（英国与美国）

从印巴关系看印巴发展（印度与巴基斯坦）

天时地利和经济——瑞士、印度经济发展之我见（瑞士与印度）

埃及与印度之对比（埃及与印度）

日本战后飞速发展对中国的启示（日本与中国）

不可低估的生产力（美国与日本）

印度和美国之对比（印度与美国）

从“台湾问题”看中美关系（中国与美国）

在确定研究问题后，接下来就要从各方面搜求有关资料，在资料的整理过程中，就会产生与主题相关的疑问，做好记录，形成“问题表”，问题的产生导致对已有资料继续研究，于是产生新的问题，同时可能添加新的材料。带着这些问题走向社会，用科学方法去做调查研究，解决问题，但是有些答案似是而非，或者互相牴牾，或者可能根本没有答案，一定要慎思。最后经过反复论证，明辨是非，得出自己观点，于是做出结论。

一位学生选择了《经济的腾飞——印度与埃及的比较与反思》作为拓展写作的题目，我对她的作业进行了如下的评价：

该生在使用技巧方面比较出色，能排列组织详细信息，分析指出了两个文明古国印度、埃及在经济发展中存在着计划严重不足的问题，并认为两国都有较大的经济发展潜力，应该在世界经济的舞台上再次腾飞。但也说明两国都存在着对经济发展的严重制约因素，如印度的水旱灾害频繁，埃及的大面积干旱、沙漠化等问题。此外，两国均因宗教而产生的相关问题都影响到其经济的发展，这些问题都需要两国政府合理解决。

学生观点明确，条理清楚，批判性意识较强，证据充分，有说服力。作业结构紧凑，开头、发展过程和结论有严密的逻辑顺序。作业表述清晰，展现得很好，并能手绘相应地图和图形，排版精美科学。引用参考材料的地方都以注脚或参考书目的形式加以说明，书写工整，如能创造性地使用轮廓地图和表格数据，将取得更高成绩水平。

这次送审作业得到国际文凭组织的认可，并作为案例纳入该组织出版的书里。

我把孔子求知四步延伸为“步骤学习”。

“步骤学习”把学习分为四步，即囊括知识，提出问题，解决问题，做出结论。“步骤学习”要求学生对待学习要有章法有步骤，它讲究的是勤学、多问、善思，像孔子那样“学不厌，教不倦” 。同时，“步骤学习”还要求学生对待学习要讲究诚信，自己推敲，自己证明，自己作出结论，而不是东拼西凑，装模作样，正所谓“不诚无物”的道理便是如此。

四、系统学习

从前有个地毯商，看到一块地毯中央隆起了，便动手把它弄平了，但是在不远处，地毯又隆起了，他再把隆起的地方弄平。不一会，在另一个地方又隆起了，如此一而再、再而三地，直到最后他拉起地毯的一角，看到一条蛇溜出去为止。

这个故事与“头痛医头脚痛医脚”纯属一致，殊不知在医治头痛时，问题已从一个系统转移到了另一个系统，如果抓不到根本，毛病永远也解决不了。

许多学生也会犯这样的毛病，以为今天的题目会做了，今天的学习任务就完成了，这就违反了“知识系统”的观点。知识是一个系统，这个系统包括单一门学科体系之间的相互联系，也包括不同学科体系之间的相互作用。从时空分布的角度来说，在空间分布上，知识的交叉渗透存在于同一学科和不同学科当中；在时间分布上，知识的交叉渗透又存在于昨天的知识、今天的知识和明天的知识当中。

“知识系统”的观点对学生学习方法有一定指导意义， 这种方法我称之为“系统学习”法。

“系统学习”强调不偏科，因为知识在不同学科之间能够迁移互补，各条渠道通了，来水量才大。由于一个问题的解决要涉及不同学科的知识，只有全面学习，知识才能融会贯通，解决问题才能得心应手。中国有个词语叫“博大精深”，在我的理解中，应该是有了“博大”才有“精深”，“博大”是基础，基础扎实才能稳步发展。埃及“金字塔”为什么几千年不倒，难道与其底面宽大稳固不无关系吗？当然人的精力有限，当“博大”与“精深”出现矛盾时，我仍选择“博大”，因为基础永远是最重要的。

“系统学习”还要立足于今天的学习，更要注意对“明天知识”的预习与“昨天知识”的复习，以便使知识在时间上前后联系、前呼后应，这样在使用时就能够水到渠成。

五、不要把“没有兴趣”当成不学习的借口

许多孩子对我说：老师，我不想学习是因为我对学习不感兴趣，因为兴趣是最好的老师嘛。可谓振振有辞！“没有兴趣”成了许多孩子不学习的借口，更有甚者，许多学生把失去学习兴趣“归功”于教师“枯燥”的课堂。

在班会上，我给学生推荐《没有任何借口》一书，和他们一起学习有关的文章，书中的文字和数字触动了孩子们的灵魂。

其实，我在2003年就拜读了《没有任何借口》一书，“No Excuse”是美国西点军校200年来最为重要的行为准则，其体现的是一种负责任、敬业的精神，一种服从、诚实的态度，一种完美的执行能力。秉承这一理念，二次世界大站以后，在世界500强企业里面，西点军校培养出来的董事长有1 000多名，副董事长有2 000多名，总经理、董事一级的有5 000多名。任何商学院都没有培养出这么多优秀的经营管理人才。

许多成功人士都具备了“责任”这一素质，因为有了“责任”就有了“敬业”、有了“忠诚”、有了“完美的执行力”，学生要成为一个成功学生，对待自己的学业同样要具备这样一些学习素质。

我问学生：“责任”重要还是“兴趣”重要？如果“责任”重要的话，那么“责任”有多“重”呢？

我给学生讲了一个真实的故事，讲的是德国二战以后的事情：一个纳粹犯被处决了，他的妻子因为无法忍受众人的羞辱，吊死在自家窗户外面。第二天邻居们走了出来，一抬头，就看见了这个可怜的女人，窗户开着，她的两岁孩子正伸出手向悬挂在窗框上的母亲爬去。眼看着另一幕悲剧就要发生了，另一个女人艾娜不顾一切地向楼上冲去，把危在旦夕的孩子救了下来，并收养了这个孩子。艾娜的丈夫是因为帮助犹太人被这个孩子的父亲当街处决的。没有人能理解艾娜的做法。小“纳粹”

渐渐长大了，同龄的孩子都不同他玩。孩子变得性格古怪，常常以破坏他人的财产为乐，直到有一天他打断了一个孩子的肋骨，邻居瞒着艾娜把小“纳粹”送到了几十里外的教养院。半个月后，几乎快要发疯的艾娜终于找回了孩子。当艾娜和小“纳粹”再一次出现在愤怒的邻居们面前时，艾娜嘴里喃喃自语：“孩子是无罪的”。孩子就是在那时知道了自己的身世，他痛哭流涕、悔恨万分。艾娜告诉他，最好的补偿就是真心地帮助大家。从此以后，孩子发奋图强，样样事情都做得很好，他变得无比关心他人。

这个故事讲完了，我趁热打铁，与孩子们展开了讨论。

以下是我与学生的一组对话：

我说：艾娜对这个小“纳粹”有没有兴趣？

学生说：不仅没有兴趣甚至是憎恨！所以她是没有理由要照顾这个小“纳粹”的。

我说：可是为什么艾娜要照顾小“纳粹”？

学生说：她认为孩子是无罪的，只要来到人世，就有生存下去的权力。

我说：在艾娜看来，是兴趣重要还是责任重要？

学生说：责任重要。

我说：艾娜用爱心帮助孩子茁壮成长，使他成为对社会有用的人。这基于艾娜的一种什么品质？

学生说：艾娜的这种做法是基于她对社会的一种责任。

我说：艾娜的这种责任对社会、对他人产生了什么影响？

学生说：小“纳粹”在成长中学会了关心他人，真心地帮助大家，并被大家接受，这些都是基于艾娜的教育。艾娜使小“纳粹”明白所做事情应对他人和社会负责任，可见“责任”对社会、对他人、对自己的重要作用。

这个故事让学生受到了“责任”的教育，同样，我自己也感慨万千。

十年树木，百年树人，“树木”和“树人”是多么相似啊。然而，“树人”毕竟不同于“树木”。木——静物，在合适的条件下，播种下的种子总会发芽成材的。而“人”是活生生的有思维有活动的生灵。“树人”的活动影响深远，不仅影响“人”一时，甚至是一生，并且通过“人”的一生的作为去影响社会。试问：如果“树”一个无责任心的“人”，那么这个“人”会对社会产生什么样的影响呢？正是因为这样，“树人”者——教师应该对教育的对象——学生及学生的成长过程负责任，教师不仅有责任帮助学生成长，更应帮助学生成长为有责任的人。“责任”对于学生极其重要。无论是谁，一个人首先要有责任心，所做事情要对个人、对学校、对社会负责。一个有责任的学生，他／她会把学习当成自己的事情，他／她会热爱学习，主动学习，用最好的方法学习、用最高的效率学习。

话说回来，我同意“兴趣是最好的老师”这个说法，但在人的某阶段抑或一生的学习中，不可能总是遇到“最好的老师”，所以不能把“没有兴趣”当成不学习的借口，而应当把责任转化为动力，努力学习，发愤图强，报效祖国。

六、自主学习让课室里走出“大”孩子

一个八年级的学生告诉我说他平均每天至少要完成 5 ～ 7 张试卷，多的时候达到 8 ～ 10 张。他还说，我们有办法对付，那就是“分工合作”。说完，无奈地耸耸肩说，老师你知道我们为什么做了这么多题目还是学不好的原因了吧。

听完学生的话，我真的无语了。

1.从“鱼缸法则”看自主学习

有个“鱼缸法则”，说的是养在鱼缸中的热带金鱼，三寸来长，不管养多长时间，不管喂食多少，始终不见金鱼生长。然而将这种金鱼放到水池中，两个月的时间，三寸的金鱼可以长到一尺。

“鱼缸法则”让我想到了孩子们的教育，孩子的成长也需要自由的空间，每天大量的试卷无疑是把学生束缚在了教室里，这岂不是等于把孩子圈养在“鱼缸”当中，即使给再多的营养，他们永远难以长成“大鱼”。

诚然，“鱼缸”仅仅是一种比喻，孩子们在课室里学习，课室就像鱼缸，难道我们必须把课室做大不成？当然不是，试着改变一下思维，改变一下学习方式，把“满堂灌”、“填鸭式”的教学转变为“自主学习”的方式，让孩子们的思想在知识的海洋里畅游，孩子在这样的环境下岂不就可以长成“大鱼”了吗？

曾在《基础教育课程改革纲要（试行）解读》里看到这样一段话，这段话对当前教学方式进行了如下的评述：

教学以教师讲授为主，很少让学生通过自己活动与实践来获得知识、得到发展；依靠查阅资料、集体讨论为主的学习活动很少；教师布置的作业多为书面习题与阅读教科书，很少布置如观察、制作、社会调查等实践性作业；学生很少根据自己的理解发表看法与意见。课堂教学存在“以课堂为中心、以教师为中心和以课本为中心”的情况，忽视学生创新精神和实践能力的培养。这种单一、被动的学习方式往往使学生感到枯燥、乏味，负担很重。

相对于上述的被动学习方式，我迫切感到让孩子们自主学习的重要。自主学习之所以重要，是因为它反映了社会发展的要求。现代人类知识发展迅速，在学校求学阶段想要掌握人类全部知识已经不可能了。

即使在学校里学得最新的知识，这种知识也会很快地老化。因此，人们必须在学校阶段掌握自主学习的能力，才能在一生中不断地获得新的知识。

青春期的孩子是一个人认识社会、长身体和长知识的重要阶段，也是变化不定、好学多问的时期。这个时期的学生除了要掌握必要的知识和技能外，更重要的就是要找寻融入周围世界的归属感，以便积极负责地参与不断变化、相互联系、日益紧密的世界。因此教育学生成为一个自主学习者，使其能够认识到学校课程与外部世界的关系，学会用相关知识、经验及批判性思维来解决实际问题就显得尤为重要。

“鱼缸法则”告诉我们：鱼缸里养不出大鱼。根据这个道理，我想要问的是，教室里怎样才能走出“大”孩子呢？

“大”孩子之“大”有“大学业，好成绩”之意。从教多年的经验告诉我，自主学习的方式是孩子取得好成绩的最佳途径，于是我有了这样一个观点，那就是自主学习让教室里走出“大”孩子。

2. 自助学习让教室里走出“大”孩子

我们都知道自主学习对孩子成长的意义，那么怎样才能让孩子们能够自主学习？除了给予孩子们一定的学习空间还需做些什么？以下重点探讨的问题是如何培养孩子们自主学习的能力。

教学应当将学生和学习方法放在中心地位，这是因为学生的发展是整个教育过程的基础，而学生只有掌握自主学习的方法才能更好地发展智力、训练技能，培养批判、独立的思想。

培养自主学习的方法，需有自主学习的意识和习惯，自主学习的最终目标是具备自主学习的能力。因此，以下四个问题就成了我课堂教学过程中要注重引导学生不断反思、总结的问题：

①我有没有自主学习的意识？

②我有没有自主学习的习惯？

③我有没有自主学习的方法？

④我有没有自主学习的能力？

培养自主学习意识是形成自主学习习惯的心理基础，当一个人处在“自觉自愿”的状态时，他的主观能动性比较强。怎样让孩子“自觉自愿”地学习？我认为最好的方法是“兴趣”。根据教学需要，给予学生一定的“选择权”，比如，学生可以选择与教材有关的学习资料和学习方式，这样他们就会积极主动地参与学习。

在一节“非洲”的课堂里，我安排了一个“课间5分钟话题节目”，期间学生要讲述一个非洲的故事，可用多媒体协助，资料的选择只需与非洲有关，但要有故事情节，有吸引力。这实际上是给学生一个自主选择的权利，学生能够选择自己感兴趣的学习资料，由于课堂上我给予学生展示的机会，学生很珍惜这样的机会，自然要好好表现一番。这样就形成了一种自觉自愿的学习意识，也即自主学习意识，一种积极的学习方式。

怎样培养孩子自主学习的习惯呢？

学习的环节有预习——上课——复习——练习四步，但多数学生只有“上课”、“练习”两环节，且效果并不好。老师通常要求学生课前预习，课后复习，也未达到预期目的。经分析发现，问题的根源在于学生没有养成良好的学习习惯。

学习习惯主要表现在以下方面。

专心细致。这对初中学生尤为重要。由于自律能力较差，注意力不容易集中，所以教师要给学生提出一定的学习要求，让学生养成上课认真听讲，课后复习，按规定时间完成作业的习惯。

独立思考。很多学生特别爱问问题，但学生的问题，仅仅是一些概念的初步延伸。由此可以看出，学生不爱思考。对学生不能解决的问题，老师的作用不是教会孩子一道题怎样解决，而是要告诉学生解决问题的方法，培养孩子独立思考的习惯。

博闻强记。教师要建议学生购买、订阅合适的图书报刊，为学生创设一个阅读环境，培养学生看书、读报、做读书笔记、写随笔的习惯，能够辨证的思考国家、世界发生的事情。同时引导学生尽可能多地收集、整理、内化一些相关学习材料。

自主学习方法的培养又该从何做起?

古人云：“学贵有方”，“善学者师逸而功倍，不善学者师倍而功半。”可谓学习方法之重要。自主学习方法的培养因学科不同而不同。我在引导学生对知识的整理、归纳、查漏、补缺等方面作了有益尝试，其中最值得一提的是让学生根据单元知识结构和重要内容，自主命题，自主考试。

自主命题由学习积极分子负责，他们首先在全班动员，希望每个学生都能提供 1 ~ 2 道题目，规定如果哪个同学的题目出得好，可以不参加本次考试，而是作为本次考试的监考员和阅卷员，在他们的努力下，一个班的学生往往会提供百多道题目，由于题型和题量的限制，他们把挑剩的题目粘贴出来，把较好的题目加以整理编辑出试卷。

自主考试从命题、监考、阅卷、评议整个过程均由学生自己完成，考前我甚至都没有看到过试卷。题目虽有一两个刁钻，但对教材的整体把握比较到位。

再来谈谈自主学习能力的培养。

自主学习能力的类型很多，阅读分析能力、独立探索能力、合作学习能力、科学实验能力、调查研究能力、解决问题能力、做出决策能力……诚然不同学科对不同年级学生自主学习能力有不同的要求。

七、站在椅子上举手

“老师，我站在椅子上举手，您都没叫我发言。”这是七年级的课堂，每堂课学生都很积极发言，我很庆幸有这样的课堂，有这样的学习氛围，有这样积极的学生。

但有时，我的课堂也很沉闷，从消极的课堂上回来，心里总不是滋味。我在反思，为什么同样的老师，同样的内容，课堂的反馈有天壤之别？

沉闷的课堂，往往是自己在教学内容上“拔”得过高，延伸得太远，虽然自己讲得头头是道，但孩子们无法理解，因为那些知识对孩子们来说都是陌生的东西，他们的阅历达不到理解的程度。

能否在新课上就让孩子们自己提问、自己归纳知识呢？这不就是用孩子的眼睛来看问题，用孩子的思维来分析问题，用孩子的语言来归纳问题的做法吗？这个想法还真不错，做法更是得到学生的积极响应，于是产生了“站在椅子上举手”的课堂效果。

1.“站在椅子上举手”的课堂

我把这样的课堂叫做：“竞趣质疑—集思建构”。

“竞趣质疑—集思建构”中“竞”为竞赛、竞技之意，“竞趣”指通过竞赛、竞技方式激发学生学习的兴趣；“质”为质问、反问之意，“质疑”指通过质问、反问方式解决学生学习疑问，这里还需指出的是，质问和反问的主角是学生而非老师。

“集思”即是“集思广益”之意，出于诸葛亮的《教与军师长史参军掾属》中“夫参署者，集众思，广忠益也。”其中“思”是思考、观点，“广”是扩大，这里指集中学生的智慧，归纳有益的观点。“集思”的前提是学生应有一个自由思考的空间与时间，另一方面需要教师有包容、接受学生思维的心态以及评价学生观点的能力。“集思广益”与“竞趣质疑”之间相互作用、交叉渗透，同时“集思广益”也起到一个归纳总结的效果。

“建构”指“建构主义”的“意义建构”。

建构主义是认知学习理论的一个重要分支，建构主义是关于学习者如何学习的理论，最早提出该理论基础者可追溯至瑞士的皮亚杰（J Piaget），他是认知发展领域最有影响的一位心理学家。

建构主义认为，知识不是通过教师传授得到，而是学习者在一定的情境下，借助其他人（包括教师和学习伙伴）的帮助，利用必要的学习资料，通过意义建构的方式而获得。建构主义既强调学习者的认知主体作用，又不忽视教师的指导作用，教师是意义建构的帮助者、促进者，而不是知识的传授者与灌输者。学生是信息加工的主体、是意义的主动建构者，而不是外部刺激的被动接受者和被灌输的对象。

根据建构主义理论，学习者的知识是在一定情境下，借助于他人（教师或者同学）的帮助，如人与人之间的协作、交流、利用必要的信息（教学工具、学习资料），通过意义的建构而获得的。因此，理想的学习环境应当包括情境、协作、交流和意义建构四个部分，而“意义建构”是整个学习过程的最终目标。

“情境—竞趣—质疑—集思—建构”模式程序是怎样的呢？

“情境” 是整个模式的前提，在教学设计中，创设有利于学习者建构意义的情境是最重要的环节或方面，学习环境中的情境必须有利于学习者对所学内容的意义建构。

“竞趣—质疑—集思”贯穿于整个学习活动。在“竞赛 、竞技”的激励下，学生情绪高昂、兴趣浓厚、跃跃欲试，对知识的获取产生迫切的心理。面对学习资料，学生有许多的疑惑，由于“竞技、竞赛”的成功感的驱动，学生对学习资料中诸多疑难点的自主解答跃跃欲试，这就是主动质疑。期间包含教师与学生之间，学生与学生之间的协作以及对学习资料的分析、学习进程的自我反馈和学习结果的评价等，学习成员之间的交流一直贯穿始终，教师则作为一个帮助者，借助教学工具，集思广益，用最好的方式指导和帮助学生进行意义建构。“意义建构”是整个学习过程的最终目标。

2.“竞趣质疑—集思建构”有哪几个重要环节呢

课前导入、课中承接与课后收尾。课前导入激活气氛，课中过度承上启下，课后收尾自然升华。

教师要充分使用“竞”、“质”、“集”，使学生生“趣”、解“疑”、善“思”。

以下是具体做法：

情景导入。导入是以调动学生学习兴趣为出发点，通过地理视频、音乐故事，生活情景、谜语、古诗等因素来激活课堂、了解一节课的学习内容、同时为下一步的学生活动做好情绪上的准备。

独立探究，激疑引思。教材是学生获取知识的重要来源，地理教材大量的文字、图表、照片等为学生提供了大量的知识信息。学生通过阅读教材，独立探究。一是要求学生带着问题读，让学生边读边思考，能培养思维的深刻性。二是阅读后要求学生提出问题，让学生边读边发现问题，能培养思维的发散性和灵活性。三是注意读记结合，培养学生动手动脑的习惯。四是阅读时注意地理学科文图结合的特点，引导学生有机的图文转换，培养学生的直观思维和抽象思维。

合作探究，激发参与。根据学生自学提出的问题，学生可先在小组交流，广泛收集知识信息，发挥其主观能动性，培养小组合作探究意识。对一些开放性的问题，在学生充分准备的基础上，可在课堂上进行讨论。讨论与讲授相比其优点在于：它一方面把课外信息广泛地引入课堂，增加了知识的容量；另一方面它使得教与学有机统一。这种讨论是一种口才、知识、能力的较量。既增强学生的语言表达能力，又能增强学生的判断分析能力，锻炼学生的思维敏捷性、灵活性。

集思广益，总结提高。“集思广益”以便学生思维火花得到不断的碰撞，同时激发了学生的创新意识。最后，课文中规律的总结和内容的升华也就顺理成章了。

八、关于学习的五个观点

学习者最想要实现的目标当然是取得优秀的学习成绩，而要达到这一目标除了需要付出艰巨的努力外，更重要的还要遵循学习规律或学习原则。需要提出的是，这个规律和原则不仅仅是学生要遵循，老师也不例外。

以下是我通过学习的五个观点，阐述学习要遵循的一些规律和法则。

1. 第一个观点：通过 20/80 法则，提醒教师要关注学生全体

一本题为《把工作做到位》的书籍，记载了如下一组数据：

现代职场中，5% 的人不是在工作，而是在制造矛盾，无事生非 = 破坏性地做；10% 的人正在等待做什么 = 不想做；15% 的人正在为增加库存而工作 = “蛮做”、“盲做”、“胡做”；10% 的人没有对公司做出贡献 = 在做，但是负效劳动；20% 的人正在按照低效的标准或方法工作 = 想做，但不会正确有效地做；只有 40% 的属于正常范围，但效绩仍然不高 = 做不好，工作不到位。

这篇文章引起了我的深思。暂且不去考虑现代职场，作为教师所关注的学生群体，同样出现文章所例举的“比例”。

记得有一次开班会，我问学生：“班上 23 位同学有谁认为自己的智力有问题？”我让学生举手表示，结果没有一位学生举手。“那好，

你们没有人认为自己学习上存在智力问题，那为什么同样一个班级，相同的老师上课，成绩相差这么大？你们谈谈原因。”

思考片刻，我请一位成绩中下的学生回答：“我的学习状态因情绪而有波动，不高兴时学习很消极，对什么都无所谓，上课睡觉是常事。”

一位成绩总是居于最后的学生也被我叫起回答：“我从小学时候起成绩就不好，现在妈妈帮我请了家教，上课也听了，作业也做了，可考试还是不理想。”

后来我问了一位进步很大，在班级成绩排名第五的学生，她的回答是：“升入初中，我就给自己确定了目标，向着目标我一直在努力，听课很认真并做了笔记，作业也很认真完成，所以成绩进步很快。”

排名成绩第三的学生说：“我最大的优点是能够自我控制，不沉迷于游戏之中，能够处理好学习与娱乐的关系，学习时效率很高。”

一位在班级成绩排名第二的学生这样回答：“有两点我做得很好，第一发言积极，无论是什么课，只要老师提问，我积极思考举手发言，很多问题我都答对了。这样我的思维能力提高了，更有自信了。第二不放过任何一个疑问，如果遇到课堂上或作业中的疑难问题，一定追问到底，直到弄明白为止。”

我问排名第一的学生，他这样回答：“我妈从小就让我背诵《三字经》、唐诗宋词、《论语》等，小学约看完了一百多本如《十万个为什么》之类的科学方面的杂志，也看了一些名著，现在学的东西感觉比较简单，如果不粗心，我的成绩可能更好。”

当然在学生群体中，也不排除不学习而整天惹是生非的学生。

由此可知，现在的学生：5% 的学生制造矛盾影响学习；10% 的学生情绪消极不想学习；15% 的学生心无大志盲目学习；10% 的学生不计方法负效学习；10% 的学生不求效率蛮学胡学；30% 的属于正常范围，但学习不到位，成绩仍然不理想；只有 20% 的学生属于高效学习者。

如果把上述的比例加以整合，得出了这样一个结果：一个学生群体中，20% 高效学习，80% 低效学习。这正是验证了意大利经济学者帕累托的 20/80 法则。

20/80 法则也是一个不平等法则，需要 20% 还是需要 80% 呢？教师不能仅仅关注 20% 的高效学习者或者 80% 的低效学习者。如果教师仅关注 20% 的高效学习者，忽略的却是大多数；如果教师关注 80% 的低效学习者，忽略的却是学习优秀的学生，他们当中有可能会转为低效学习者，因为因果可能倒置。因此，我们应当关注 100%，也就是要关注全体。关注全体意味着什么？在适当的时候要尽力调整这个比例，作为教师如何运用这个法则让 80% 的学生高效学习？这些问题都值得教师们思考并力求找到解决的办法。

2. 第二个观点：谴责和抱怨只能把自己禁锢在困难里，积极的心态是学习的催化剂

开学初，班里转来一位女生，打开她的成绩单，都是“红灯”，没有一门及格。女孩平常学习很努力，但遇到转弯题直直的思路就撞到墙壁上去了，分数自然很低。我担心她承受不了低分的打击，所以特别关注她的状态。她似乎也觉察到这点，在一篇周记里这样写到：谢谢老师对我的关心，虽然成绩不好，但我不会放弃，我会调节自己的心态，抛弃低分带给我的烦恼，积极乐观地对待困难，我相信，阳光的心态会给我积极的力量，是我学习的催化剂。我一直在努力学习，并找到了学习的一些感觉，我相信自己一定行。

正如这位女孩所说的，期末考试许多科目她的确进步了，没有一门不及格，有的科目甚至达优。经民主评议，期末她还被同学们评为学校的“文明学生”呢。

当我把视角从这位女生转移到其他学生身上，扩大到一个班级或者一个年级或者一群同龄人时，我发现为什么有的学生学习更成功些呢？人与人之间真有这么大的区别吗？这个差别又在哪里呢？从这位女生身

上，我看到了引起差别的秘密，这个秘密就是“心态”。

什么是心态？从字面上看，心态就是心理的状态，是人对发生的事情的一种心理反应。每件事物都有其积极的一面也有其消极的一面，你看重的是积极一面还是消极一面呢？如果你看重事情积极的一面，那么你的心态就是积极的，你看重事情消极的一面，那么你的心态就是消极的，因此拥有什么样的心态完全决定于你自己思想的侧重面。由此可知，不同的心态分布于不同人的思想中，同一个人处于不同的思想阶段也有不同的心态。

我想起了一位哲人的话：“你的心态就是你真正的主人。”一个人有什么样的心态就有什么样的命运。

积极的心态是学习的催化剂， 因此，学生拥有积极的心态十分重要，而培养学生用积极心态学习的思想意识则更为重要。

3. 第三个观点：学习乃要事，要事是第一位的，待之当一丝不苟

对于学习者来说，学习是重要的事情，重要的事情要放在第一位，也就是说，学生要形成以学习为中心的思维定式。围绕这个中心，要处理好学习与其它事情的关系，不要让次要的琐事牵着鼻子走。对于这个问题，多数学生都达成共识。

要事要认真对待，也就是说，学生对待学习当一丝不苟，这个问题实践起来却有些困难。

许多学生认为“学习要做到一丝不苟的确很难”。究其原因，有学生认为是“生活水平提高了，一些同学因此而变得懒惰变得学习不谨慎。”这类学生把“学习不能一丝不苟”归因于“富裕”。有学生还认为“一丝不苟是许多同学都想要得到的，但却是许多同学所没有的，因为没有决心。”这类学生把“学习不能一丝不苟”归因于“决心”。

一丝不苟为良好的及其必要的学习品质，但许多学生在学习过程中所表现出的却是相反的态度：浮躁不够细致。难道“一丝不苟地学习”

真因“富裕”、缺乏“决心”而失去？“富裕”有错吗？许多富裕家庭的孩子仍希望自己学习能一丝不苟，那么他们是缺少“决心”？可许多孩子也是信誓旦旦的，那为什么学习不能做到一丝不苟呢？

还有一个很重要的原因就是许多学生不理解“学习”是由哪些环节构成。

我们把“学习”拆开来看一看，其实学习是有许多诸如听课、做作业、记笔记、预习、复习等一些环节组成的，每一个环节都可以看成是一件小事，这些学习小事都是很重要的事情，许多学生忽视了这些小事，试想，一个人如果不重视这些小事，怎么会一丝不苟地对待这些小事呢？

既然学习就是这些小事构成的，学习的过程就是做好这些小事的过程，所以我们应该把对这些小事的消极态度转化成积极的态度，认真地对待每一件学习小事，千万不要因为它是一件小事而不予理会和不认真对待，更不要以为有重要的其它学习事情要做而忽略了这些学习小事，往往这些学习小事是最重要的。

一丝不苟还隐含着“坚持”的意思，坚持做小事而不抱怨，这也是学习的好品质。有些学生会抱怨学习困难重重而不能坚持，其实抱怨一点也没用，有时间抱怨不如珍惜时间，面对学习中的困难与挫折，只要不逃避不害怕不恐惧，这些困难与挫折自然就会消失。

许多成功人士都有一个好习惯，就是认真、坚持做好每件小事，哪怕是一件微不足道的事情，这就是一丝不苟的精神。作为老师，要让学生都认识到学习要一丝不苟、要认真细致，鼓励他们勇于面对学习困难，不抱怨，不退却。

4. 第四个观点：延长学习时间，未必产生良好的学习效果

一位学生酷爱篮球，无论在球技方面还是在运动素质方面，他都很优秀，可是他说如果整天让他去打篮球，他也不愿意，也许最终会变得厌恶篮球。之所以现在喜欢打篮球是因为每天学校给予活动的时间太少，

因此特别珍惜。

这位学生的话语折射出了我们学习的一个误区：

许多教师认为学习重要，以为通过延长学习时间就可以让学生多学一点东西，殊不知由于学习时间过长，学生不仅不珍惜学习时间，反而厌烦抵触学习，学习效率也越来越低。

《卡尔·威特教育全书》记录了一个实验的结果：孩子们集中精力学习 30 ~ 60 分钟的效果比长时间的学习要好得多，对于大多数孩子来说，两小时是学习的界限，超过这个界限，孩子的精力就开始分散，这时延长学习时间只会使孩子感到厌倦。学习效果不在时间的长短，关键在于注意力是否集中。

许多教师过于重视课本知识，他们每天都编出许多题目让学生花费很长时间反复地练习，有些题目甚至重复多遍，以为这样学生就熟能生巧了，殊不知正是因为老师的努力，学生成了机械的做题“机器”。我们知道机器只能按照程序运行，不能够思考。学生在这种“机械模式”的长时间训练下，孩子们的精力分散了，注意力逐渐不能集中，学习逐渐变得无趣低效了。不仅如此，久而久之，他们面对困难的“抵抗力”就越来越弱，这样的孩子对老师或者家长过于依赖，还有什么创新意识？试问一下，这样的孩子学习爱思考吗？孩子的学习如果总是用一种方式，又整天呆在教室里，殊不知这样的学习能有乐趣可言吗？

许多教师或者家长都认为学习是一件十分严肃的事情，认为只有努力才有收获。诚然只有努力才有回报，这句话没有错误，然而正是这种观念给学生难以承受的压力，高压力下的学习会产生副作用，副作用的累加最终使学生对学习产生一种发自内心的厌恶。所以，我认为，学习强调努力没错，但不要总是挂在嘴边，也不要总是用单一延时的学习方式，我们可以采用学生感兴趣的教学活动，激发学生主动探究新知的热情，以达到良好的学习效果。

一个人学习的精力和热情有限，在学习中，如果方法不当，低效率消耗了学习精力，高压力吹灭了学习热情，付出和收获的等式能成立吗？

5．第五个观点：无论贫穷贵贱，教育资源都是有限的，因此要努力创造大于100%的使用价值

长假结束，学生返校要么很疲倦，没精打采，要么精力特别好，人在哪里话说到哪里，节后的学习效率很低。

这是一次“十一”长假回来的第一天，学生知道我对他们今天的表现不满意，第八节课都留在课室里等着“发落”。走进教室，我的第一件事就是检查他们的草稿本，我规定学生每堂课都必须使用草稿本，这是步入初二，我着重培养学生的第一个学习习惯。第二件事我让学生自己说今天的课堂表现，表现好的自己表扬自己，结果没有同学站起来，因为他们知道自己今天的所作所为的确不尽人意，许多“把柄”也都被值日班长记在《值日班长日志》里了。

我让学生思考一个问题：“家庭条件好，是否就意味着享有用不完的教育资源？”我说：“有两个理由可以否定这个观点。

第一，没有人能让今天的7节课回来，不管你今天的课听得好还是不好，今天的课已经变成了历史，永远找不回来，听好了，课转变为你的东西，没听好，教育资源就流失了，谁能让历史倒流？人在世上的时间是有限的，过一天就少一天，过一小时就少一小时。

第二，家庭条件好，你不使用或者是使用不充分，是对教育资源的浪费。譬如，穷人的孩子只有10元钱，富人的孩子有100元钱，而穷人很充分地使用这10元，这样穷人的10元产生了100元的使用价值。富人不珍惜这100元，结果富人的100元只产生10元的使用价值。这样说起来，富人又比穷人富裕到哪里？所以，无论对谁而言都没有用不完的教育资源，教育资源是有限的！”

英国詹姆斯·艾伦《我的人生思考》里面有这样一句话：“希望获得金银和宝石，必须通过努力寻找与开采；同样，想挖掘人内心深处的

宝藏，领悟为人处世的真理，也必须努力开采心灵的矿藏。”正所谓“凡寻找者，便能寻得；凡敲门者，大门就为他开启。”努力寻找与开采才能有所收获。

既然家庭条件好并非就意味着享有用不完的教育资源，所以我希望学生应当尽力去挖掘学习资源，让每一堂课都很有效率，让每堂课都能产生大于100%的使用价值！

美国知名人士史蒂芬·柯维在《高效能人士的七个习惯》里有一段话是这样叙述的：“我对生命的一种最深刻的感悟就是：要完成最渴望的目标，战胜最艰巨的挑战，你必须发掘并应用一些原则或自然法则，因为它们恰好左右着你苦苦期待的成功。如何应用一个原理，因人而异，取决于个人独一无二的优势、天赋和创造力，但最根本的是，任何努力的成功，都离不开恰到好处并游刃有余地应用某些原则，这些原则对成功而言是不可或缺的。”

然而，在现实的学习中，许多老师和学生对此不以为然，甚至会刻意回避。譬如，许多学校采用延长学习时间的做法，以期待达到好的学习效果，殊不知这仅仅是掩盖自己对学习的恐惧心理。

无论做什么事，都要遵循事物本身的发展规律，遵守事物固有的基本原则。学习有规律可循，有原则恪守。让我们选择正确的学习方式，向卓越人生奋进。

九、学习行为差异

在一个班集体里，不同的孩子有着不同的学习行为。比如有的学生有着远大的理想与目标，在学习中能够积极应对困难，科学合理地安排时间，为成功找方法，并与老师、同学、家长一起分享学习中的快乐；而有的学生学习缺乏上进心，注意力难以集中，想方设法逃避困难，学习怕苦怕累，学习成了他们的负担和烦恼。

1. 学生学习行为分析与概论

孩子当中的这些学习行为的差别可以大致概括为两类：第一类为积极的学习行为，第二类为消极的学习行为，那么造成这两类学习行为差别的原因是什么呢？

美国心理学家弗里茨·海德在《人际关系心理》中指出：人的行为的原因可分为内部原因和外部原因。内部原因是指存在于行为者本身的因素，如需要、情绪、兴趣、态度、信念、努力程度等；外部原因是指行为者周围环境中的因素，比如，他人的期望、奖励、惩罚、指示、命令，天气的好坏、工作的难易程度等。

换句话来说，造成这些行为差异的原因有来自内部的原因即为内因，也有来自外部的原因即为外因。根据唯物辩证法的观点，内外因在事物发展中的地位和作用是不同的，内因是事物发展的源泉、基础、根本动力、根本和第一位的原因；外因是事物变化发展必不可少的条件，有时甚至还会起着非常重大的作用，但外因总是通过内因的变化而推动事物运动、变化和发展，决不能撇开内因而单独起作用，因此，外因是事物发展的第二位原因。

根据上述两种观点，影响学生学习行为的内因表现为需要、情绪、兴趣、态度、信念、努力程度等；影响学生学习行为的外因表现为他人的期望、奖励、惩罚、指示、命令，环境、学习的难易程度等。

持积极学习行为的学生，学习成了他们的需要，他们希望通过学习实现人生的目标，因此，在学习的时候能够保持亢奋的情绪，积极的态度，浓厚的兴趣。而良性的学习环境、父母老师适度的期望和恰当的鼓励以及恰到好处的学习难度等对孩子学习行为又起到了促进作用。

持消极学习行为的学生，内在的原因可能是学习者本人对学习的盲目性，来自外界的因素有可能是家长的期望值过高、学校的课业负担过重造成孩子压力过大，孩子承受不了而主动放弃；或者是家长、老师在处理孩子问题时使用的方法不妥当而伤害了孩子的自尊心，造成孩子学习没有信心；或者是家庭环境不好，父母没有起到应有的教育作用等。

无论是哪种学习行为，家长和教师总是试图寻找造成这些行为的原因，以便指导下一步的行为。班级 25 位学生，多数学生学习行为积极主动，值得肯定，但仍有少数学生学习行为表现出消极的一面。我感觉到在学生中发起一场关于“学习行为”的讨论必不可少。

通过讨论让学生知道：学习是自己的事情，学习一定要有目标，对学习惟有积极主动才是正确的态度；学习的道路并不平坦，只有不断克服困难，才能越战越勇，才有成功的喜悦；学习信心坚定，才能抵制外界的诱惑，不受外界的干扰，让“内因”发挥积极的作用。告诉学生，如果有以上行为，就有了积极的学习行为。

讨论后，许多学生在周记里写下了对学习行为或其中某方面的一些看法。

首先同学们探讨了学习行为，认为学生来到学校就该有学生的样子，应该好好读书学习，要自信、自觉、勤奋。第一要相信自己是最棒的——这是取得成功的基础。第二就是要自觉学习，如果自己不想学习或者不自觉学习，那么再好的老师也无济于事。第三还是要勤奋——这是成功的硬道理，每个有成就的人都应当具备这种学习品质，正所谓天道酬勤，要有成就必须勤奋和坚持。

其次同学们探讨了学习态度，并认为学习取决于态度。其中有一篇文章这样写道：

像是有一双隐形的翅膀在引导我前进。

每个人的学习态度都不相同。

一个人的学习态度首先取决于他是否热爱学习。我们现在的本分就是学习，这段时光很短暂，要看你是否去珍惜它。白白浪费的人会后悔莫及，可是那些积极奋发的人会觉得那一切的一切都是值得的。

当然学习态度也取决于个人因素。是的，我们常说："自己的未来自己做主。"可是果真如此吗？如果希望拥有美好未来，但现在不努力学习，那愿望必定不能成真。

学生就应该有学生的样子，更应该有个良好的学习态度。如果你不想学习，没有人会勉强你的。可是你觉得那对你而言是一个正确的选择吗？

俗话说的好"态度决定一切。"从态度上就可看出你这个人的品德和道德。既然你来到了学校，那你就应该有认真向上的学习态度，不然你的一生可能就毁在了这个起点上了。所以要利用好在学校学习的时间，因为在学校有老师的指导，有同学的帮助，有自己的努力。

可是有些学生在学校不好好学习，成绩也不好，我想除非不想学，不然怎么会学不好呢？

学习时间是自己争取的，若上课不听课，学习时间就比别人少了。若晚上回家还看电视，学习时间又比别人少了，还可能因为睡晚了，早上不起床，上课走神或睡觉，这样循环下来，又怎么可能提高成绩呢？

所以，学习态度的好坏取决于自己，只要想学肯学一定能学好，正所谓"学习若逆水行舟，不进则退"。

2. 主动学习才有希望

讨论之后，最后同学们达成共识，那就是要主动学习。主动意味着自己的思想是属于自己的，自己想学难道会学不好吗？

循着孩子的话语，我看到了他们的希望，我联想起有一年在黄山看日出的情景。

那天凌晨四点我们就出发了，在灰白的曙色中，在我们的等待中，旭日终于露出了小小的一角，顿时，天空光芒四射，当红日冉冉升起的时候，云海刹那红火起来，霞光万丈，灿若锦绣。

我被美丽的旭日感动了！

青春期的孩子，正是这刚刚升起的旭日，中学生正是人生精力开始旺盛的时期，是成长的关键时期。在这个阶段，他们要长身体、长知识、形成人生观和世界观。这个阶段，学习对他们来说十分重要。作为老师，我欣赏他们青春的美丽，也时常被他们的活力所感动，更感到自己的使命与责任。

我教给你们什么——活泼可爱的孩子们？为什么有的孩子有旺盛的精力却不喜欢学习呢？

“为什么学习、怎样学习？”等诸如此类的学习问题孩子们并非十分明白，甚至还存在着相反的认识。因此，对于学生来说首要的任务是树立正确的学习观。

人生起于学习，学习只有起点没有终点，学习是终身的。

在学习的过程中，还要有信心、决心、恒心，这是中国近代著名学者王国维先生在他的《人间词话》中说到的，他说人生有三种境界：

第一种境界是宋朝晏殊的《鹊踏枝》“昨夜西风凋碧树，独上西楼，望尽天涯路”；

第二种境界是宋朝柳咏的《蝶恋花》“为伊消得人憔悴，衣带渐宽终不悔”；

第三种境界是南宋辛弃疾的《青玉案·元夕》“众里寻他千百度，蓦然回首，那人却在灯火阑珊处”。

王国维先生告诉我们学习第一要有信心，这样才能“独上高楼”；第二还要有决心，否则不能做到“终不悔”；第三更要有恒心，没有恒心，如何“众里寻他千百度”呢？

学习还需要方法和技巧，需要计划和行动。正如毛泽东同志所说：“学习是学习，学习的学习也是学习，而且是更重要的学习”，这里所说的乃是学习方法之重要。

古人说：“凡事预则立，不预则废。”折射出学习计划性的重要。

而“书山有路勤为径，学海无涯苦作舟。”说出了学者想成功还要努力，要付出行动。

十、成功从读书开始——谈读书

古往今来，社会的发展离不开成功人士，在孩子通向成功的路上荆棘丛丛，如何引导他们走向成功？我认为重要的是要抓好起点。于是我时常在想：怎样做好成功的“起点”教育？怎样帮助孩子构建成功之路，使他们鼓起勇气、树起信心，坚定不移地走下去？

班里的学生主要来自经济条件较好的家庭，父辈的成功为孩子们创造了优越的生活条件，但却缺少了逆境的磨练，滋生了惰性，许多学生意志薄弱，环境的适应性较差，遇事“娇、骄、散”，前进的动力并不足。

该怎样去培养他们呢？于是，我想到了读书。读书是站在巨人的肩上看世界，站得高看得远。高尔基说：“书籍是人类进步的阶梯。”人类文化的延续主要依靠书籍，所以，成功从读书开始。

班级的读书活动分为三步，我们说这是读书活动的“三步曲”：

第一步，“好读书”——好读书，兴趣起航；

第二步，“读好书”——读好书，方法重要；

第三步，“书读好”——书读好，惟有坚持。

下面听听我们的“读书三步曲”吧。

1. 第一步曲："好读书"——兴趣启航

"好读书"即为爱好或喜好读书，所以从培养学生读书兴趣开始。对中学生来说，名人的魅力是巨大的，名人的影响是深远的。比如周恩来，从小就立志"为中华之崛起而读书"，是一个极富人格魅力和献身精神的人物，他折冲樽俎，纵横捭阖，人格魅力熠熠闪光，令世界肃然起敬。这种影响的感召力，不仅泽被今世，恐怕还会延之久远，很多同学都把他列为"我最崇拜的名人"。引导学生读名人传记是读书活动的第一步。

其实，读名人传记书就是与名人交谈。拥有吉列刀片和可口可乐两大名牌产品的伯克希尔·哈撒韦公司董事长沃伦·巴非特说："要成功，先选择一个你最崇拜的人，并写出你崇拜的原因及他身上的优点，只要经过一段实践，你崇拜对象的优点就成为你自己的，假以时日，就全部成为你自己的习惯了。"通过开展"用一条名言，学一个名人，将来做一个名人"和"我有名人的品质"等活动，同学们感受了名人的人格魅力，学会了欣赏名人，解剖自我，找到了自己的闪光点和不足之处，利用"名人效应"，激发学生"我要做名人，我要从做优秀中学生开始"的欲望，促使学生广泛阅读与名人有关的各类书籍。

为了使"名人效应"生动有效，我们还采取 了"请进来"的方法，让生活中的"名人"——成功人士与学生见面座谈。

蓝先生是一位家长，经营融资业，是新一代成功的知识型商人。我们邀请蓝先生做 "成功历程报告会"，蓝先生结合自己成长的历程和成功的经验，讲的第一个问题就是："读书有什么用？"他说：①读书能培养人解决问题能力，为将来走入社会打下坚实的基础。②读书能锻炼人的交际能力,现在建立起来的同学关系对将来的事业将有很大帮助。③读书最重要是能培养自己的"悟性"、"举一反三"的能力和创造性。蓝先生特别强调，这一点是事业成功的关键。

二十一世纪需要复合型人才，单纯的书本知识远远应付不了信息的复杂和多变。“好读书”不是死读书和读死书。尤其在当今争夺人力资源的新时代，知识就意味着财富，知识就意味着未来。谁拥有了尖端的知识，谁就拥有二十一世纪。成功人士的现身说法拉近了学生与名人的距离，对同学们进一步明确学习目的，培养读书兴趣，开阔视野、思路、树立远大的理想，起到了积极的促进作用。

2. 第二步曲：“读好书”——方法重要

（1）培养读写习惯

要“读好书”需培养读书习惯，掌握读书方法，七个“一”工程就这样拉开了，何为七个“一”工程？

读一本好书——我最崇拜的名人传记；

写一篇读后感——《我与名人的距离》；

开一次主题班会——《我骄傲，我是一名中学生》；

举办一场辩论会——《对于成功来说，立志重要还是勤奋重要》；

出一期黑板报——《走向成功》；

编一本优秀读后感集——《碎玉集》；

出一本画册——《策划成功人生》。

为了保证同学们有充足的时间遨游书海，并学会积累，提高读书效率，我专门为学生划出读书时间，给每个同学印发读书卡片。一段时间，我就收集到几千篇学生的读书笔记。同学们阅读了大量的书籍，思想认识和读写水平显著提高。为巩固成果，我让学生把读书笔记整理成故事或片断，在班级里开展“人人都是人才，人人都能成才”演讲比赛和“世纪光辉”故事会等活动，以培养学生阅读、写作、演说能力，这一活动融国情教育和理想教育为一体，使学生明白中学时代打好基础有益终身。

经过努力，学生的优秀读书笔记整理成册，编辑成《碎玉集》，开通班级广播站，开辟读书播音，播出同学们的优秀读书笔记；把学生的活动剪影编印成《策划成功人生》画册；在班会上表彰读书积极分子，使读书活动取得阶段性成果。

"书"不仅有"有字书"，还有"无字书"。看新闻，写新闻观后感也成了读书的一条渠道。新闻联播之前，给每个学生印发设计好的"新闻观后感"卡片，学生看新闻时，把最感兴趣的一条或几条新闻填写在卡片上，并写出感想。同样，我们收集到学生的新闻观后感累计万余篇，整理出优秀观后感一百条编入校园网页。该项活动的开展开阔了学生的视野，提高了学生明辨是非的能力，激发了学生的爱国热情，更重要的是养成了眼到心到手到的良好读写习惯。

（2）送你一把金钥匙

从发展眼光看：学习是终身的，明智的态度就是积极主动地投身到学习活动中。"授人以鱼不如授人以渔。"在培养学生积极主动求知的同时，让学生掌握科学的方法，养成良好的学习习惯，这是教育教学的最高境界。在同学们立志做优秀中学生，读书的热情之火被点燃之后，接下来的问题是怎样读书才最有效。

为此，我们制订了五条措施：

①用集会的方式说明读书方法的重要性，引起同学们对读书方法的重视。

②请各科老师和高年级优秀学生介绍学习方法，使同学们既了解各科的学习方法，又掌握了读书的共同规律。

③召开《读好书，掌握金钥匙》主题班会。

④出黑板报，系统介绍各科读书方法，推出介绍读书方法的图书。

⑤以"学习问题听访会——学习方法一席谈"为主题，开展经验交流。

通过这些活动，学生明白了 "学而时习之"、 "默而识之，学而不厌"、 "诲人不倦"、"温故而知新"、"三人行，必有我师"的道理。

3. 第三步曲：“书读好”——惟有坚持

鲍比迪 · 波特认为：“在学习方面，你的最有价值的财富是一种积极的态度。”积极态度的特点用具体、含义正确的词来表示就是：信心、希望、毅力、爱心。我们每一个人都有一种巨大的、潜在的能力等待开发，积极的态度能唤醒酣睡的 “巨人”， 我们只有保持积极的心态，挖掘潜在的能力，才能提高心理品质，踏上成功之路。

“书读好”才能“向着成功奔跑”，才能到达成功的顶点。著名数学家陈永川在谈成功心得时说：“我的成功并不是我的天才，但我知道每天太阳升起的时候，我不能睡懒觉。生命就是不停地奔跑，不停地追求。”在读书活动的过程中我们贯穿着各种教育，培养学生的坚持性。

（1）挫折教育

学习名人成功史，增强自我抗挫力。

通过读书活动，开展挫折教育，教育学生要以正确态度对待挫折，对待磨难。

通过编辑《磨难——人生的必修课》小册，开展主题班会：正视人世间，傲看磨难事，让学生明白磨难是走向成功的必经之事。读书，使学生走进成功者人生，发现他们中的绝大多数都曾遭遇巨大的困难和挫折。海伦 · 凯勒在 19 个月大的时候，一场疾病夺去了她听、看、说的权利。但她却保持着非凡的头脑和坚强的意志。在安妮 · 沙利文老师的帮助下，海伦 · 凯勒学会了识字（通过别人用手指在她掌心里拼写）、阅读（通过触摸凸起的字母和不莱叶盲文）和写字（通过模仿别人写字时手的动作）。她以优异的成绩毕业于莱德克里夫大学，成为一名知名作家。她以百折不挠的意志向世界证明：“残疾”不等于“无能”，“挫折” 不等于“失败”。

（2）心理教育

信心爱心是成功的希望，乐观向上是成功的基石。中国有句古话：赢者自赢，成者自信。相信自己，才能战胜自我，超越自我，向着成功奔跑。

(3) 实践教育

“大学生助我成功”活动拉开了帷幕，内容有两项：

邀请大学生来我校参观、作报告，互相交流，进行联欢。利用他们读书成才的经历来教育我们的学生。

大学生来校做了四个报告会：

第一：立志 · 成功：知识经济时代知识的价值

第二：环境 · 成功：穷且益坚——贫困家庭走出的大学生

富而不骄——膏粱子弟亦成功

第三：学法 · 成功：插上方法的翅膀，才能飞进大学

第四：能力 · 成功：谈“人的素质”

部分学生到大学回访。通过参观大学，与大学生交流，与身边同龄的成功者交流，吸取他们成功的经验，必将使学生全面感受知识王国的魅力，开阔视野、增长见识、提高能力，燃烧起奋发向上的雄心，树立起“我能成功”的信心。

“好读书”，“读好书”，“书读好”，非一日之功。在“读书”这个系统工程中，制订目标、采取行动、锻造自我等环节融为一体，前呼后应。目标是前提，是成功的起点。读书活动使同学们在吸取知识的同时，提高品位，塑造自我，以崭新的姿态踏入初中生活，以成功者的姿态迈向未来。

出乎其类，拔乎其萃；仰之弥高，爱之弥坚。读书活动扎实有效的开展，使同学们对“成功”有了较为全面深刻的认识，他们自立、自理、自律、自强的意识得到迅速强化，心理稳健而健康过渡，初步掌握了科学的读书方法，阅读了大量的课外有益书籍，呈现出乐观、向上，自信、奋发的精神风貌，他们正大步踏上成功之路！

读书活动方兴未艾，它的内涵极其厚重，或许它可以给我们一些启发：

教育的艺术真的是羚羊挂角，无迹可寻？

什么是生动有效的教育？

怎样利用自身的优势开展思想教育工作，培养成功人士？

怎样对富家子弟进行成功教育？

当年孔子兴办私塾时，各国富家子弟闻风而来。孔子带领他们在门前栽了一排杏树，在那里，读礼易乐书数，成就了三千学者；今天，孩子们的朗朗书声也萦绕于校园，我们也有信心让他们在杏坛中开出一朵朵鲜艳的成功之花。

本章小结

在春天播下玫瑰种子，当年就能长出新芽，绽放花朵，其成长的原动力正是水分和养分。倘若要开出高品质的花朵，唯有不少于六小时的日照，因此玫瑰又具有阳光植物之品质。玫瑰开花后，要经常修剪，这样才能保持植株生长旺盛，花繁叶茂，树形美观。

从玫瑰的生长历程，我们想到了什么？其实不仅仅是玫瑰，任何花、草、树木等生命体都有其生长之原动力，都需要阳光，都需要修剪护理，那么孩子们的成长需要吗？

孩子的成长不仅仅来自身体，更重要的是来自精神。因此，孩子的成长不仅仅需要物质的营养更需要精神的营养。

青春期的孩子们更需要找到精神成长的原动力。

亲爱的孩子们，要努力学习。

向书本学习，书本能给你们整个世界，无论你们精神领域涉猎到哪个范畴，都可以从书本里找到。

向万物学习，万物生长靠太阳，你们的生长也需要阳光沐浴，更重要的是你们需要具备阳光之品质。

向规律学习，自然界有规律，社会发展有规律，你们的学习也有规律可循，任何违背规律的发展都不能达到效率最大化。

这样一路走来，你们将会成为思想深邃，精神富足的人。

第五章 不要折了玫瑰的刺

多少年来，人们一直钟情于玫瑰是因为它的色泽、香气。因此人们包容了它的刺。不管怎样，这个生命体它原本就是一个美丽的整体，倘若折了刺，它就不完美了。

中国著名儿童文学作家秦文君有一句关于教育的话语，她说："教育应是一扇门，推开它，满是阳光和鲜花，它能给孩子带来自信、快乐。"在我看来，教育是一项美丽的事业，更是一项有生命的事业，她需要教师满怀激情地用艺术去管理，而"不是把被教育的人造成一种特别的器具"（蔡元培）；"不是往车上装货"（黄全愈）；不是"指令"，不是"替代"，更不是让茧中的幼蝶曲意迎合或违心屈从（康德）。

对孩子支持与引导的教育态度有着更好的教育效果。对于反叛期阶段的孩子，要注意疏导情绪，而不是限制和管束，一个经常被限制思维、约束行为的孩子，极有可能产生可怕的厌学情绪，严重的会失去进步的信心。因此，对于青春期的学生，无论是行为习惯还是学习习惯，教师最重要的是采用良好的方法去引导，让学生从主观上认识到不良习惯的坏处，主动加以纠正。

一、教育思想的传递

全国优秀教师李希贵先生在《36天我的美国教育之旅》中谈了一个有趣的调查结果：一些把主要精力放在维持班级纪律上的老师，经常会发现他们的学生把纪律看得很重，尽管学生可能仍然不遵守纪律。当要这些学生们评价怎样的学生才是一名好学生时，他们也会毫不犹豫地把纪律作为评估指标的第一条。

李老师谈的调查结果发人深思。

其实许多教师内心关注的并非纪律而是学生的终身发展，但为什么对学生"表面上的关注"不能与"实际上的看重"等同起来？教师为什么不能按照自己的教育思想去培育学生？教师教育思想的传递路径又在哪里受阻了？长期的“不等同”对学生的成长又会有什么影响呢？正如李希贵先生所说“ 教师表面上关注什么，远远比实际上他看重什么更能对学生产生重要影响，教师举手投足间不经意透露的信息，会潜移默化地影响着孩子们，这就是教育的力量。”这真让我担心我的学生会不会被我不经意间“引错了方向”！

我开始了我的调查：“你认为好学生的第一标准是什么？”这个问题摆在了我的学生面前，调查结果如何呢？

除了少数学生认为“性格”、“成绩”、“心理”外，有16位学生都不约而同地认为“品德”是评价好学生的第一标准，占了全班22位学生的72.7%。由此看来，我的“表面关注”是学生的“品德”，这与我“实际的关注”又是多么的一致。

事实上我一直都认为好学生的第一标准是会做“人”，其次是会做“事”。这里的“人”的内涵很丰富，健康的人、高尚的人、诚信的人、负责任的人、宽容的人、有同情心的人……这里的“事”应该是学习、能力等。

这又引起了我的反思：我的学生是通过什么“路径”接受了我的“教育思想”？

回顾我的教育历程，我从不因为我的学生只有十几岁而小视他们，我们是平等的。我经常与学生谈论教育，经常从他们的角度思考发生在他们身上的事情，我把我的所想都如实地告诉了我的学生，我也经常与家长交流，把我的教育方法告诉他们，并希望他们支持我的工作。正因为如此，我与我的学生在教育思想上达成了共识，同时我也实实在在地按照自己的所想带领学生去做，教育他们，引导他们，让他们快乐地学习与生活。

平等交谈——这是我与学生以及家长沟通的主要“路径”。我与我的学生谈论我的思想、我的教育方法、我的世界观。由于是平等的，我也从学生那里不打折扣地获得了他们的思想、他们的学习方法、他们的世界观。不仅如此，我把从学生那里获得的这些宝贵的东西传递于家长，从而又得到家长的支持与配合，这样我从中也了解到家长的所思所想，并在恰当的时候做些妥善引导，教育的合力就这样形成了。

二、别人有的东西我也要有吗?

买手机在中学生群体中非常普遍，也是被有些家长允许的，殊不知，孩子们因有手机，时常导致了一些问题的发生，这些也许被家长们所忽视。

比如有家长说，孩子晚上一直在玩手机，12 点还没睡觉；还有家长说，发现自己孩子的手机上有许多异性的短信等。有一次，我在班里做调查，全班 25 人只有 3 人没有手机，最贵的手机价格超过 5 000 元，甚至在班里出现了“手机”攀比的现象。学生不比学习而比起了手机，这种现象不好，当然完全杜绝学生买手机很难，但我应该尽可能让学生不要把手机带到学校里来，以便让学生在学校读书时有一个不受外界干扰的环境。

怎样才能把学生的注意力从手机转移到学习中来，使学生不受手机的诱惑，说服学生不带手机到校呢？分析这个问题，其实是要分析一种心理，这个就是一种从众攀比的心理。从众攀比的心理让人不甘于落后，让人产生虚荣，于是别人有的我也要有，别人没有的我更要有，所以这个问题的解决就得从从众攀比的心理开始。

一个班级的学生自然而然就是一个团体，走进这个团体，你会发现这里面实际上就是一个小社会，从众同样是这个小社会里比较普遍的心理特征和行为现象。因此，当个人发现自己的行为和意见与群体不一致时，会感受到一种压力，迫于这种压力，最终个体倾向于群体一致的表现。这就是班级的从众心理，班级的从众心理会形成一定的班级风气。

从众并非都是负面的，主要看从众的具体内容，也就是从的什么“众”了。如果从众的内容是健康的、积极的，那么就会形成良好的风气。从众既然是一种普遍的、客观存在的现象，那么为孩子们树立一个正确的榜样，引导他们前行，通过“随大流”，内化、建构孩子们健康的思想意识，这样一定非常有意义。

从众最终形成效果的过程很漫长，因为从众的力量很微弱，但是不要小视这种微弱的力量。俗话说，不以恶小而为之，如果从众的内容是消极不健康的，那么它会导致群体所有成员产生与自己违心的意愿，出现行为的偏差，导致严重的后果，而要挽回这种后果所造成的负面影响则相当困难。

美国洛伦兹教授的“蝴蝶效应”说：一只小小的蝴蝶在巴西上空振动翅膀，它煽动起来的小小漩涡与其它气流汇合，可能在一个月后的美国得克萨斯州引起一场风暴。所以，我们不能小视这微弱的力量，要关注从众的内容，注意引导。

在一次班会课上，我说：你们都是中学生了，同学之间要比什么呢？听说别人有手机了，我也要让家长买一个；听说别人的手机是 2 000 元的，那我就要买 3 000 元的，是吗？我告诉学生，这其实就是从众，从众的内容就是手机攀比。

有些人认为别人有的东西，如果自己没有，就会被别人笑话了，只有与多数人一样有手机，才不会被排外，才有安全感。这种攀比风如果不抑制而任其发展，就不仅仅是攀比有没有手机的问题，而是发展为攀比手机的价格了。有些人认为别人的手机那么贵，而自己的却那么便宜，于是心里就不平衡，想方设法也要买一个更贵的。于是没有手机的人，就让父母买一个，有手机的人，就让父母买更贵的，以便到学校炫耀，显示自己拥有的物质财富。

攀比之心人皆有之，这无可厚非，那么作为老师应该引导学生比什么呢？有的同学在学习方面有了竞争，有的同学却把心思用在穿着打扮，买名牌衣物，比谁的家里有钱。大家有没有想过：谁的“明天”、谁的“未来”更好？

我让大家讨论这个话题：别人有的东西我也要有吗？讨论的过程也是一个反思的过程，也是观念转变的过程。讨论收到了一定的成效，以下是部分学生的反思，摘录如下：

- 我们班里有很多同学都用诺基亚最新款的手机，可是我却用上一年的款式，开始心有不甘，可是后来想通了，用这么漂亮的手机有什么用呢？又不可以拿来当饭吃，有得用已经很好了，有时候不必对所有事都要求过高。
- 我打算上大学时用自己挣来的奖学金买手机，也不必要那么贵的，说心里话，如果现在买的话，都不是自己赚来的钱，简直就是“买面子”！
- 在我们生活中有的东西一定要有，有的东西不一定要有，有的东西可有可无，还有的东西不可以有。
- 我们不能盲目从众，要知道我们用的钱都是父母的，不是自己的，这种攀比是父母金钱的攀比，毫无意义。如果攀比是学习、班风、学风，那么这种攀比是我们自身的较量，这才有意义。

讨论中，内容有了升华，从“手机”发展到了“人生观”，在反思中学生逐渐明确了自己的观点，大家达成共识：

要追求高尚的品德与内在的美：如果一个人外在很美，可品德低劣，而另一个人外在不美，却拥有高尚的品德，那么，我们会选择哪类人来当自己的朋友呢？答案很明确。身外的东西未必都适合自己，而良好的品德和内在的美丽是人立足之根本，这些是中学生应该努力追求的东西。

做人不能有虚容心不要盲目从众：不要看到别人有什么新式的东西，就去跟潮流，以为别人有的东西都是好的，而不去考虑这件东西对自己有没有价值，不要让虚荣心留在我们心中，不要和别人攀比对自己没有意义的东西。

学生真正有意义的“攀比”是学习：学习的范围很广，学习各学科知识、提高各项能力、培养自己的特长，这些事情是学生时代要努力去做的，做好了，就等于有了资本，有了自己的未来。

三、富家子弟 AQ 的训练尤其重要

一本风靡欧美的成功学书籍《比 IQ、EQ 更重要的是 AQ》，呈现了成功的另一更重要因素——AQ。

IQ 即智商，大多数人都认可 IQ，认为高 IQ 带给人一份稳定的工作或学业。成功学家做了形象比喻：“在同样的环境下，有智慧的人有了发大财的运气，而没有智慧的人大概会被宰的只剩下一条短裤。”但智力好的人不一定就做出大成就，因为智力只是人生命运中一个要素，它只有和其它要素相组合，才能发挥制胜的作用。高 IQ 只是成功的一个有利因素！

EQ 即情商，每一个人都是社会一份子，时时处处都要与其他人交往，有的人处处想着他人，时时关心他人，把“以人为本”作为习惯性的思维准则，以此来善待他人，这是高 EQ 之人，高 EQ 有着融洽的人际关系。因此，EQ 的高低也影响着一个人的成功！

那么 AQ 是什么？在 21 世纪充满竞争与机会的今天，有些人在艰苦的环境中最终成功了，而有些人却在优越的环境中一蹶不振，更有些人在追求中功亏一篑。为什么没有坚持下来呢？问题就在 AQ 里面。AQ 即逆境商，高 AQ 能帮助人实现雄心壮志，成就非凡事业。

每个人都有IQ、EQ、AQ，只是高低不同，而正是由于高低不同的“三Q”导致了不同的人生。学生也一样，可幸的是IQ、EQ可以培养，AQ也可以训练，而对于富裕家庭的孩子来说，AQ的训练尤其重要。

《比IQ、EQ更重要的是AQ》一书对AQ赋予成功学新的理念：“AQ简单地说就是当个人或组织面对逆境时，以其独特的方式对逆境的不同反应，高AQ的人在面对逆境时从不退缩，他们会把逆境当作自己向前冲的垫脚石，即使在极端困难的时期他们仍会干劲十足，直到收获他们的成功。而低AQ的人在面对逆境时则认为自己前方路障太多而且又看不到尽头，尽而丧失前进的信心与动力，从自己成功的玄梯上滑落下来。”

高AQ者为什么能够在似乎不可战胜的逆境中仍能努力设法不断前进？许多心理学家认为，在我们人体内心深处有一种一直处于昏睡状态却能够改变命运的巨大力量，只有高AQ者能够将之唤醒，并使这种能量付诸行动！高AQ者就是凭借这种能量战胜一切困难，使生命发生革命性变化。

我所接触的都是良好家庭条件下的孩子，良好的家庭条件经常在不经意间滋养了低AQ的孩子，这些孩子丧失了战胜困难的勇气而无望沉沦。

有一个初二的学生，长得清秀，写得一手漂亮的字，住在大别墅里，而成绩一直很差。有一次我与他进行了一次长谈，谈话的结果让我很惊讶：

孩子说：这次考不好要离家出走了，不是自己要走而是妈妈要我走。我从小学三年级的时候就不想读书了。原本成绩还好，但小学三年级时的一次考试成绩不优秀，妈妈为此批评了我，而且很啰嗦，我很讨厌，从那时起，我对读书就没有了兴趣，慢慢成绩就差了下来。

我说：这次你有没有信心考好呢？

孩子说：没有。我不想努力了，我已经做好了出走的准备，反正是她（妈妈）让我走的。

我说：你那么计较妈妈的批评？学习不好你自己没有责任吗？

孩子说：我不想改变自己，因为她（妈妈）不改变自己。

我说：你妈妈是爱你的，她很着急你的学业，一直为你请家庭教师，而你却用这么残忍的态度对待你妈妈和自己。也许你妈妈的教育方法不够好，你不能接受，但你妈妈的批评是善意的，你连这点小小的挫折都经受不起，记恨了你妈妈六年！

后来他写给我一封信，表示要改正自己的缺点，努力学习。但最后仍然忘不了加上一句："如果妈妈不改，我的改变恐怕也不多。"

这个孩子具有一定代表性，许多富裕家庭的孩子养尊处优惯了，自己不思进取，而把责任推到他人身上，可谓 AQ 降到了极低。家境好本应该是顺境，可他们没有利用顺境提供的优越条件锻炼自己，更没有让优越的环境对自己产生积极的影响。

为什么富家子弟 AQ 的训练尤其重要，我仍然要用《比 IQ、EQ 更重要的是 AQ》里的言语来表达我的初衷："任何一个人的生存环境都不是一成不变的，每个人的一生都处在一种变化中，这种变化从时间上来说没有顺境和逆境的不同，顺是一种趋势，把握好这种趋势就能一帆风顺，如果因一帆风顺而志得意满，往往一着手便会踉跄落水。顺境对人生来说是一种随时可以裂变的因素，越是在顺利的环境下，越要倍加珍惜，否则由顺境转为逆境，会一下子把我们送入绝境。我们都企求顺境，殊不知顺境对人的腐蚀性有时比逆境对人的压迫危害更大。逆境对人的压迫是明显的，使人感觉强烈，顺境对人的腐蚀是悄悄的，让人不知不觉。"

四、处事贵在坚持，为人善于妥协

我们教育学生说："坚持、坚持、坚持下去就会取得成功。"正如有句话所说："坚持就是力量"，也许是为了力量，所以要坚持，但这股力量要用在什么方面，教师在教育孩子的时候可能忽略了。我想：所有的东西都要坚持下去吗？如果不是的话，那么什么东西是需要坚持下去的？"坚持"的主语是什么？难道做错了的事情也需要坚持下去吗？

不久前班里发生了一件事，再一次让我考虑"坚持"的"主语"是什么这个问题。

下课了，一位男生向教室外奔去，经过一位女生的桌子边，由于该女生的桌子没放正，笔盒和书本又摆放在桌子边沿，男生走得急，路过时撞了桌子，结果使这位女生的书、本、笔"哗"的一声全掉到地上。这位女生的性子也很急，面对这种情况就来火，于是干脆随手一推，把桌子掀翻，更大的响声从教室里传出来……

男生认为是女生桌子没摆好，挡了自己的路，女生则认为是男生走路莽撞，撞了自己的桌子，双方坚持己见互不相让。暂且不说道歉这个问题，就是谁主动去拣地上的书本笔也很难，"坚持就是胜利"这个观念在这两位学生身上似乎是根深蒂固，如果作为班主任的我不妥协，问题就复杂了，于是我首先妥协了。我把地上的书本笔拣了起来，把桌子扶正摆整齐，然后告诉这位女生：如果桌子这样摆放就不会被撞；也告诉那位男生，走路如果稳重一点，就不会撞了桌子。这件事情与老师无关，但老师却承担起这件事情的后果，他们觉得很不好意思，于是气也消了，主动道歉言和。事后，我问他们道歉后的感觉如何？都说感觉很好。

李希贵先生曾提出这样一个观点：该不该把妥协能力的培养纳入我们的课程目标，如果从课程的文化建设开始，通过我们的努力，把学生从传统的非此即彼的思考问题的方法中解放出来，在若干问题面前敢于妥协，在"Yes"和"No"之间更多地寻找一些处于中间地带的解决问题的方法，也许是我们这个民族的幸事，毕竟妥协是一种力量。并认为很多具有国际视野的人已经开始把妥协看着是一种素质了。

要妥协就应有让步，在我们生活当中，确实存在许多妥协与让步。对于青春期的学生来说，身心发育不协调而引发的矛盾导致该时期的孩子在情感、交友中出现许多矛盾和纠纷，由于意气用事常常使得矛盾尖锐化、纠纷复杂化，如果能够妥协和让步，那么对矛盾的化解和纠纷的缓和都有好处。

当然，我不赞同一味的妥协。比如许多中学生由于意志力不够，面对学习中的困难和压力，又常常放弃不能坚持。因此，我提出这样的观点：处事贵在坚持，为人善于妥协。

五、给有“过错”的学生“松绑”

我接触过几位孩子，他们犯的错误可以说很大，如果按照学校的纪律应该是开除或者是劝退，但我却让他们留了下来。为保护他们的自尊心，我对许多同学和老师都不讲他们违反纪律的事情，应该说他们内心没有受到什么伤害。目前这些学生的表现令人满意，家长也非常感激我对他们子女的帮助。

我是怎样对待这些有过错的学生的呢？

对待这些“过错”我不是大惊小怪，而是以平常心接受现实，因为学生在成长过程中都会犯错误，这与社会上的犯罪本质上是两码事。可为什么有些孩子最终把这种错误演变为社会犯罪？在很大程度上是家长和老师教育的失败。所以，面对学生的错误，老师采取的教育方法很重要。

孩子在犯了错误之后，心里一定产生紧张感，而教师的处理方法则会带来学生的不同的接受态度。我在处理过错之前，要先给孩子“松绑”，以解除他们的心理压力，减少对抗和抵触情绪。

一位学生触犯了学生纪律，这件事情影响很大，如果兴师动众地处理，这位学生定会受到舆论的谴责以致被他人歧视，这样做的结果是学生无法承受的，所以在处理这件事情之前，我为他做了“松绑”。

在班会上，我让学生讨论“抽烟”的问题：“抽过烟的学生算不算好人？”许多学生不置可否。因为如果按照学校纪律，抽烟的学生至少要受到处分，严重的要被学校开除。我接着说：“抽烟的家长算不算好人？”于是同学们开始争论起来。我又问：“为什么抽烟的大人不被处分，而抽烟的孩子却要被学校处分？孩子与大人都是人，可为什么大人与小孩要区别对待？”这时班里的争论更激烈了，好像热开了锅的水。

我告诉学生说：“国家没有制定不准抽烟的法律，所以抽烟不犯法，只不过是一种对身体不好的习惯。但如果小时侯就养成抽烟这个坏习惯，将来可能会吸毒，可能会去偷窃，如果酿成这样的结果，那就触犯了法律，到那时再后悔就晚了。学校规定不许抽烟，是从你们的健康成长以及好习惯培养等多方面考虑的，规定制定了，就要遵守，这样才是一个有教养的孩子，所以在学校抽烟就违反了学校的规定，是要被处分的。很高兴的是，我们班级没有抽烟的孩子。但虽然我们班没有抽烟的孩子，有些同学有与“抽烟”同等程度的坏习惯，可以说是很不好的习惯，违反了学校的规定。当然，中学时代有不好的习惯、偶尔违反学校纪律也没什么大惊小怪的，因为在人的成长过程中谁不犯点小错，谁没有点不好的习惯，改正了，照样是个好孩子，但不改将来可能会酿成大错。”

我在讲这段话时，一直注意这位学生的表情。由于班会的铺垫，后来我找他谈话，他很快就承认了自己的错误，他很后悔自己的行为，相信自己以后一定不再违犯。

美国斯宾塞·约翰逊在《孩子，你为什么不听话》一书中有一段精彩话语：“批评的目的是为了成就孩子而不是伤害孩子。所以在你批评孩子之前，请记住：孩子的行为是不好的，但他还是好孩子，这是成功的关键。当批评孩子的时候，要让孩子对自己的错误行为感到难过，但同时还要让他能保持很好的自我感觉。”

在教育的过程中使用恰当的教育方法有时会带来这么神奇的教育效果。

六、其实温柔离我并不远

这是一个比较特殊的女孩，性格有点男性化，行为不拘小节，举止大大咧咧，特别喜欢篮球运动。在我印象中，她喜欢模仿男孩的言行举止，穿着打扮得像男孩一样，留着短发，似乎从未穿过裙子。

同学们又是如何评价她的呢？

男生的评价：“你爱打篮球，爆发力很强，时不时在我们面前展示自己的球技。性格有些奇怪，即使一点小事也会生气，打骂常常不分场合，有点男孩子的气概，也许你想学男生，但我们真不希望你有这样的个性。”

女生的评价：“其实你是一个很可爱的女孩，本质也好，心地善良，但是你的一些行为破坏了你的形象。你看起来就是一个假小子，像男孩一样嗓门大，脾气爆，时常因为一点小事而大吵大闹，因为讨厌一个人，就对他／她产生憎恨。”

有一次班里统计女生人数时竟然忘记她了，可见，同学们在潜意识中已经把她列入了男生行列。

女孩模仿男孩的倾向，有人称为是“女生中性化”，为什么有这样的现象发生呢？我与一些家长、学生讨论，归纳起来有以下几方面的原因：

一是家庭的原因。有的家庭爸爸很优秀，爸爸的言谈举止、音容笑貌吸引了孩子，而母亲在孩子的心目中可能被排挤，这样就导致女孩比较认同父亲的性别，而不认同母亲的性别。另外，有些家庭只有一个女孩，父母对女孩的教育方式趋于男性化，希望女孩不要娇气，要像男孩那样能干、坚强，他们认为只有这样才能适应当今激烈竞争的社会。于是父母鼓励女孩在和人交往的过程中要能够影响他人、领导他人，在职业选择上要能够从事一些传统观念看来不适合女性的工作等。家长们还认为开朗大方的女孩不容易出问题，可以让父母更放心，沟通教育起来也更容易。

还有就是女孩本身的原因。有些女孩可能在小时侯经常受到不同程度的欺负，她们发现男孩有力量，跑得快，打架也是常胜将军，更有甚者，男孩可以做女孩不容易做到的事情，于是女孩心中充满着对这种力量、这种权利的崇拜与羡慕，时常模仿男孩的行为举止，做男孩子喜欢做的游戏与运动。

社会环境也是产生影响的一股不可忽视的力量。正处于叛逆期的女孩，“超女”形象很容易在她们心中占据主导地位，她们欣赏“超女”自然热情的男孩气，举手投足间的帅劲儿，所以拥有男孩的帅气和爽朗是让女生羡慕的事情，于是衣着打扮凸显中性美，她们认为这样阳光又洒脱。

社会很多专家、教师对“女生中性化”都有自己的看法，他们认为社会的发展趋势是两性平衡，而不是中性化，不同性别的人应该与社会关于性别的“原型要求”相适应。我认同这种观点，在我看来，优秀的男女往往既有本性别的鲜明特质，又巧妙地揉进另一性别的优点，女孩仍要有女性的美。作为她的老师，我希望通过自己的努力，尽快把她拉回到女性的行列。

这位女生有一个特殊而复杂的家庭背景，这样的家庭背景导致了她内心的不自信，她有意无意地通过男性化的言行举止来掩饰自己在某些方面的不足。

面对这位女生，我更多的是宽容理解。一方面创造条件帮助她进行性别角色的定位，告诉她不论是男孩还是女孩，都应在发挥自己“性别”优势的基础上向异性学习，克服自己性格上的弱项，取长补短，让自己身心得到全面发展。另一方面，我有意识地在她生日或其它节日的时候送一些女生喜欢的礼物给她，如项链、小饰物等，希望她在适当的场合把自己打扮得漂亮点。我也经常与她交流成功女性的故事，告诉她，许多成功的女性都是温和与善解人意的。有意识地让班里优秀的女生与她交朋友，谈谈女孩子的悄悄话。此外，积极与她家长取得联系，争取家庭在性别教育上的支持。由于大家的努力，渐渐地这位女孩在性格方面有了一些改变，安静学习与思考的时间越来越长了，她后来对我说：“其实温柔离我并不远。”

七、处理学生问题的六种方式

学生问题五花八门，在处理学生问题时，不都是像部队里教官训练士兵那样威严，毕竟，这是未成年人，是青春期的孩子。

孩子们经常会犯类似“口是心非”或“言行不一”的错误，也就是说，孩子本意不想那样，但情绪失控导致说了不应该说的话，做了不应该做的事情。不切实际的处理，会导致问题更加严重。如果想让他们善思好学，我们就必须尊重他们的感受，理解他们的心情，释放他们的情绪，引导他们的行为。当然，对于孩子，我们也不能他们怎么做我们就怎么放任，而是要按照我们的期望指明他们前行的方向。倘若我们批评方式不妥，孩子可能再犯同样的错误，甚至错误将愈演愈烈，不要说朝着我们期望的方向努力，最终的结果可能是背道而驰。

以下是我处理学生问题六种方式，当然，概括不一定全，仅作参考。

1. 方式一：和家长一起治理“迟到”

近来，有几位学生经常迟到，有的一天之内迟到 3 次以上，有的连续 3 天迟到，真让人头痛。“说教”与“惩罚”在他们身上已不灵验，但迟到这个问题最终还是要解决。怎么办？

一天晚修结束后我说：“从明天开始，对迟到的同学将有新的处理办法。”学生不知道是什么策略，好奇之余把我的话记住了。第二天、第三天没有人迟到，可好景不长，第四天有一位学生早上迟到了，我不动声色，但是打电话给这位孩子的家长，希望给予配合。晚上，这位孩子的爸爸来了，我把孩子叫到跟前，孩子看到自己的父亲因为自己迟到而来到学校，觉得很不好意思。我把记录本给他爸爸看，告诉他孩子这学期已迟到 9 次，并让这位学生自己向爸爸说明原因。孩子与家长沟通后，似乎认识到自己的问题所在，保证下不为例。我看时机已到，于是让学生定出短期目标，保证以后 7∶50 之前到学校。此外，还需家长做出承诺，如果孩子再次迟到，家长该怎么办。一位爸爸的承诺是：如果下次再迟到，他就马上把孩子的衣服带来，陪孩子在学校住宿。我要求孩子把自己的保证和家长的承诺都写出来，并贴在课桌的右上角。同样如此，另一位迟到孩子的家长也承诺：如果孩子迟到，就来学校与孩子一起在教室里听课。

“家长的承诺”在学生中激起了很大的反响，谁愿意让自己的家长来校“丢丑”呢！另一方面，贴在桌面上的“保证”就成了“法律”，学生同意贴在桌上，等于“法律” 生效了，这就把“诚信”教育与治理“迟到”结合起来了，中学生随便违背自己的“诚信”是很没面子的事情。这样一来，一段时间内就再也没有人迟到了。

2. 方式二：给孩子“选择权”

一段时间，一位学生上英语课总是没精打采，要么睡觉，要么发愣，所以英语考试分数很低。多次教育对他已不起作用，许多老师都觉得这个孩子已经“没救”了。作为他的班主任老师，我也觉得问题很棘手。上课睡觉或者发愣只是问题的表象，问题的根源在哪？找不到根源怎么解决问题？惩罚他上课睡觉，只会伤害孩子而使问题越来越严重，是否该换一种教育方式？

其实这位学生是个上进的孩子，可从小对学习英语就有抵触，正如他自己所说：“其实每次考完英语心里都不好受，英语拉了我的总分，我每次都很害怕听到英语这两个字，因为英语的困扰，我学习其它科目都没有信心了。”是呀，英语已影响到他学好其他学科的信心了。我想，这位学生问题的根源就是“英语恐惧感”，这种恐惧感已让他产生了自卑，这种自卑会产生一种让人退缩的“力量”。

而几乎所有的老师包括他的家长并不同情他的“遭遇”，而是对他说：不要放弃英语，要克服困难，你很聪明，只要努力就一定能学好的。其实这话不错，但这位学生告诉我，类似这种话他听得耳朵都长茧，很烦很不想听。他说其实自己在学英语上曾经很努力，父母也为他请了补习老师，可是补习后还是记不住，所以，他认为把时间放在学英语上等于是浪费。

原来，看似夸奖与鼓励的话语其实也很伤人，如果他努力了成绩上不去，这不就证明自己没有学习英语的能力吗！所以，越鼓励，他就越是找借口不好好学。

为什么这位学生不想听赞扬的话语？为什么赞扬与鼓励的话语对这位学生并没能起作用，反而导致他更不想学习英语呢？正如一位心理学家所说：“如果孩子被称赞聪明，那么他很可能不大愿意接受富有挑战性的学习任务，因为他们不想冒险而失去高分。相反，如果对孩子付出的努力进行夸奖，那么他们可能对于艰难的任务会更加坚持不懈。”

老师和家长的眼光不要只盯着结果（成绩），要关注孩子学习的过程，努力于寻找孩子优秀的学习品质，赞扬孩子在学习中表现出来的坚持与刻苦，鼓励孩子积极而勇敢地面对困难，指导孩子解决困难的方法，与孩子一起分享战胜困难的喜悦。

惩罚与鼓励都是可以选择的教育方式，但惩罚什么、怎么惩罚；鼓励什么、怎么鼓励等，老师要注意选择，不同的选择效果大不一样。

这样说来，何不试试给孩子“选择权”呢？

一天，这位学生上英语课又睡觉了，我把他叫过来，他站在我旁边一副懒洋洋的样子。我说：“我理解你的难处，听不懂，又要装模作样地坐在那里，确实不好受。我们不谈英语，聊点别的，谈谈未来的话题怎样？你对未来有什么设想？想过不考大学吗？是否高中毕业就闯荡世界更有挑战性呢？假如有两条路，考大学或者不考大学，你愿意选择那一条路？如果走高考，上大学升造的路，那么一定要学英语，哪怕英语考分不高，如果上不了理想院校，最起码也可以上一个中等院校；另一条路是不高考、不上大学，你高中毕业就可以走向社会，这样你现在可以钻研自己感兴趣的学科，比如你喜欢写作、研究社会问题、哲学问题等，这未必不能成功，走这条路你就可以不学英语。无论你选择哪一条路，我都支持你，但这是你自己的人生，你的人生应该由你自己来规划，请你三思而后行。”

这位孩子很认真地听我说，这个时候他一点睡意都没有了，是呀，这是在做自己的人生选择，他知道面对自己的人生选择是不可马虎的。

我对他的选择结果十分有把握，因为人的本能是不会随便放弃一件事的。果然，第二天，他告诉我还是要选择学好英语，将来参加高考。

要让孩子对自己的学习负起责任，明白学习是自己的事情，因此给予孩子“选择权”并让孩子明白“为自己的选择负责任”，这也是一种教育方式。

所以，在教育学生的过程中，不要随便指责、批评孩子，也不要随便赞扬孩子，批评孩子的时候是针对孩子所做的事情而不要否定孩子本人，赞扬孩子优点并不是肯定他一切。夸奖要恰到好处，能给孩子带来自信又不至于造成自傲或自卑，否则会使问题更加复杂化。我们可以给孩子提供一些选择，给予他们“选择权”，告诉孩子这是他们应有的权利，自己要对自己的人生负责。这样，任性的孩子会变得慎重起来，毕竟这是他自己的人生，对于自己做出的选择，自己岂能不负责任呢?

3. 方式三：情绪和行为要分开处理

一位女生情绪很低落，“我能帮你什么吗？”看着她委屈的样子，我同情地说。“我和妈妈真的很难沟通，我也知道她的工作很忙，但她有时说话真让人受不了，在她心目中我什么也不会，是个不能自立的人。”

在一个恰当的时候，我与这位孩子的父母做了详细的沟通，她妈妈说孩子做事太拖拉，自己有时不能忍受，所以有时对孩子拖拉的行为故意用激将法，夸大了缺点，甚至以偏概全，否定了孩子的全部。

孩子妈妈这样做原本是希望孩子能够被激发起来，但却导致了孩子情绪低落做事消极的后果。

这位妈妈错在三个方面：第一，批评孩子不能因一方面做得不好而否认孩子的一切，“全盘否定”式的批评不仅不能解决现有问题，反而会不断引发其他问题的出现；第二，父母对孩子要求严厉可以理解，但语言和行为千万不可伤了孩子的心；第三，批评孩子时“情绪”与“行为”要分开处理，在批评不端行为时一定要理解孩子的低落情绪。

批评孩子要注意方法，尤其对逆反期的孩子，使用训罚和激将等方法要考虑孩子的承受力。在教育孩子方面，正确的批评方法与错误的批评方法有着很大的差别。无论如何，在批评孩子时，不能伤了孩子的自尊心，不能对孩子情感上的快乐造成伤害。

美国心理学家海姆·G·吉诺特说：“大多数纪律问题包括两个部分：愤怒的情绪和愤怒的行为。不同部分应该不同处理。情绪应该得到理解地处理，行为可能需要限制和纠正。有时，理解孩子的情绪可能就已经足够解决问题了。”

4. 方式四："反差"教育

刚从成都灾区回来，5·12 震灾的悲伤还在隐隐作痛，心中为那些失学的孩子而惋惜，为那些失去家园成为孤儿的孩子而心痛，被强烈震撼的心灵仍在砰砰直跳着，而与此同时，班上的两位学生却在生活区里不守纪律并对老师说了粗话，这让我感觉到强烈的反差。

早上第四节课，语文老师以"路"为话题给学生上了一堂作文指导课，我在旁听。许多学生都谈了以"路"为话题的作文构思，有学生说：母爱是通向成功的路，要感谢父母的养育之恩；有学生说：中考是成功之路的起点，所以要努力学习迎接中考；还有学生说：走好自己的人生之路，少犯错误……有一位学生却这样命题：《谨慎，不要误入犯罪之路》，他的解释是：因为当犯罪之后再来忏悔，再去回想以前的美好时光时，那就太晚了。

我被这些学生的"路"感动着，我知道学生是懂得感恩的，知道自己的路该怎么走，但在行走的过程中、不经意中往往偏离了方向。所谓差之毫厘失之千里，在行为出现偏差的起始阶段，如果不及时纠正，后果正如那位学生所说的那样，将走向犯罪之路。

下课后，我把学生留下说我也有一个关于"路"的诗文，在网上流传着，特别感人，题目是《孩子快抓紧妈妈的手》，是送给汶川地震死去的孩子的。我读给学生听："孩子快抓紧妈妈的手，去天堂的路太黑了……自从倒塌的墙把阳光夺走，我再也看不见你柔情的眸……孩子你走吧，前面的路再也没有忧愁，没有读不完的课本……"许多学生听后都很感动。

"是呀，去天堂的路也不好走，漆黑一片的，想读书也读不了了……有生命多么幸运，岂能不珍惜，岂能不感恩，岂能对老师无礼呢！今天我们有同学却在生活区里不遵守纪律，对老师说了粗话，这多不应该啊。"

我用这种方式把因"反差"而产生的情绪传递于学生，教室里鸦雀无声，他们认真地听着，也许受我情绪的感染，孩子们的内心也不平静，也在深思着自己真正该怎么走自己的路。课后两位学生主动到我这里认错，并表示要向生活老师道歉。

5.方式五：比说教更有用的是讨论

一天，我把一学生叫到我的跟前说："今天我们要学一句孔子的话。"我打开一张纸，上面工工整整地写着如下文字：

孔子曰："不愤不启，不悱不发。举一隅，不以三隅反，则不复也"（《述而》）

愤：发愤；悱：想说又不知该怎么说；隅：角落或靠边沿地方。

这句话的意思是：如果一个人不发愤求知，我是不会开导他的；如果一个人不是到了自己努力钻研，百思不得其解而感觉困难的时候，我是不会引导他更深入一层的。

"我们为什么要学这句话？你先想想，开完班会后给我答案。"我说。

班会开始前，我让一学生把孔子的话语以及解释抄在黑板上，"请大家探讨一下孔子这句话语的意思"我做了开场白后说到。于是班级里开始了讨论，许多学生都阐述了自己的观点：

- 在教师传道授业解惑时，如果自己堵起耳朵、闭起嘴巴、合上眼睛、收起双手，知识将从何处进入脑子呢？换句话说：不用功怎么会学好？如果一个人不奋发向上，谁也救不了他，即使老师逼着去学也都没用，学习效率一定不高。孔子对学生的态度让我对学习有了反省：学习完全要靠自己自觉，自己的思想属于自己。外人既不能掌控自己的思想，也不能把知识强塞进来，没有一个学习好的学生，天生就是学习好的，学习靠自觉，靠努力，理想的成绩都是用自己的汗水换来的。
- 我认为孔子的话很有道理。确实，如果一个人不想学习，那么用"外力"捆绑他，强迫灌输知识也只是暂时的，终有一天他会"逃"得无影无踪。我认为大家必须主动学习才行，一个人再聪明，如果不主动学习，也只会像"仲永"一样，成为凡人。如果不是主动学习，最后的结局我认为不是学习的人放弃了，就是教学习的人——教师也会放弃，这样就浪费了两个人的时间和精力。可如果是主动学习，不仅学习的人努力学习，老师也可以愉快地教授，这样不是很好吗？

■ 妈妈把她朋友赠送的一幅“天道酬勤”的字画挂在大厅的墙上，为了提醒我们全家人都要努力工作，努力学习，因为老天只给那些工作、学习努力的人“报酬”，这个报酬不一定是指充裕的钱财，你也不一定感觉得到，但是久而久之的努力，你一定会受益无穷。努力、勤奋、积极向上的人，到哪里都受欢迎。而那些庸俗、懒惰、消极之人，会被社会所排斥。你要怎么样选择呢？我猜想，智者都会选择做受欢迎的人吧！

班会后，我再把那位同学叫来说：“现在你可以给我答案了吗？”他把周记本给我看，上面这样写到：“我对学习不够主动，这样下去可不好。玉不琢，不成器。人不学，不知理。学生只有努力学习，长大了才能为国家做出贡献。脑子里光有想读书的念头而不去努力是没用的，如果没有行动，心想不能事成。心动不如行动，心中有了念头就要去努力实现。”

为什么说“讨论比单纯说教有用得多”？一方面讨论可以营造一种积极向上的氛围，这种氛围充满着整个教室，感染着全班同学，进而产生团队的认同感，在这种强大的认同感面前，即使有不支持者，最终也得少数服从多数。另一方面讨论是深层次上的交流，同学们可以畅所欲言，许多问题还没有走到老师这步就迎刃而解了，他们凭借自身的力量来解决内心深处的纠结，一旦想通了，正能量的释放也就顺畅了。

6. 方式六：改正缺点先要转变观念

一位学生经常迟到，我同他多次交流，甚至也给予了处分，自己也写了保证书，但好了几天，迟到的毛病又犯。这位学生迟到有一个特点，一般不超过 5 分钟，经常是踏着铃声进来。一天晚修他又晚来 1 分钟，于是我把他叫到办公室，就有了一段这样的对话：

——“你是否认为迟到 1 分钟没关系？”

——“我迟到是有原因的。”

——“什么原因？”

——“打球伤了鼻子，所以打完球就去看医生，再吃饭，然后冲凉洗衣服，时间肯定不够。”

——“如果是晚上 6：30 的飞机，你还会迟到吗？”

——“不会。”

——“那你的时间从哪里来？”

——“不打球或少打一会儿球，时间就有了。”

——“6 : 30 的飞机和 6 : 30 的晚修，两个 6 : 30 是不一样的吗？”

——“晚修迟到 1 分钟有这么严重吗？”

——“迟到 1 分钟这件事本身并不重要，重要的是什么呢？一个人要重视小事，要重视细节，要重视时间观念，要信守诺言，这些是做人之根本啊！有一篇文章，题目是《素质只是不用提醒》，说国外厕所或垃圾桶边上都用中文贴上诸如注意卫生的字样，这些难度不大的行为，为什么要提醒？不迟到真是难度很大吗？为什么你总是迟到？我认为是你的意识问题。对于什么时候上学这件事，为什么要经常提醒？”

谈话进行了约 1 个多小时，我也给他例举日本注意细节的故事，看得出他有所醒悟，也许这次教育真的起了作用，因为后来几天他都提早到班级。

过了几天，他主动交给我一份反思，我看了感到欣慰：“老师，经过这次谈话，我真的认识到时间观念对于一个人来说有多么重要。我很感激您跟我讲道理，您给我讲了许多例子，让我深受感动。对于不懂是非的我来说，如果只是惩罚，我仍然不知道迟到 1 分钟有这么严重，不知道时间观念对一个人的重要性。今天我认识到迟到这件事本身是小，但影响很大，也许会影响我的一生。如果我能改正“无时间观念”这个坏毛病，那我真的很感激您对我的教育。”

八、用《班务细表》和“积分”来管理班级

走进我的课室，墙壁上贴的多半是学生的各类作品，花花绿绿的甚至有些零乱，或者朴朴素素的没有任何装饰，班里没有“班干部工作职责”之类的表格，但在一个比较显眼的位置上却贴上了《班务细表》和《个人积分表》。

1.《班务细表》的作用（附表）

八年级（2）班班务细表

序号	班务分工	序号	班务分工
1	负责英语学科工作	12	加餐管理、讲台卫生、负责地理学科工作
2	黑板报美工设计、负责历史学科工作	13	管理图书角、负责小组工作
3	组织集队、周记收发	14	负责小组工作、负责政治学科工作
4	组织搬水还桶	15	负责数学学科工作
5	记录、检查桌椅摆放情况 负责小组工作	16	班级电脑投影器材管理与使用
6	黑板报撰稿、作文辅助编辑	17	眼保健操督察员
7	班务工作记录员兼积分管理	18	中午、下午放学门窗、窗帘管理
8	负责物理学科工作	19	监督管理午休纪律
9	考勤记录、负责小组工作	20	轮值表、功课表、名言栏、黑板报文字撰写
10	负责生物学科工作	21	负责语文学科工作
11	上午、下午、晚修上学门窗、窗帘管理	22	负责关灯、关风扇、关空调

这张班务细表是怎么来的呢？为什么有这些班务分工？

首先我要讲一个例子：

我接触到一个学生，她从小学到中学一直担任班长，她的父母每每谈起总很得意，很骄傲，认为这个女儿很能干，这无形中给女儿施加了压力，于是她就开始在意自己的职务了，每年在评选班干部时总是很紧张，担心落选没面子。中学毕业后她对我说：班干部让我有了沉重的精神负担，现在我终于卸下了，可以不再做“蜗牛”了。

骨子里这位女生不想做班干部，可是每次都希望自己被选上，暂且不说来自父母的压力，可能更多的还是自己的虚荣心所致，是否“班干部”培养了她的虚荣心呢？我不得而知。

一方面，家长都希望老师给他们的子女一些职务，让他们的孩子得到锻炼。但班干部只有那么几个，因此每次也只有那么几个学生有机会，有些班级几年下来班干部不换，导致一些学生年年做班干部，在这些班干部当中，有不乏压力过大而导致其他问题产生的学生，也不乏另有些班干部不能以身作则，对他人摆起了官架子，使同学对其不满。还有些干部学生说：“做班干部得罪人了怎么办？所以多一事不如少一事。”这样的干部形同虚设。

另一方面，有些学生从小学到高中毕业从没有承担过什么职务，似乎只有被同学管理、被老师批评的份儿，长期下来且不要说管理潜能是否被开发，就是与人交往可能也会变得唯唯诺诺没有自信。

殊不知，“管”的不容易，“被管”的更不容易。

从教多年，感觉学校里大大小小的学生干部真多，大的有学生会各级干部，小的有年级、班级等各层级干部，一层层一级级地管理。长此以往，“管”者与被“管”者是否存在着等级的差异？“管”者是否只需“管”他人，“管”者如何管理好自己？“管”者做好自己的本职工作了吗？

如此下来，我不知道这些做法是否对学生在待人接物方面有影响？对学生能力的锻炼是否提供均等的机会？老师对学生的看法是否有“固执偏见”的嫌疑？教育平等吗？于是，在班级里就引发了关于“等级”与“职责”的讨论，如何理解“等级”、“职责”这些概念？如何做好“本分”？

提到“等级”，2000多年前的孔子就提出了这个概念。孔子是儒家学说的创始人，他在政治上提倡“君君、臣臣、父父、子子”，也就是维护等级制度，每个人在等级体系中都有自己的义务，任何人都不能僭越。

司马光在《资治通鉴》里对孔子的“等级”这样评说：“夫礼，辨贵贱，序亲疏，裁群物，制庶事。非名不著，非器不形。名以命之，器以别之，然后上下粲然有伦，此礼大于经也。”也就是说：礼教在于分辨贵贱，排比亲疏，裁决万物，处理日常事物。没有一定的名位，则不能显扬；没有器物，则不能体现。只有用名位来分别称呼，用器物来分别标志，然后上下才能井然有序，这就是礼教的根本。

“等级”形成，有道可言，我们暂且不去探究，但“等级制度”在当下管理中确有可借鉴之处。任何事物都有发生发展的过程，而弊端在刚发生时都很微小，如果忽略之，其将逐渐发展壮大，有能力之人考虑久远，所以能够及时发现，并谨慎对待这些微小的变故，及时有效处理；但许多能力普通之人，见识短浅，所以必然会等到弊端扩大才设法挽救。矫正起初的小错，用力小而收效大；救治已明显的大害，往往是竭尽全力也不能成功。正如《易经》所说：“履霜，坚冰至。”这就是“防微杜渐”。所谓“能者劳，智者忧”，有智有能者能够起到防微杜渐的作用，识近之众人又为何不听之信之呢？至此说明，我们应该尊重“等级”，服从“等级”管理。

关于“等级”观念，我只从“班级管理”这个小范围里面与学生谈观点，如果不明确“等级”观念，班级管理定会出现混乱。

在班级管理中，我希望他们有“等级”的观念。具体说，如果某同学负责某件事，那么这个同学在这件事上就是一个管理者，他要对这件事情总负责，他要考虑完成这件事的具体方案、措施，而其他同学要服从他的管理，积极配合、协助他做好事情，不能抬杠，不能从中作梗，这实际上就形成了一个“等级”。如果每位同学都有所负责的事情，他既要积极做好自己的本分，同时又都要协助他人做好其他事情，这样班级里就形成了许许多多的“等级”。大大小小的“等级”就像长长短短的“生物链”，这些“等级链”交错成网，形成一个班级管理系统，在这个系统当中，每个人都是自信、独立更是不可缺少的一成员，积极而有序的良性循环，使得每个人的决策能力、管理能力、协作能力都得到培养与锻炼，这些能力与品质的培养是多么重要啊。

基于这个想法，本学期，在班级管理时，我征求学生意见，实施“取消班干部而把班务工作分散到每一位同学负责”的做法。

第一步：引导全班同学理解“班干部的功能”。

培养班干部无非就是要培养一种管理能力，是否可以换一种方式呢？取消班干部把班务分工，每人都承担自己的一份工作，这样不也可以培养管理能力吗？而且还可以让每一位学生都参与到班级管理中来，我觉得这种方式最大的好处是让每一位学生得到管理方面的锻炼，培养做好本职工作的责任。

第二步：整理班务工作项目，让学生选择并完成自己感兴趣的工作。

有哪些班务工作？班务如何分工？我发给每位学生一张调查表，题目是：你愿意承担班级哪项工作？根据学生的意愿，我做了简要调整，于是墙壁上张贴的“班委干部一览表”被“班务工作明细表”所取代，这样的结果是全班“人人有事做，事事有人做”。

我对学生说：“如果说这种做法能够让一些学生的潜能得到发挥，明白一些管理的理念，培养做好本职工作的责任，培养协作力，能够自信自立，那么这种尝试就算成功了。”

2. 积分的管理

为什么会用积分来管理？怎样用积分来管理班级？

与初中学生打交道有两个难点：

一方面，进入初中的学生，由于自我意识的进一步增强，男生开始叛逆，脾气变得急噪，时常把丁点小事放大，无论对同学还是对老师总想争辩输赢；而女生随着年岁的增加，个子在长高心眼却在变小，容易计较，娇气十足，因此初中年龄段的学生事情特多。当然学生在成长中犯错属正常，但由于初中生与小学生相比，学问高了，“作案”技巧也在提高，老师不使用管理“技巧”，恐怕比较难解决问题。

另一方面，虽然是初中学生，但年龄仍不大，自控力仍不够，因此许多错误是“明知故犯”。比如学生都知道上学不应该迟到，可总有学生迟到，规定要做的事情本不要提醒，可有时提醒多次还是不记得做等，违反这些常规，老师与其讲理，学生见怪不怪，麻木不仁。或者把学生留在教师办公室“严刑逼供”，这样很有可能会出现“硬碰硬”，这不仅不能解决问题，而且老师可能从此在学生中丧失威信。如何巧妙地处理这些问题?

我通常用“积分”来管理班级。

全班同学都进入“积分”的游戏中，用这种“玩”的方式来教育学生，效果非常好，其发挥的激励作用也很大。

“班级积分表”张榜公布在班级公布栏里，我先送给每位学生 100 分作为每个学生的“基分”，分数的加减在“基分”上进行。何种情况下加分，何种情况下减分，有细则可循。加减分涉及学习、常规、活动、劳动、交往等方方面面。学生可以用自己挣得的积分取消其因过失得到的处分，通常是“15 分”取消一个“通报批评”，如果是一次“警告处分”，则需要“45 分”，以此类推。第八节自习课想出去玩，也可以拿“15 分”来换，通常学生都不舍得消费“积分”。

在班级管理中，我想方设法为学生提供加分机会，激励学生参与学习与活动，但从不放过对学生犯错的处分，只要涉及学生纪律，视其情节，就做出相关处分，“逼迫”学生使用自己“辛苦”挣得的“积分”，然后再“逼迫”学生“辛苦”去挣。

“积分”功效有四，一是累加效益，因为有积累也就有对学生良好过去的认可，不断地让学生体验成功；二是反馈及时，只要事情做得好，即可奖分，当然事情做得不好就免不了减分了；三是激励作用，因为奖罚分明，惟有把事情做好，才可以加分；四是用“积分”加减来奖惩学生，不会给学生造成过大的心理压力，在处理学生问题时也避免了与学生的直接冲突。

九、赛在周记本上的“心灵马拉松”

大家都知道“马拉松”的意思，可“心灵马拉松”又是什么呢？那是我的一个形象的比喻。

如果走入学生内心越深，就越感觉学生的思想意识里有许多东西需要去理顺。正所谓冰冻三尺非一日之寒，累积的问题也非一两次思想教育就能解决，这需要细心的发现、谨慎的对待、灵活的处理。这项长期的“思想斗争”被我形象地比喻成一场“心灵马拉松”。

这场“心灵马拉松”的赛场在哪里？在周记本上。周记是我了解学生方方面面的思想与动态和及时发现问题、解决问题的最好途径，同时，我也可以把自己的想法告诉学生，对学生的行动做指导。我把周记看成是师生沟通的桥梁，让我尽快走进学生心里，开导教育学生怎么做人做事，也为学生接受、信任我打下基础。

“周记”讲述了每个学生每周的故事，“周记”传递着师生的信息，沟通着师生的思想，影响着学生的思维。

在学生的成长过程中，一定伴随着一些怪模怪样的想法，作为老师如果能够在第一时间发现，第一时间解决，行走在成功之路上的学生可能快乐很多。

打个比方，巴拿马运河在没有开通之前，从美国东海岸到美国西海岸的船只只有绕道麦哲伦海峡行走，这使得麦哲伦海峡相当繁忙，因为它是连接太平洋和大西洋的唯一通航水道。而巴拿马运河开凿后，大大缩短了航程，也避免了航行中的许多危险性，因此巴拿马运河被称为“世界的桥梁”。

周记成了我与学生之间“心灵的桥梁”，这个桥梁建在了巴拿马海峡上，所以，我和学生沟通无需绕道“麦哲伦海峡”，直接通过“巴拿马运河”，这样大大缩短了我与学生之间沟通的距离，也避免了学生在成长过程中暗藏的许多险情。

我很用心地使用“周记工具”，周记题目的确定也颇为用心。

为了解学生的攀比现象，制止攀比风，《别人有，我也要有吗？》的话题在班里讨论开来。

为普及读书活动，让学生讨论读书的意义，我拟了《书里的世界》话题。

每个学生长大后都要为人父母，也许他们现在还没有意识到这一点，还不懂得要体谅家人，不会关注亲人，对父母的言语时常不理解，为缓解亲子关系，实施感恩教育，我让学生在《假如我是爸爸／妈妈》里进行角色反串。

由于是非观念不清楚，许多学生不能虚心接受批评，一篇《当我犯错误时》的周记让我及时了解孩子需要什么样的教育方法。

该用怎样的方式让学生接受青春期性教育和性别教育？《我什么时候谈恋爱》、《我心目中的女生／男生形象》、《淑女／男子汉意味着什么》帮助了我。

学习中，一些学生经常信心不足，为了激励他们，我让孩子们《对自己说：我能行》。

进行目标教育，培养孩子良好的学习习惯，鼓励孩子要坚强面对困难，就有了《我的人生目标》、《谈我的学习习惯》、《做坚强的我》。

孩子们的生活条件都很好，可为什么许多生活条件好的孩子反而学习被动呢？优越的家庭条件与孩子的健康成长是成正比的吗？孩子们有没有看到眼前的良好学习条件呢？是否珍惜优越的学习环境呢？于是题为《为什么女孩想吹灭“太阳”？》的讨论摆在了孩子们的面前。

我们通常说“男儿有泪不轻弹”，可是我们又往往发现如果坏情绪不发泄，可能会造成更坏的后果，所以在我的教育中，时不时让孩子们释放坏情绪，《尽管说》成了孩子们吐垢纳新的“转换器”。

古代老子曰：“天下事必做于细”，现代也有言：“细节决定成败”，这样重要的细节教育当然也是我教育学生的一个方面，我通过《小事也要一丝不苟》的讨论，打造美丽的“细节”文化。

有些学生课堂不遵守纪律却责怪老师多管闲事，这种自我为中心的思想作风破坏了良好的师生关系，因此，我觉得《“我”和老师换换位》的思考很有必要。

有学生说，老师拟的周记题目太精彩了，就像长在心里的“眼睛”，时刻透视着我们心理的变化；也像开在心里的“诊所”，时刻理疗我们心理的创伤。在周记里我们可以一“吐”为快，“吐”完了感觉真的轻松许多。

每篇周记我都详细批阅，对学生的一些正确观点，及时给予肯定，并向全体学生推荐，对在周记里暴露出的问题，及时给予帮助和引导，并与家长商量对策。来自周记的“心灵马拉松”不断地持续着，不断地改变着学生的一些思想和行为，对学生的健康成长大有益处。

十、来自“千纸鹤”的感动

圣诞节前夕，教室里挂满了千纸鹤，同学们很惊讶：是谁折了这么多千纸鹤呢？我给学生讲了一件让我感动的事情：我们班级一位女生每天都送几个“千纸鹤”给我，连续有一个星期了，教室里的千纸鹤都是这位女生折的。她为什么折这么多千纸鹤？只因为我随意说了一句圣诞会要用。

是呀，随意的一句话，就能让一位女生给我们全班带来了这么多的惊喜和感动。这几天我一直在想，这位女孩为什么能坚持一星期都做这一件事情，而且看不到任何抱怨，表现出的只是一丝不苟的态度。我对学生说我不能小看这位女生，是因为她那一丝不苟的态度。

“不抱怨而又一丝不苟”的处世态度对学生学习来说是多么可贵啊。有些学生不为成功找方法而总是为失败找理由，抱怨学习负担过重，作业太多，光阴在抱怨中浪费。也有学生做事总是虎头蛇尾，三分钟热情，这类学生也许看不上学习中的每个“小题目”，看不上课堂里的每个“小知识点”，学习也不能坚持始终。试想，没有每个“小题目”的积累怎么成得了“大题目”？没有每个“小知识点”的积累怎么成得了“大知识点”呢？

在班会上，我就“不抱怨”、“一丝不苟”等态度组织全班学生进行了讨论。

我告诉大家：喜欢抱怨的人忧心重重，这种人往往自寻烦恼，殊不知烦恼、忧愁是幸福、快乐的天敌。教育学生许诺下的事情就要做好，不要抱怨，所谓：“言必行，行必果”，这是本分。假如一个人没有一个正确的心态，就好像全身上了锁链，失去了自由的空间。所以我们一定要记住：什么事都要积极而努力地去做，世上没有什么便宜可以不劳而获。学生必须努力学习，才能拥有梦寐以求的丰硕成果。

其实许多学生是明白事理的，我从学生周记里也发现了他们面对不公平的乐观态度："往往有些人会抱怨世界的不公平，其实抱怨一点也没用，有时间抱怨不如珍惜时间，改变这种不公平。面对困难挫折，只要不逃避不害怕不恐惧，世界给予的不公平自然就会消失。"

在讨论"一丝不苟"时，我们首先从词的来源上找出词意。

"一丝不苟"出自清代吴敬梓《儒林外史》第四回："上司访知，见世叔一丝不苟，升迁就在指日。" 词中"丝"是量词，形容很微小的单位，一点儿的意思。"苟"苟且，马虎的意思，一丝不苟指做事认真细致，一点儿也不马虎。该词的反义词是"马马虎虎"、"粗枝大叶"、"草草了事"、"敷衍了事"。做事一丝不苟，意味着无论小事还是大事都很谨慎、认真、细致。我说"折千纸鹤"就是"一丝"的小事，正是这一丝小事，体现出了这位女生细致严谨的态度。有言云：那种认为小事可以被忽略、置之不理的想法，正是我们做事不能善始善终的根源，它导致学习不完美，生活不快乐。大家都知道积少成多的道理，试想没有小事的积累怎么成得了大事呢？学习在于积累，正所谓"不积细流，无以成江河。"在学习的过程中，学生要完成许许多多的学习任务，这些学习任务都是小事，只有重视小事，才能达成最终的大事。

十一、差生最缺少的是什么

法国媒体大亨巴拉昂用100万法郎作为专项资金奖励揭开贫穷之谜的人，他的问题是："穷人最缺少的是什么？"绝大多数人认为，穷人缺少的是金钱，另一部分人认为穷人缺少的是技能、帮助、关爱……那么巴拉昂的谜底是什么呢？——野心！

受其启发，作为教师的我有了这样的思考：差生最缺少的是什么？

我曾经与一位不爱学习的学生有过这样一段对话：

——你与其他同学相比，缺什么呢？

——不知道。

——你成绩不理想是爸爸妈妈没有给你提供良好的学习环境造成的，还是老师不关心你嫌弃你造成的？还是智力有问题？

——都没有。

——你认为你家很有钱吗？

——可能几百万吧。

——几百万在富裕阶层算不上多少。爸爸妈妈有没有可能把家产突破千万或亿？

——不清楚，可能有点难。

——你认为父母的学识怎样？

——不高。

——爸爸妈妈要把家产突破千万或亿，难的原因是什么？

——不是不勤奋，可能受到学识的限制。

——你有没有想过将来把你家的资产突破亿呢？

——没有。

从对话中，可以明显看出这位学生学习动力不足，那么动力的源泉是什么呢？难道是这个孩子缺少"野心"？

记得以前有老师激励学生勤奋学习的方法是在教室门口挂两双鞋，一双草鞋一双皮鞋，然后对学生说，学习不好的将来穿草鞋，学习好的将来穿皮鞋。现在看起来虽然觉得好笑，但在当年，大家都很贫穷而学习是唯一出路的情况下，用这种方法对学习还真起到激励的作用。

现在越来越多的家庭条件都在好转，再穷也不能穷孩子的父母们，想方设法为子女创造良好的生活与学习条件，尤其对那些富裕家庭，不仅穿得起"皮鞋"就是买汽车给他们都绰绰有余，那么富家子弟学习的动力在哪里？有什么方法激发这些孩子的"野心"呢？

据了解富家子弟中“差生”特别多，为什么环境越好学习越没有动力？带着这个困惑，我布置学生一篇周记，题目就是“差生最缺少的是什么？”我让学生深刻反省自己，并以第三者的身份写出来。

周记调查的结果如下：多数学生认为差生缺少的是“勇气”、“兴趣”、“信心”、“毅力”、“勤奋”、“激情”……

这些都是导致学习成绩差的直接原因，那么根本原因是什么呢？有一位同学的分析引起了我的注意，他认为差等生最缺的是“雄心壮志”以及对“学习有什么用”的正确理解。他说许多学生因为家庭条件好，想要的都有，自己的事情也有工人去做，不劳而获坐享其成，哪里会有什么雄心壮志？虽然以后也要成家立业，要负责任，但从来没有想过是否超越父母或让父母留下的资产翻倍。因此无法理解“学习有什么用”。

据此我推理出这样一个循环：没有“雄心壮志”，产生“学习无用”，导致“学习懒惰懈怠”，造成“成绩下降”，成为“差生”，这些“差生”“学习更没有兴趣”，更加缺乏“学习毅力”，学习更加没有“信心勇气”，所以就更没有“雄心壮志”，这样“差生”就更差了。

十二、当孩子走进初二时

有专家指出：与其说是孩子出了问题，不如说父母出了问题，至少青少年的九成心理问题来源于家长。

许多有经验的老师都称初二年级为“事故多发”年级，那么，当孩子走进初二年级时，家长、老师该怎么做呢？

有句话说：初一不分上下，初二两极分化，初三天上地下。因此，初二最要解决的问题是“分化”问题，要缩小两极差距。由于初二学生正处于青春期中期，是整个学生时期问题最多的时期，这就使得“分化”的原因变得纷繁复杂了。

哪些因素造成初二学生的分化呢？

1. 分化的背景

刚入初一的学生，对新学校有些新鲜和陌生的感觉，既好奇，又有着诸多的“不适应”，而当他们迈入初三，由于学业的压力，实感紧张焦虑，而初二恰恰是个放松和从容的阶段，有些学生因从容而自信，而有些学生却因放松而懈怠，这就是分化的背景。

2. 分化的客观因素

虽然这是一个放松而从容的阶段，但许多没有预计到的变化却悄然而至。

一种变化是成长。成长是必然，但成长过程中身体迅猛发育而心理成熟滞后的矛盾在初二表现得最突出，这种矛盾导致了身心发育的不平衡，身心发育不平衡是其它矛盾产生的根源。

紧跟着来的变化是思维方式的变化 。朱智贤、林崇德编写的《思维发展心理学》这样说道：“初二是从经验型向理论型发展的开始，也是逐步了解对立统一的辨证思维规律的开始。”这种思维的转变在初二又显得非常必要和迫切，这来自学习的需要。

初二年级学习发生了很大的变化。从初一至初三这三个年级来说，初二年级是学习科目最多的时期，与初一相比，由于学习科目增加和学习内容深化，使用逻辑思维和抽象思维日渐广泛，而由于不同学生理论型思维发育速度不同，因此学习也出现了分化。有些同学很努力但成绩上不去，有些同学却可以轻松冒尖。学习的分化产生后进生和优良生，一些后进生不思进取，慢慢养成不良学习习惯，甚至性格和品德方面都在弱化，而优良生由于学习略有成就，逐渐产生了学习的兴趣，在学习方面使用的时间也越来越多，于是就越有自信，越加乐观。

3. 分化的社会因素

（1）同学朋友的影响：一方面，与同伴交往、沟通的频率远大于初一七年级，而与父母、长辈、老师的交流频率则呈下降趋势。另一方面，从众心理对孩子的影响越来越大。因此如果孩子交友不慎，沾染坏习惯，不学好，下滑的速度就很快，因此树立正直、勤奋、积极的学生形象很必要。

（2）家庭影响：夫妻不和；家长本身品行不端言语粗鲁；重养轻教；父母双方教育态度截然不同；教育宽严失度或者溺爱或者严格得不近情理等对孩子性格、为人等方面的影响都很大。

应该怎样与初二年级的孩子相处？很多教育者都有许多优秀的教育方法，我在处理学生问题时也时常运用，现收集一些好的经验供大家参考。

①“皮格马利翁”效应反映的是一种力量，这种力量源自期待和因为期待而产生的赏识。孩子需要期待和赏识，赏识需要真诚，切忌夸张和勉强。从内心欣赏孩子是家长与孩子沟通和交流的必要前提。夸奖要恰到好处，能给孩子带来自信又不至于造成自傲。坚信自己的孩子在另外一些方面是优秀的，只是还没有表现的机会。

②批评孩子的时候是针对孩子所做的事情而不要否定孩子本人，肯定其优点并不肯定他一切。

③不要用成人的眼光要求孩子，要宽容待之，孩子毕竟是孩子，做事情不可能都尽如人意，设法了解孩子的想法和需求，做他们的知心朋友。

④没有权威的教育是不可思议的。这种权威是一种威信，没有强制的成分，是长期的平等交流，是在信任、理解、尊重下建立起来的，这种权威才具有良好的教育效果。

⑤孩子的确需要管理，让孩子自觉地控制自己的行为可以说是不可能的，而管理最重要的不是生活起居而是引导孩子做人和学习，言传身教是关键。要处理好“关爱”与“溺爱”，“权威”与“专横”的关系，不要有失偏颇。

⑥父母是孩子的监护人更是家庭教育者，在亲子关系中起主导作用，其中父亲的作用更大。聪明的父亲要注意不应将自己的养育之恩挂在嘴边，而是让孩子自己去体会和感悟父亲默默的付出和关注。父女关系的好坏与女儿进入青春期的早晚相关，父女关系好的，女儿进入青春期较晚。

十三、“凉水”降“躁”

今天第八节课，我把男生都留下来准备“教育”一番，但不知怎的，这些男生似乎都很愿意留下听我的批评，让我有火发不出。于是我说：“认为自己从开学到现在做得好的请举手。”14 位男生有 3 位举起了手，结果这 3 位男生遭到其他同学的强烈反击，3 个被狠狠“数落”一番的同学不好意思地把手放下，承认自己在某些方面还是做得不够。然后我把 14 位男生昨天考的数学分数一一背出来，表面上他们很是惊讶，老师的记性怎么如此好！心里却很高兴，因为老师对他们太了解了，太关心了。在这种氛围下，我开始“修理”这 14 位男生了。我把他们的错误归为几类：哪些同学在常规上存在问题，哪些同学在学习上存在问题，哪些同学在人际方面存在问题等。学生没有怨言，一一接受，最后 14 位男生心甘情愿接受惩罚——绕操场跑一圈，而且跑得很认真很整齐。

多数初中老师都有同感：八年级是动荡的时期，是矛盾纠纷最多的时期，同时也是初中最危险的时期。追究原因，都是“青春期”惹的祸。青春期是一个躁动多事的时期，尤其是男孩，经常发脾气，如果老师处理不当，不仅丢了威信还常常把事情弄糟。

事实上，哪个学生不希望自己得到老师的认可？又有哪个老师不希望自己得到学生的认同？那就要看师生之间相处的习惯了，这种习惯靠老师去培养。

我经常用凉水降“躁”，这种做法在我和学生之间效果比较好。由于学生喜欢我的这种批评方式，慢慢地“凉水降噪”就成了我与学生相处的一个习惯了。所谓“凉水”即是宽容，我宽容这些“躁动”的孩子，因为“躁动”是青春期孩子成长的正常现象，我理解他们，在处理许多事情上也经常在学生面前表现得很宽容，我也希望我的宽容能够潜移默化到学生身上，让躁动的他们也能够宽容地待物接人。

人是社会人，每个人都有差异，每个人都会犯错误，在人与人相处时，宽容别人，自己心里也宁静坦然。但宽容并不等于迁就，更不等于包容错误，对学生的错误仍然要批评惩罚，是非不分的宽容是软弱无能的表现，对学生的成长有百害而无一益。

在人生旅程中，谁都会遇到挫折，这个挫折是大是小，没有客观标准，完全由自己来决定。《于丹＜论语＞心得》里有这么一句话：一个人的视力有两种功能，一种是向外去，无限宽广地拓展世界；另一种是向内来，无限深刻地去发现内心。而我们的眼睛总是看外界太多，看心灵太少，真正做到宽容又是谈何容易！于丹讲了一个佛家故事：小和尚和老和尚下山化缘，途中老和尚背姑娘过河，小和尚就此事想不明白，出家人怎么可以做出这样的事情呢？老和尚则认为帮助人是应该的，只要心里放下即可。所谓“仁者不忧”就是让你的胸怀无限大，很多事情自然就小了。

十四、思考因“教官”而来

今天是学生军训的第一天，我对学生的表现很满意。教官的话很有感召力，对我管理学生很有启发。他说：“在军队里没有配合只有服从。”“教官的口令没有错的，教官怎么说，你就怎么做。”对于青春期的孩子，处于“事故多发阶段”的八年级学生，当他们的行为有失偏颇时，严格管理是必须的。

晚修时，我要求每一位同学都要写出不少于600字的军训日记，所有同学都按时按质完成了，令我感到欣慰。

从学生的军训日记中我了解到，我们班的教官只有20岁，却已经在部队训练了2年。我对学生说：“按照这个年龄，我们教官现在应该是在读大学，是读书的黄金时代，2年后他大学毕业，将来也许有更好的深造。但他初中就肄业了。我们可以预想一下他的未来：也许3年后他可能退伍，一个初中毕业生在社会上如何立足？到城市打工还是在农村种田？或者他努力学习考上军校，留在部队做管理，何去何从我们不得而知。你们与教官是同龄人，却有这么好的学习条件，如果你们不珍惜，人虽然在学校，但本质岂不是与教官一样也没学到什么？也许还不如教官，因为教官很有志气，工作很认真很有激情。”我的话虽然很短但给学生很大的冲击，全班出奇的安静，但我看得出来他们的内心并不平静。

都说八年级的孩子难管，可我觉得他们这学期特别懂事，也许我的引导开始发挥作用了。

有专家说：教育是一种态度，教师怎么对待孩子，孩子将会怎么对待教师，怎么对待学习，教师的言行举止表现出了教师的教育观念。

在我的心目当中，每一个孩子都很有灵气，每一个孩子都是可以教育好的。正如英国著名教育心理学家戴维 · 刘易斯说：“孩子如同一粒种子，一粒具有茁壮成长所需的一切条件的种子，只要有一块沃土和一个适宜的环境就可以开花结果。”所以我特别用心去观察每一个孩子的特点，希望能够找到不同孩子的不同的教育方法，引导、赏识他们，理解、尊重他们，给予他们成长的空间，耐心期待“果实”的到来。正如孙中山先生所说的那样：“心信其可行，则移山填海之难，终有成功之日；心信其不可行，则反掌择枝之易，也无收效之期。”

十五、篮球教育

看到自己班级的学生在篮球场上的雄姿，我真是很高兴。今天的篮球比赛可是我们一个班对付其他两个班的联合体，结果比赛成绩还遥遥领先。我班的男生真是爱“球”如命，球技高超。不仅篮球打得好，而且对与篮球的相关事情可谓了如指掌，更重要的是，“篮球”把男孩们团结在了一起，形成了一个和谐、有序、积极的男生集体。

“篮球”让我想到了“绅士”教育以及相伴而来的“淑女”教育。

大自然造化了男女，男女的差异在青春期表现得越来越大，男女生之间如何相处？这是青春期性别教育的重点。

西方古语“女士优先”一直在世界流传，并在西方成了习惯。社会发展至今，不仅仅是男士要尊重女士，女士也要尊重男士，无论在行为上还是在言语上，双方的交往都应该如此。譬如：文明礼让、谈吐得体、衣着整齐、谦虚谨慎等。

此外还要注意互相关心，有责任意识。

异性交往中要把握合适的“度”，要懂得是非观念，该做的事情要做好，不该做的事情坚决不做，有些事情条件成熟了可以做，有些事情永远不能做。

男生更应具备什么样的品质？坚强、宽容、自信……

女生又更应该有些什么品质？善良、贤淑、聪慧……

如何把这些观念融入到孩子们的生活中，使这些品质成为孩子们思想意识里的一个组成部分？

我想到了篮球，把篮球与绅士淑女的教育连在一起，我称这种教育为“篮球教育”。

“篮球教育”的核心当然是“球”了，“篮球”是男生的“宝贝”，我可以借“球”发挥，我和男孩子们一起把“球”玩活，让“篮球”成为班级的一种精神力量。我们知道，打篮球，输赢是常事，输了可以不高兴，但不能随便发脾气，不要随便指责他人，要从自身找原因，在“篮球”的竞争中学会宽容、谦让，学会配合、协调，在打篮球的过程中培养意志、磨炼毅力，锻造他们，使他们坚强、坚定。让他们因对篮球的兴趣而改变对其他事物的看法，能够乐观地、发展地、自信地看待自己。

女生的教育呢？

多数女生不喜欢篮球，但在男生强烈的爱“球”情怀感召下，也渐渐有了参与的意识与行动，班级因“球”而凝聚得更紧了，大家团结协作，互相帮助。这样“球”的话题自然就成了班级学习以外的主要话题，而有关班级赛事自然就成了班级学习以外的主要事情。于是有关“球”的工作和班级的日常工作就联系在一起了。我把班级的许多工作包括球赛安排等交给了女生，让她们参与组织与管理，借助这些工作，培养她们的灵活性和合作意识。在管理中她们懂得了关心他人，理解对他人负责的意义。在处理问题时学会控制自己的情绪，能够理性分析事件，学会忍耐和节俭。在成功的喜悦中，她们明白：淑女不是娇弱无才之辈。成功女子是善良独立、高雅贤淑、机智聪慧的女子。

十六、一个具有多元文化背景的班级

这是一个具有多元文化背景的班级，他们当中不乏诸如美国籍、加拿大籍、澳大利亚籍的学生，也有韩国、孟加拉国的孩子，以及来自中国香港和中国澳门的孩子，全班总共16位学生，但却是一个文化差异不菲的集体。

这个班级90%的家长都能用英语交流，多数家长接受或见识了西方教育的理念，他们有着较好的文化素养。

班级的授课教师以外教为主，他们来自英国、美国、加拿大、菲律宾等。

班级多样的关系线编织着复杂的关系网，在这个网络里，交织着不同观点的思想，不同风格的习俗。

面对来自中外的学生，我该怎样去管理教育好他们呢？

既然是中西合璧的班级，在教育中自然要秉行中国教育的严格要求，同时也要倡导西方教育的开放思想。结合青春期的年龄特点，我确立了“大气、阳光、博学、多才”的班训，实行“担当、宽容、阳光”的品行教育，树立“一个思想者、一个终身学习者”的教育目标。

但开始不久，班级就出现了许多问题，有三个最为棘手矛盾，这三个矛盾构成了班级最让人关注的三个焦点问题。

1. 焦点问题一：多元文化背景与人际交往困惑

孩子们来自不同的国家，不同的地区，面对新老师、新同学，对于本身就是一个矛盾重重的青春期孩子，这样一个多元文化背景，关系复杂的群体，他们该怎样和谐地相处？

2. 焦点问题二：中外教育价值观的碰撞

中西方教育存在观念的差异，比如“中国夸多识，西人尊新知。”

又比如“自由”是西方教育的一条重要原则，而中国避讳很深，强调“顺从”。这个班级的所有专业学科采用的都是英文教材，而其中有三位外教授课，那么，他们应该有怎样的学习过程？怎样的解题思路？怎样的命题方式？怎样的“分数”意识？

3. 焦点问题三：英语学习与中国文化传承的兼顾

该班所有学生、家长都很重视英语的学习，此乃必然。但在我与学生的接触中，许多学生对中国历史和文化的了解很少，学生的阅读面也相当狭隘，长期下去，不仅人文素养不够，语言能力的进一步提升也将大受影响。如何解决历史、中国文学等文化知识的课外阅读问题？

诸多的问题出现了，但解决需一步一步来，冷静思考，才有得当的方法，正所谓宁静而致远嘛。因为三个矛盾焦点不是集中、同时出现，而是渗透在孩子们日常生活和学习当中，所以，我首先还是从常规教育开始，从严格管理做起。

严格管理即为对学生的行为提出非常具体的要求，让班级“人人有事做，事事有人做”，让每一位学生在做事中规范行为举止。随时随地提醒学生站要昂首挺胸收腹；坐要端正如钟；读要声音洪亮，发音标准；听要尊重他人，不随意插嘴，不打断他人说话；说要眼睛平视，体态自然大方，有感染力；写要字迹工整美观，有格式；做要务实担当。这些为我教育学生“行有所本，礼有所循”做了铺垫。

在日常教育中，我告诉学生要做一个有教养的孩子。何为有教养，乃遵守规定。校规、级规、班规形成后，都要遵守，允许有不同意见，但须通过合理渠道反馈。我给学生一个宽松、开放的思维空间，引导学生对事要一分为二地看待，但最终都要挖掘其积极的一面，发挥其正面的力量。这样，在同学相处中，尽管文化观念不同，但也能彼此谦让，团结友爱。

“一个思想者”应当具有什么样的思想呢？对于正处于世界观、方法论、价值观形成阶段的青春期学生，是否要开始探讨一些这样的问题：生命的意义在哪里？应该敬畏什么？有志的青少年应当树立什么样的社会责任感？是否应该关注并参与到社会、国家的发展中来？怎样为祖国的发展做贡献？

青春期的孩子最需要指导和关心的是思想，这是灵魂的发展。我希望这个时期的孩子要阳光自信，关心国家大事，懂得思考，有自己的思想与观点。因此，我经常引导他们对自然、对社会、对生命、对真善美的思考，希望能够挖掘到孩子们的一些人生感悟，激励他们面对困难勇往直前，让生命绽放出更绚丽的光彩。

培养“终生学习者”一方面要培养学生永久的甚至是终生的学习兴趣，另一方面就是要提高学生的有效的学习方法。

对应于“终生学习者”的培养，我选择了“开放教学”的模式。“开放教学”即为给学生一个思想自由的空间，放手让学生自主学习，掌握适合自己的学习方法。晚修时间是属于学生自主学习的时间，我充分利用这个时间指导学生如何预习、复习。对于全英语教材，如何阅读课文是个难题，我要求学生买字典，对于不懂的专业词汇，要记录下来，自己编辑专业单词本，时常复习。在我自己所教的学科中，利用开放性作业，培养学生探究新知的积极性，以及学会如何批判性地吸纳知识，内化为自己的东西，学习掌握科学的探究方法和做结论等。此外，我利用自己的课堂，给学生充分拓展思维、提供展示表演的机会，我告诉学生，分数并不重要，重要的是勤奋的学习过程，是逐步形成的睿智思想，是善于洞察分析事物本质的能力，是灵活解决实际问题的方法步骤。在这个平台上，在这个过程中，学生的“终身学习者”素养得到了养成和升华。

十七、花未全开、月未全圆

印第安人有句古谚语说："别走太快，停下来，等一等灵魂。"他们认为，肉身和灵魂脚步的速度有时是不一样的，肉身得走太快了，会把灵魂弄丢了。弄丢了灵魂的人只是一具躯壳，没有了人性以及让这个世界和谐的真善美。当然，这句话只是喻意。

然而在我们现实当中，确实存在一类人，他们经常是走在灵魂的前面，说得具体一点，就是身体走在思想的前面，他们有着成人的身体，却只有孩子的思想。这些人正处于花未全开月未全圆的时候，他们就是青春期的孩子，

"身体走在思想的前面"是什么意思呢？意味身体的发育比思想的成熟要快些，身心发展速度不一致从而导致身心发展的不平衡，这种不平衡会引起许多矛盾的出现，因此，青春期成为了一个特殊的时期，心理学家把这一时期称着"急风暴雨"时期、"事故多发阶段"。

这些"走在灵魂前面的人"有没有停下来等一等自己的"灵魂"？有没有等到自己的灵魂？他们的身心发育健康吗？教师之于教育，应该做些什么？面对一群"烦恼躁动的少年"，身心发育速度不够协调的青春期的学生，我们又该怎么做？吴非先生在《前方是什么》这本书里这样说："我觉悟到教育的目的其实极为简单，教育，是为了要让学生像人一样地活着，要让他们像人一样幸福美好地生活。"

老师该怎样与这些"身体走在灵魂前面"的人打交道的呢？怎样才能让这些人幸福美好地生活呢？

以平静之心包容躁动，以和谐之气化解烦恼，与他们平等相处，这就是和谐的师生关系。这种和谐不是"一团和气"，不是零距离关系，不可过于亲密无间，而要掌握好亲疏的分寸，要为"刺"留下生长的空间。于丹在《论语》里面对人际关系是这样分析的：她说禅宗里面有句话说："花未全开月未圆。"花全开了，马上就要凋谢了，月一旦圆了，

马上就要缺损了，而未全开，未全圆，仍使你的内心有所期待，有所憧憬，这是多么美丽的时机啊，这不就是青春期吗！青春期的学生彼此之间相互独立而又相互尊重，彼此之间做好本分而又团结协作，这就是一个积极向上的团队。

迈入初中第一台阶就要培养良好的习惯，让孩子成为一个有教养的人。第二台阶就是要打破“逢二必乱”的常规，力争“二不乱”，最大限度缩小两极分化，为顺利接轨初三做好心理与学习铺垫。为实现教育理想，我们要优化我们的教育方法，有了好的教育方法，才有高的教育效率，才能降低教育成本，达到事半功倍的效果。以下八条教育是青春期孩子不可缺少的教育，在前面各章也陆续有所描述，由于比较重要，所以在此再做归纳强调，希望无论家长还是老师千万不可小视它们：

1. 青春期性别教育是初中的教育特色

对于刚步入青春期的孩子来说，女孩比男孩约早发育两年，所以女生的青春期教育及生理卫生知识的普及要尽早开始，随着青春期发育的明晰化，到了七、八年级阶段，男女生的性别教育就到了最关键的时期。

一个国家的公民素质决定这个国家在世界的形象，我们希望孩子长大后都成为绅士淑女，怎样定位“绅士”、“淑女”？“绅士”、“淑女”的含义又是什么？如何去培养“绅士”、“淑女”？我认为性别教育是培养“绅士”、“淑女”的基础。

2. “读书”是初中教育的主旋律

“读好书、做好人、健好体” 应当是教育的一贯重点。通过“读书”，增加学生的阅读量，提升学生人文素养。通过“读书”，让学生形成“良好的态度”，拥有“睿智的学法”，懂得“做一个高尚的人”，具备“健康身体”的意义与价值。

读书可以丰富孩子的精神生活，对孩子正确的价值观和人生观的形成起到潜移默化的作用。阅读的过程是孩子了解世界、思考社会问题的过程，孩子通过阅读反省自我，从而养成内省和深思的习惯，因而它对孩子的成长至关重要。阅读不仅仅是语文课上的问题，阅读能给孩子一个世界。

八年级是阅读各类益书的黄金时期，该年龄段既无九年级中考压力又无七年级人际交往压力，处于相对悠闲时期，这使得他们像海绵一样有汲取知识的空间，而身心的快速发展和发育又使得他们急需用知识去“滋补”，借此契机，掀起读益书的高潮。通过美文赏析，参透人生哲理，让学生懂得如何克服困难，笑对人生，如何善待他人，看他人成功事例，为人生明确方向。

3. 班会、周记是初中实施思想教育的主战场

每周一篇周记一节班会是教师与学生有针对性进行思想交流的主要方式。

通过周记老师可以了解学生方方面面的思想与动态，及时发现问题、解决问题，同时，老师也可以把自己的想法告诉学生，对学生的行动做指导。周记是师生沟通的桥梁，让老师尽快走进学生心理，开导教育学生怎么做人做事，也为学生接受、信任老师打下基础。

班会是百花齐放、百家争鸣、集思广益的契机与场所，学生在班会上可以发表自己的看法，教师可以利用班会鼓舞士气，树立榜样，也可以利用班会课对学生进行身心健康教育，减少学生因自己的身心发育而带来的恐惧和不适应，帮助他们健康成长。

4. 家庭教育是孩子又一个教育平台

好父母能给予孩子幸福，而懂教育的父母却能给予孩子成功。每个父母都爱自己的孩子，那么父母成功的爱是什么呢？

这个世界上一切的爱都以聚合为最终目的，只有一种爱以分离为目

的，就是父母对孩子的爱。父母成功的爱会使孩子尽早地作为一个独立的个体，从你的生命中分离出去，这种分离越早，父母就越成功！

父母成功的爱，一方面表现在父母在给予孩子一个独立的个体的同时还要给予这个个体一些成长的空间和时间，如果把孩子压得太紧，“生命的小芽儿”就发不出来了。真正的教育并不是强加于人的。有教育专家认为，给孩子一个宽松的、没有太多压力的氛围十分重要，激发孩子好奇心和求知欲，培养孩子广泛持久的兴趣，在孩子无对抗情绪的情况下进行教育，这才是孩子教育取得成功的真谛。

5. 诚信教育是培养严谨、诚实、守信学生的主渠道

“诚信”教育不是大而空的教育，对中学生而言，我们让学生遵守小小的许诺就可以完成“诚信”教育。当学生知道有错并保证下不为例时，我们时常让学生把自己的许诺写出来，贴在课桌上，让学生自觉遵守，这就是最简单的“诚信”教育方式，这种教育会形成孩子遵守纪律的稳定性，进而形成习惯。

6. “坚持与妥协”教育，让学生树立健康豁达的为人处事观

对于青春期的学生来说，身心发育不协调而引发的矛盾导致该时期的孩子在情感、交友中出现许多矛盾和纠纷，由于意气用事常常使得矛盾尖锐化、纠纷复杂化，如果能够妥协和让步，那么对矛盾的化解和纠纷的缓和都有好处。

当然，也不赞同一味的妥协。譬如许多中学生由于意志力不够，面对学习中的困难和压力，又常常放弃不能坚持。因此，在我们工作中纳入这样的教育：处事贵在坚持，为人善于妥协的“坚持与妥协”教育。

7. “尊敬与宽容”教育，让学生拥有文明乐观的品质

校园里的人际关系中，非常重要的是同学关系和师生关系，这两种

关系对学生的成长有着深远的影响，也直接影响着学习效果。因此在日常学习与生活当中，注意培养学生对教师的尊敬与对同学的友爱。

8. 迈入九年级的极其重要的过渡教育

八年级是一个特殊的时期，是青春期身心发展的不平衡所导致的矛盾相对集中的时期。张伟的《八年级决定孩子未来》一书认为："八年级是学业和成长的分水岭——八年级的孩子在学习上处于突变期，发育上处于青春期，心理上处于关键期……这个时期需要对孩子的教育做出及时的调整，为孩子的未来打下坚实的基础。"

八年级的学生躁动不安，这是不争的事实，我们理解接受这个现状但不能放任不管，任其发展。如果顺其自然，将对九年级学习以及中考埋下隐患，而如果衔接工作做好了，则为九年级发展做好铺垫。而对于八年级这个"非常时期"的管理，思路与方法显得尤其重要。

八年级之所以有些特殊，是因为心理发育滞后于身体发育，思想不够成熟，对世界的看法与人生的看法偏激，因此，要根本性地改变这种状况，除了要与学生做好沟通外，很重要的一点就是要做好学生的世界观与人生观教育。因此，有的时候，尤其是八年级的第二学期，我们的教育主题可以涉及到生命价值探讨、死亡教育、目标意义探讨、目标设定及统计分析、寻找分析自己的理想名人、决定学习效率的因素探讨等等很大的教育主题。

对于即将迈入九年级的孩子们，我希望你们能够记住下面四句话：

第一句话：用热情编织自己的生命；

第二句话：对待小事也要一丝不苟；

第三句话：不要拖欠任何事情；

第四句话：积极的人，社会永远需要。

我告诉学生：生命靠自己去编织，编织生命的线很多，但不能少的生命线有四条：

第一条：健康线；

第二条：道德线；

第三条：智慧线；

第四条：能力线。

本章小结

据说，玫瑰花的种类多达一百种，但常见的是红、黄、粉等花色。

有一天，一位学生画了一幅玫瑰图送给我， 选择的颜色是蓝的。我好奇地问，为什么要画蓝玫瑰？她说，这是海洋和天空的颜色，是包容的颜色，这个颜色看起来很舒心，能让我心境安宁，心情平静。我领悟了，原来这是与青春期互补互容的颜色。

接着，我又问她是否喜欢玫瑰的香味，她说这个味好闻，能给人振奋的感觉。我说，玫瑰具黏性气味，非常浓郁，玫瑰散发的香气会散布很远，可用“馨香”两字来描述。馨香通常指品德美好而高尚，所以有“赠人玫瑰，手有余香”之说。

玫瑰是可以品色品味的。

多少年来，我都在做着这件相同的事——品读玫瑰，品读它的色，品读它的味。我的眼中不仅存储着蓝色，还有红色，黄色……不同的颜色写真着不同孩子的性情。我的手留有玫瑰的余香，而事实上，我的整个身体甚至灵魂都沁入了玫瑰的芳馨。

青春期的孩子本意善良上进，可有时候为什么会表现得那么不尽人意？

让我们仔细想想，到底不尽的是谁之意呢？难道说我们随意去折“刺”而被刺痛的感觉就是不尽人意？我们用折“刺”的方式来教育孩子，这是他们需要的吗？我们读懂了那些送“蓝玫瑰”图的孩子吗？有没有给予他们足够的可以长“刺”的空间？

亲爱的师长们，请给予足够空间，以容纳孩子们释放的担心、伤心、烦恼、失望和愤怒，让孩子们感觉到你们的理解和宽容是多么的重要。

亲爱的师长们，对待孩子的问题，首先要平静自己，然后再使用正面的语言沟通，采用恰当的方法指导。

亲爱的师长们，对孩子光有爱是不够的，在教育孩子的许多方面还需要懂得技巧。

这样一路走来，孩子们将会成为正直、宽容、有勇气、能担当的品质高洁之人。

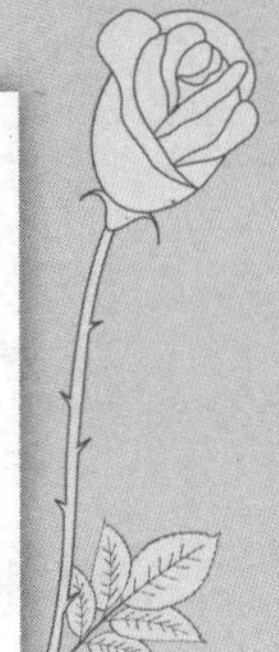

第六章
教育因“刺”而精彩

子曰：“性相近也，习相远也”，因而有“射不主皮，为力不同科，古之道也”之说。有了多彩的玫瑰花，定有多姿的玫瑰刺，教育因“花”而美丽，教育因“刺”而精彩。于是，我有了对自己、对教育、对教学的一些思考。

孔子有三千弟子七十二贤人，而我至今也已施教不下千人。长期从事中学教育工作，我对这个特殊阶段的孩子有着特殊的情感，从这些孩子的身上我感受到了生命的气息，他们每天都在成长。孩子的成长促成了我的成熟，让我有了成功的喜悦，更让我觉得教育好这个重要而特殊阶段的孩子的责任与使命。

陶西平先生在《一路走来》一书里有一篇《珍重花样年华》的文章，文章说："任何一个教育阶段的重要性都取决于它任务的特殊性。就像一棵树，生根、发芽、开花、结果，哪一阶段都有自身担负的使命，都对生命的成长起着重要的作用。哪一个阶段出现了问题，都会使生命的链条断裂，从而对成长产生至关重要的影响。初中教育正是终身教育中一个承担特殊责任的学段，它必须引起全社会的高度关注。"

我感觉到自己肩负的神圣使命，我希望通过自己的力量让这些"玫瑰"绽放得更美丽。

于是我有了对自己以及对教育的一些粗浅思考。

一、关于心态的两个观点

1. 观点一：好心态是一种好的生活方式

开学第一天我在新教师培训会上以《好心态是一种好的生活方式》为题做了一个简短发言。

有句话说幸福是一种感觉，人要生活得幸福就要从感觉开始，感觉是什么？是自己。我们要改变自己，就要从"心"做起，使自己拥有一个良好健康的心态。我发言的内容分为三部分：

（1）和谐人际默契关系

良好的团队关系是事业成功的基础，尤其对教育事业，因为我们所从事的是“人”的工作。人与人相处时，“和谐”特别重要，和谐的人际关系在一个团队里面具有重要意义。当人际关系达到和谐时，人与人之间的配合也就默契了，“默契”是人际关系中一种较高的境界。

在一个生态系统内，当生物量的循环达到一定程度时，这个生态系统达到了平衡，系统内的生物建立起一种相互依存相互制约的关系。如果用人际平衡来说的话，当人际关系处于一种平衡状态时，人与人之间相互帮助相互支持，和谐默契，这是一种良好的团队关系。

“心理容量”的大小是建立人际平衡的前提。一个人的心理容量要足够大才能容得下一些事，才能不计较一些事。人的心理容量有这么大吗？那就要看人的修养和修炼了。

《于丹＜论语＞心得》里面有这么一句话：《论语》的思想精髓就在于把天之大地之厚的精华融入人的内心，使天、地、人成为一个完美的整体，人的力量因而无比强大。人的意义跟天和地是一样的，天地人并称为“三才”，人可以与天地相比，但只有当天地之气凝聚在一个人心中的时候，他才能够如此强大。如果人的心胸修炼得如此宽广，那么又有什么不能容下呢？

（2）做深工作做强自己

“深”就是“钻研”，每个人要使自己有一技之长，简单地说就是做什么是什么。“强”就是“适应”、“接纳”、“生存”。

恐龙在2亿年前来到地球，统治地球达到1.6亿年，但在距今6 500万年前突然灭绝，无论是哪种原因，总之是不适应环境。蟑螂在3亿年前就来到地球，这种令人讨厌的“小东西”到现在仍然生活得好好的，人类至今无法消灭它们。这种“小东西”生存能力极强，耐高温耐低温，据说它不吃东西可以活30多天，不喝水可以活90多天，而且繁殖能力极快，哪怕是死了还能繁殖。恐龙和蟑螂谁大？谁强？不言而喻。

有个企业家说：因为我们解决了老百姓的生活，有了付出，所以被老百姓接纳，因为接纳，所以发展得更快了。这是一个简单的道理：有付出就有回报。

人要不断地学习，培养自己的悟性，尽快适应新环境，同时努力工作，被新环境所接纳所认可。

（3）善待自己善待学校

《论语》里有句话："夫子之道，忠恕而已矣"。简单地说就是做好自己，同时要想到别人。做好自己则要先善待自己。"善待"则要有一个积极快乐的心境，主动做事比被动做事效果要好得多。

记得有一个企业家这样说过：你可以对我不负责任，但不可以对企业不负责任。选择了，就相信自己的选择，只有这样才能积极而快乐地工作。

"谦受益，满招损"是中国古训中一直强调的命题，谦虚才能时刻保持谨慎、才能保持完满不致亏损。人一旦对自己的功业成绩骄傲自满、得意忘形那么他注定要吃亏，这是一个千古不变的法则。

2. 观点二：积极态度可成为一种习惯

在教育界广为流传着这样一个故事：二战时期，德军曾经把一批革命者抓起来，押在一个特制的牢房。犯人没有机会跟人说话，也看不到阳光，让犯人在阴暗、潮湿的小房间里每天编织篮子，天天做这种机械、单调、重复的劳动。几个月后，已经有好几个人变得很憔悴、很忧郁，得了精神病，有的人不堪这种折磨抑郁而死。四年下来，这批人中只有一个活着走出来，而且很健康，满面红光。他靠得是什么法宝？那就是热爱编织。他想办法每天编织一个新花样，反正是编嘛，与其痛苦地接受，不如愉快地拥抱它！他刻意寻找编织的乐趣，不仅健康地出来了，而且还成了一个著名的编织师。

看了这则故事，我不禁感叹到："消极"与"积极"的人生态度竟然产生如此之大的生命反差！消极的态度可谓慢性自杀，积极的态度让人生之路洒满阳光！

积极的态度会让学生把学习当成快乐的事情，把学习当成是一种乐趣、一种享受、一种需要。成绩好的学生并不是最有智力之人，但一定是热爱学习、善于学习之人。

积极态度对人生如此重要，如果把积极态度转变成习惯，那人生会是怎样的呢？

美国阿尔伯特·哈伯德写的《把信送给加西亚》里有这么一段描述：习惯是一种你有意无意去做的事情。我们被我们的习惯所控制。当习惯还不成熟时，它们就像幼狮，像柔软的、毛绒绒的、可爱的、嬉戏的小动物。它们一天一天地长大，终于控制了你。

我感叹：习惯是如此重要！

于是我有三个问题需要思考：

通过什么途径培养积极的态度？

可否把积极的态度培养成习惯？

怎样使积极的态度成为一种习惯？

我认为积极的态度应当从培养、激励兴趣开始。就学习来说，许多专家都认为学习兴趣与学习成绩、学习信心具有明显的相关性。一般来说，学生喜欢一门课程，这门课程的成绩就比较突出。而对学习毫无兴趣的孩子，不可能主动学习。人对某事一旦有了兴趣，那么态度自然就积极了。

用激情去点燃学生求知的欲望吧！让课堂活跃起来吧！生动的讲解和奖赏的激励就像“羊鞭”，把一群可爱的羔羊引向美丽的地方 。

如何培养习惯呢？美国科学家的研究表明：21 天以上的重复会形成习惯，90 天的重复会形成稳定的习惯。也就是说一个动作重复 21 天就会变成习惯性动作，一个想法或行为状态重复 21 次就会变成习惯想法或习惯性状态 。

教育家洛克在《教育漫话》中说到：儿童不是用规则可以教育好的。我相信，积极的态度可以通过训练达成。

曾有一段时间，我班学生上英语课不积极，英语老师用了一些办法也不见效。作为老师都很清楚，课堂不活跃，教学效果会大打折扣。消极的课堂怎能可以长期持续下去呢？长期的消极将演化为一种习惯，到那时就很可怕了。怎样训练学生积极发言的课堂行为呢？

我尝试用奖励“积分”的方式来训练学生积极发言的课堂行为。

我连续跟班听课，每次都把主动举手 5 次的学生名字记录下来，公布在班级“布告栏”上，加以表扬，并奖励 5 分，对积分高的学生给予其他的奖励，这样英语课堂很快就活跃起来。

习惯培养是一个持之以恒的过程，必须连续重复一定的次数才可以养成，所以贵在坚持！

二、走进课堂之后

父母把孩子送进学校交给老师，这意味着什么？而老师再把学生送出学校交给家长，这又意味着什么？学生怀着希望来了，又是怎样的状态离开，这还意味着什么？

教育的主要阵地是课堂，我们不禁要问：老师走进课堂之后应该做好哪些事情呢？教师应该怎样用好课堂？

1. 思考一：怎样让学生感觉到学习是一种快乐

许多时候，学生不喜欢某些课是因为在这个课堂里学生不快乐。让学生感觉到学习是一种快乐会极大地激发学生的学习兴趣和热情。所以，教师要用心设计课堂，让学生参与进来。

记得又一次，我刚走进课堂，一学生就迫切地问我："老师，今天我们'走'哪里？""往内走，看看中国的行政区。"我回答。

《中国行政区划》这一章节内容比较枯燥，但学生的学习兴趣却很浓，一下课就有许多同学把作业交给我，做得很认真，让我感觉很欣慰。我的课堂到底哪些地方吸引学生呢？

其实，每堂课我都被学生"牵着鼻子"走，即使被"拐骗"也心甘情愿，就这样边"走"边问边聊，在"走"的过程中，我经常与学生开玩笑，有时逗得他们哄堂大笑，真有意思。

这一堂课我只带学生"走"了15分钟，剩下时间做了四个拼图游戏，然后用5分钟做课堂练习，很快时间就过去了，学生学得很愉快，教学任务也完成得很好。

我把"走"课堂当成一种愉快的师生互动，并给学生留有足够的发挥空间，这也许是我的课堂受学生喜欢的根源吧。

让学生感觉到学习是一件快乐的事情。爱因斯坦曾告戒学生："千万别把学习视为义务，而应该把学习视为一种值得羡慕的机会，它能使你们了解精神领域中美的解放力量，它不但能够使你们自己欢乐无比，而且还能够使你们将来为之工作的社会受益匪浅。"

学生本身是热爱学习的，老师应该把让学生感觉到学习是一种快乐当成己任，而不是给学生制造痛苦和烦恼。

2. 思考二：怎样向学生抛出问题之球

走进课堂，满满一眼尽是学生。有人说，这是很自然的一件事，可我却不这样认为。有些老师在课堂上只有自己和书本。他们的课是上给自己听的，而课堂内容只是教材。学生由于遭受冷落而逐渐丧失了对课堂的热情，于是开小差、打瞌睡等现象就出现了。

其实每个学生都爱学习，对知识有着渴求，就看老师是否重视他们、了解他们、理解他们，老师的课堂是否适合他们的水平，真正以他们为主体。

许多老师把课堂变成自己展示才华的舞台，把课堂的运转牢牢地把握在自己的手里，课堂里没有学生活动的时间，也没有学生“异想天开”的空间，学生的想法没有倾诉的机会。

全国优秀教师李希贵先生提出在课堂上让学生传递“讨论之球”。把“问题”比作“球”，他认为：如果把我们的课堂讨论比作传球的话，那么一方面“讨论之球”始终让学生能够接住才是老师的追求；另一方面，教师还要小心翼翼而又坚决地接好学生传来的每一个“球”，如果教师能够把学生投出的“偏球”、“怪球”或者很差的“球”全部接住，那么学生就会投出更好的“球”来。他认为这种课堂就达到了“教育生态均衡”的最高境界。

反思身边的课堂，如果教师眼里只有自己和书本，即使老师发出“讨论之球”，学生可能也是接不到，或者也没有兴趣接球，教室里虽然坐满学生，但也是冷冷清清。当然有时也会出现非常热闹的讨论场面，但热闹的背后似乎更多的是注重讨论的形式而不是“讨论之球”的本身。由于某种担心，教师传出的“讨论之球”目标明确，线路直接，因为担心时间不够，抛出的“讨论之球”又很快被教师收回，所以学生对这个“讨论之球”既无好奇心，也“玩”得不尽兴。

3. 思考三：怎样的课是一堂好课

什么课是好课？

首先，一堂好课应当是一堂有效的课堂，也就是说课堂的“有效性”是一堂好课的前提。

“有效课堂”教学是发生在课堂上的效果好、效率高的教学。有效性体现在如下一些方面：第一，教师要使用好教学工具（教材、教具、多媒体等），学生要使用好学习用具（书本笔等）；其次，师生都要做到精神饱满，学生态度要积极，学法得当，教师引导要巧妙，教法科学；第三，师生配合默契关系和谐。概括起来，要做到有效性课堂的三个基本点是：媒体适用、师生态度、师生关系。

课堂教学的“有效性”不应当建立在延长教学时间上，而是体现在教学方法以及教师的知识呈现与转化能力方面。教师用什么方式把知识呈现在学生面前并转化为学生的东西，这极大程度地影响着学生的学业发展。打个比方：如果靠人工不能搬起一块大石头时，动动脑筋，一定有别的办法可使。比如找一根足够粗的棍子，再找一块小石头做支点就可以解决问题了，这里我们使用的是“杠杆原理”。“给我一个支点，我将移动地球。”这是古希腊伟大的数学家、力学家阿基米德曾说的一句话，琢磨这句话，其实有这么个道理——做任何事，方法和工具都很重要。“棍子”即为工具，寻找“支点”就要讲方法了。

教师授课要用好工具找准方法，黑板、粉笔，或者是电脑音像设备等绝不是摆设，传授的知识要让学生容易接受，不讲形式，不弄出许多虚假的泡沫。看起来轰轰烈烈的课并非一堂好课，教师最大限度地展示自己风采的课堂也非好课堂。我认为一堂好课要看老师如何运用教学工具、教学媒体来呈现教学信息，采用恰当的方式让学生喜欢、接受并内化信息。因此，课堂的最大看点不是老师而是学生的思想与行为表现。

如何来评价一堂课？

具体来讲我认为应当从教师对教材的处理、教师的教学行为和学生的学习行为三个方面来考虑。在这三个方面当中，尤其重要的是学生的学习行为。

教师的教学行为主要有课堂组织能力、教学态度、教学机智、教学境界等，教师的注意力应当始终关注学生的思维与行为。有些教师为了完成教学任务，只注意教材的内容与进度，并不考虑学生的收效和兴趣，“目中无人”的教学没有什么效果。有些课堂学生积极回答问题，但由于这些问题过于简单明了，学生的思维只在浅水平中游荡。如果反过来让学生自己提出来，效果就好很多。有些课堂学生始终是被老师牵着鼻子走，看不出学生的创造性思维，这种课堂有效性也不高。

学生的学习活动主要表现为学生的参与状态、情绪状态、交流状态、思维状态、以及知识生成状态等。

课堂教学中如果教师只重视练习阶段时学生的参与，学生参与学习的方式就显得比较单一。

学生的学习情绪也很严重地影响课堂效果，学生情绪较低落，导致课堂气氛沉闷，注意力分散，影响学习效果。教师要注意影响学生的学习情绪，努力保持学生高昂的学习态势。

要特别注意讨论环节，精心设计讨论的内容，注意与学生互动，如果师生配合不够，教师唱独角戏，或者只有少数学生参与，缺少民主氛围，一些学生也会因为被忽视而产生“离心力”。此外要注意讨论的内容，如果讨论的内容层次浅，停留在低水平的层次或没有经过细致考虑就忽忙展开合作讨论，这样只会追求表面形式，而无视实际效果。

要给予学生一定的思维时间与空间，让学生充分思考，让学生有发表见解和质疑的机会，启发学生，开阔他们的思路，及时给予鼓励，这样学生就能自信起来，保持良好的学习情绪，知识生成也达到满意的效果。

4. 思考四：怎样看出学生学业的升降

如果绘制一张学业成绩随时间变化的图形，就可以看出学生学业会随时间的变化而有起伏，有如数学的正弦图形，称为“学业正弦图”。由于每次试卷题目难易不同，如果直接用每次的分数来绘正弦图，看不出什么问题，但如果用相对成绩来绘制，图形里面一定蕴涵着道理。

我经常用学生名次来绘制正弦图，我收集了学生一年半共 11 次大考的名次，每位学生每次考试在班级的排名都有所不同。做出一个坐标轴，横坐标表示考试次数，纵坐标表示名次，把每次名次用光滑的曲线连接起来，就做出每位学生的名次变化曲线图形。从这个图形中可以看出学生学业走势情况：时落波谷时升波峰。如果把最高值与最低值相减就能得到一个差值，称之为“学业差”，可以看出有的学生“学业差”比较大，有的学生“学业差”比较小。“学业差”能反映出学生的学习动态，仔细分析也能找出学习问题之所在。

“学业差”比较大的学生学习不够稳定，这类学生学习有潜力，但可能因为本身的一些非智力因素或家庭、社会等方面的影响，导致学业下滑。“学业差”小的学生可分为两类，一类是学业稳定在比较高的水平，这类学生是最理想状态。另一类是学业稳定在比较低的水平，这类学生如果智力因素正常的话，那么可能是学习基础不好或主观努力不够。

“学业差”是反映学习状态的一个“信号”，教师要及时发现“信号”中隐藏的问题，及时做出处理。

三、校园里的人际关系分析

校园是一个小社会，由于受家庭的影响，孩子们的交往习惯和能力都不同，在加上青春期孩子本身自我意识很强，交往急躁，所以园内同样也有各种各样的甚至是错综复杂的关系。接下来，我从三个方面来分析校园里的人际关系。

1. 分析一：校园里的“三角关系网”

有些学生学习生活过得不那么快乐，原因之一是受到校园“关系网”的束缚，校园“关系网”总是把不能理顺复杂关系的学生缠得透不过气来，由于主客观原因，这些学生处理不好校园中的人际关系，或者整天闷闷不乐、忧心忡忡，或者惹是生非、粗暴无理。那么校园里的人际关系有哪些呢？

我认为主要有三条交错的关系线：

第一条关系线是亲子关系线，这是一条具有血缘关系的“亲情”线，这种关系虽然不直接出现在校园里，但却是编织校园“关系网”很重要的一条关系线，直接影响校园“关系网”的稳定性，我称之为“隐性关系线”。

第二条关系线是同学关系线，这条线拉出的是“友情”，是三条关系线中最短最粗的一条，也是编织校园“关系网”中“硬度”最大的一条线，这条关系线是“显性关系线”。

第三条关系线是师生关系线，这是一条最长最细的“显性关系线”。一般来说，老师和学生之间既没有血缘关系的“亲情”，要交朋友年龄也有很大的差距，也不可能有“友情”，因此这条线的定性完全由师生本人决定。有学生说教师是第二个父母，虽然没有血缘关系，但比父母更理解更爱他们，这里的师生关系胜似亲情关系；又有学生说教师是朋友，教学相长，教师是他们最尊敬的人，这里的师生关系胜似友情关系。也有学生说教师很讨厌，整天与学生作对，不给学生自由……这里的师生关系显然就处得不好。但无论如何，这条线很重要。还需再补充一点：有时这条线显得特别珍贵，因为维系这条线的是教师的责任和良心。

如果绘制三者的关系，则可以得到这样一幅关系图，这幅图的中心是“学生”，以“学生”为中心有三条长短不一的线条把“同学”、“父母”、“教师”联系起来。其中“学生”到“同学”这条同学关系线最短最粗，意味着初中生同学之间的关系最近最密。“学生”到“父母”这条亲子关系长短居中。而最长最细的线条是“学生”到“教师”的师生关系线，反应出该年段的学生与老师的关系呈萎缩状态，师生距离拉长。再把“同学”、“父母”、“教师”三点用线条连接起来，这样图形的外围就是三角形。这个图形我称之为校园“三角关系网”。校园“三角关系网”由不等边及粗细不均的线组成，但既然是“三角关系网”，当然也具有三角形的稳定性能，只要学生维系好与父母、同学、老师的关系，也能建立起一种稳定、平衡的亲子关系、同学关系、师生关系。

那么维系校园“三角关系网”稳定性的难点是什么呢？从关系线这个层面上分析，最容易断开的是师生关系线，因为这条线又长又细。所以要使“三角关系网”稳定，处理好师生关系这一环节显得非常重要。

2. 分析二：再谈“师生关系”

“师生关系”对学生来说显得既重要又珍贵。

学生许多时间都与老师相处，在老师的帮助下获得科学知识、懂得人生道理，在学校的大舞台里，老师就是导演，“读好书”、“做好人”、“健好体”是学生在舞台上要“表演”的“三步曲”，而“表演”的好坏在很多时候取决于老师的教与学生的学。“师生关系”极大地影响着“教”与“学”的进程和质量。

初中学生与老师的关系有如下几种情况：

一方面，师生关系呈现疏远状态：随着年龄的增长，进入初中阶段，学生由于知识的积累，学习能力的提高，在学习方面对教师的依赖越来越少。而青春期身体的发育和心理的成熟，学生的自我独立意识也开始加强，在行为举止方面不喜欢教师的干预，这样学生与老师的关系开始疏远，如果不是教师主动与学生拉近关系，学生将逐渐离教师远去，师生距离会越来越远。

另一方面，师生关系呈现融洽状态：这种状态的形成取决于教师本人，什么样的老师是吸引学生并让学生喜欢的呢？大家都听说过“亲和力”这个词，“亲和力”就是一种拉力，产生这种拉力的因素就是教师的个人魅力和教学艺术。“亲和力”拉近了师生的距离，尤其是学习成绩好的学生，往往被幽默、精彩的课堂所吸引，从而产生对教师的崇敬与爱戴。

第三方面，爱的教育融化了孩子内心的“冰结”。行为习惯经常受批评指责而成绩也不好的学生，不仅不利于维系师生关系，而且还会对良好的师生关系产生很大的破坏力，不过这类学生也有一个弱点，那就是经受不起“爱的教育”。我们都有这样的心里体验，凡被表扬过内心会产生温暖的感觉，自信心也提高了，快乐了；而批评会使心灵受冷，批评越多内心越冷，冷于一定程度自然结冰。批评是需要的，而批评后鼓励表扬则更需要，但长期的批评而没有表扬，内心就形成了许多“冰结”。许多老师对行为习惯不好成绩也不好的学生带有歧视性，平常缺少表扬却批评有加，这类孩子对老师往往怀有戒心甚至带着敌意。维系良好的师生关系，一定要解除这种“离心力”。青春期的孩子情感的判断力在加强，“爱的教育”会融化孩子内心的“冰结”，产生对老师的情感，而他们对老师的情感一旦形成，就可以很快地迁移到学习上，从而产生巨大的学习动力，于是《学记》里所说的“亲其师而信其道”就产生效用了。

3. 分析三：“尊师”教育

青春期的孩子容易冲动，这点对于老师来说，都很能理解。孩子们尤其是男孩经常会因一件小事暴躁烦恼、暴跳如雷，表面上看矛盾暴露得多的是孩子与其父母之间的冲突，所以我经常教育孩子要懂得报答父母的养育之恩，教育孩子要对父母有感激之情。可是今天发生在班里的两件事却让我猛然惊醒过来，原来在“理解”、“感恩”教育中，我忽略了另一个主体，那就是我们自己——老师。

这一天连着发生了两件事情：一件是一位学生因被老师批评而向老师动了手；另一件是一位学生在生活区里辱骂老师。

这天第八节课全班同学都因这两件事情被留在教室里开会。我简述了两件事的经过，剖析了三位当事人的做法，事情摊开在桌面上了，我请学生谈谈自己的看法。

学生都认为这几个当事人做事很不理智，不应该那样对老师，应该给老师道歉并接受学校的处分。有了学生的支持，虽然事情的处理很顺利，可心里却留下了烙印，这个烙印虽然很轻，但我内心的重心开始倾斜，一种失落的感觉油然而生，我担心自己会跌倒，我想到很多……

由此我产生了对中国教育两个方面的思考：

第一，中国的家庭谁不重视教育？可大多数家庭对教育理解是怎样的呢？教育的意义是什么？仅仅是获取知识吗？仅仅是"读书做官"、"读书谋取好的职业"吗？

许多有关教育的书籍里对教育都有定义，比如《教育科研》里对教育的基本定义是：教育是一种人类道德、科学、技术、知识储备、精神境界的传承和提升行为，也是人类文明的传递。对教育的解释从广义上讲，凡是增进人们的知识和技能、影响人们的思想品德的活动，都是教育。而狭义的教育主要指学校教育，其涵义是教育者根据一定社会（或阶级）的要求，有目的、有计划、有组织地对受教育者的身心施加影响，把他们培养成为一定社会（或阶级）所需要的人的活动。无论从广义还是狭义上讲，教育都是对"人"的两方面的培养，一是"知识技能类"，二是"思想品德类"。现在许多家庭甚至学校，重视的是"知识技能类"的教育，忽视"思想品德类"的教育。"思想品德"教育虽然有专门的课程，但仅仅是停留在书本上，更有甚者，"思品"教育的结果使一些学生学会讲大话讲空话，这令人不无担忧。

第二，"尊师重教"是中华民族的传统，为什么"尊师"要与"重教"连在一起而经常却有"重教"不"尊师"的现象发生？

虽然学生在失去理智的时候会说："老师你算什么？你给我滚！"这是否可以反映出学生潜意识里对老师的不尊敬呢？是否可以反映出这样的孩子其家庭教育存在的问题呢？孩子呱呱落地，是父母一点点地把他抚养长大，可是进入幼儿园的时候也只有 3 岁，从 3 岁到 18 岁长大成人，离得开老师的辛勤培育吗？没有老师的教育，孩子能发展为有文化身心健康的人吗？“尊师”是“重教”的前提，不“尊师”谈何“重教”？

怎样做好“尊师”教育？

《中学生文明礼仪三步曲》第二步第 4 条特别提出“尊敬老师”的条文，包括课堂使用什么礼貌用语、回答问题时该怎么做、与老师在一起应该怎么谈吐、进老师办公室有什么样的行为举止等。这些条文对学生的行为举止、文明礼仪虽然有一定的规范指导作用，但更重要的是来自学生内在的感悟和自觉的行动。“尊师”教育虽然任重道远却势在必行，“尊师”教育更需要教师自己的行动。

“尊师”教育出现了危机，自然影响“重教”。“危机”既有危险也有机会，这次暴露的问题其实也带来了“尊师”教育的机会。

四、生命教育的再思考

“生命”是个永恒的话题，人类对生命的思考也从未停止过，随着人生阅历的增加，对“生命”的感悟也在不断地深入，因此，我也有了对生命教育的再思考。

1. 思考一：怎样面对生命的“四季”

有这样一个故事：一个人他有四个儿子，他让他的儿子分别去远方看一棵树。冬天，大儿子去了，回来说那棵树很丑，枯槁、扭曲；春天，二儿子去了，回来说这棵树被青青的嫩芽所覆盖，充满了希望；夏天，三儿子去了，回来说树上花朵绽放、充满香气；秋天，四儿子去了，回来说树上结满果实，充满生气与满足。于是这个人就对他的儿子说：你们都是正确的，因为每个人都只看到这棵树一个季节的风景。

如果把冬天比作人的逆境，这预示着人的一生并非一帆风顺，因为每年都有冬天；如果把春天比作人的希望，这预示着人的一生拥有无限的生机，因为每年都有春天；如果把秋天比作人的成功，这预示着人的一生成功的机会很多，因为每年都有秋天；而夏天给予的启示是什么呢？夏天虽然美丽，但美丽伴随着“炎炎烈日”，如果能够承受，则自然能够采摘秋天给予的丰硕果实。

人生要绚丽多彩就应在什么时节做好什么事情。《论语·为政》里描述了孔子的人生规划：吾十有五而志于学，三十而立，四十而不惑，五十而知天命，六十而耳顺，七十而从心所欲，不逾矩。

孔子把“十五而志学”作为自己的一个起点。孔子的人生轨迹是否对两千年后的我们有所启示？在我认为，当一个人在生命的春天时就应该有所期盼，有所目标，有所规划。如果说 3 岁入学的孩子正步入生命之春，那么 12 ~ 15 岁的初中生恰临“春分”之时，也正是生理上的“青春期”，这个时期的人生命蓬勃发展，理应如孔子而“志于学”，这也许是生命之春的意义与价值所在。

但许多人有了春天的希望未必能等得到秋天的成功，因为有些人生在上年的“冬天”已经“夭折”了。因为“冬天”往往很“严寒”，当人生的“冬季”来临时，放弃的人总是很多，何况春天过去就是夏天，又有多少人能够经受“炎夏”的煎熬？虽自然永恒，但人生有限啊。如果说放弃的话，岂不是要放弃很多次？《论语·子罕》有言云：“子在川上，曰‘逝者如斯夫’”。这句沧桑话语叹出光阴似水一去不回的感慨，一次一次地放弃，一年一年地老去，人生终无收获，不禁怅然泪下。

挫折是否就意味着灾难呢？其实并不是每一种挫折都是灾难。不要因为一个冬天来临就认为人生终年寒冷，不要因为一个痛苦的季节就对人生下结论，坚守忍耐，度过这段艰难，美好的日子将在不久之后到来。如果你在冬天的时候就放弃，那么你就会错过生命中春天的期盼、夏天的美丽、秋天的收成。

故事中的父亲告诉他的儿子们：不可用一个季节的风景来评判一棵树或是一个人。一个人的内在实质是怎样的，一个人生命的欢愉、喜乐又是怎样的，只有在经历过所有季节之后才能衡量。

2. 思考二：人生需要坚强

老人害怕寒冷的冬天，自然界中的许多生物也一样，温带的树木在秋天时就开始落叶了，而有些生物却悄然死去，也许是因为自身无法抵御寒冷，也许是因为赖以生存的食物消失……生物学家认为：寒冷与动植物存活之间呈反比的关系。当我们感叹自然界冷酷无情时却不能认为它的不公，因为只有适者才能生存，谁做不了强者只有做弱者，谁适应不了环境只有被淘汰。

生长于岩缝的松柏为什么能昂然屹立于风雪之中呢？赞美松柏时是否想到中国汉字“坚”呢？品品“坚”字，一“竖”又一“竖”，傲然挺立于“土”中，多么顽强！“坚”总是与“定”或“强”或“信”联系在一起，只有“坚”才能“定”才有“强”才会“信”，“坚定”、“坚强”、“坚信”是成功的品质。

学生在学习过程中也出现这样的关系：学习越困难，迎接挑战的学生就越少，或者说遇到困难越大，愿意解决困难的学生就越少。由于许多学生都不愿意挑战学习中的困难，因此最终成功的学生其所占比例往往为少数。

在学生群体中，这种现象于富家子弟更甚。有人这样来比喻富家子弟：“一个富家子弟就像温室里的一株植物，根茎扎得不深，所以枝干一定很不强壮。若你再放纵他，他的一生就会活得很辛苦，遇到任何逆境或打击，他都没有应付的能力。”由于富家子弟的生活条件太好，又在父母的“庇护”下长大，受不了半点委屈，面对困难无望沉沦，不知道要换个角度来看待生活，当中些许最终会成为生活和社会的弃儿。

为什么富家子弟更容易失败？因为富家子弟在处于顺境时，往往志得意满，殊不知顺境是一种可以随时裂变的因素，顺境对“抵抗力”弱的人“腐蚀性”很大，使其在不知不觉中“生病死亡”。 因此成功学家认为：一个人处在顺境中，要很好地锻炼自己，使自己更具耐力，更具适应性，更有毅力，这样才能使自己的能力得到充分发挥，优越的环境才能对我们的人生产生积极的影响。

由此可知，人要在环境中挺立，一方面要经受得住恶劣环境的磨炼，另一方面还要经受得住顺境的诱惑，第三方面自身还要有强大的抵抗能力，前两者是客观原因，后者是主观原因，三方面相比，我认为后者更为重要。而要增强自身抵抗力以抵御各种阻碍，唯有懂得并实践“坚”字，因此在教育学生中，“坚”字不可少，只有“坚定”、“坚强”、“坚信”，才能把自己内心深处的潜能唤醒，借助这巨大的潜能，使生命发生革命性的变化。

3. 思考三：选择“1+1=0”还是选择“1+1 > 2”

这是一个有趣的选择，从数学角度来看，这两个等式都不成立。“1+1”怎么可能等于“0”？“1+1”更不可能大于“2”。但在生活中只要我们细心观察，这两种等式确实存在。

有一个故事，说一个乞丐来到一个庭院，向女主人乞讨，这个乞丐很可怜，因为他只有一条手臂。可是女主人毫不客气地指着门前的一堆砖对乞丐说：“你帮我把这些砖头搬到屋后去吧。”乞丐生气地说：“我只有一只手，你还忍心叫我搬砖。不愿给就不给，何必捉弄人呢？”女主人并不生气，俯身搬起砖来，她故意只用一只手搬了一趟，说：“你看，并不是非要两只手才能干活，我能干，你为什么不能干呢？”乞丐楞住了，用异样的眼光看看妇人，终于，他俯下身子，用他那唯一的一只手搬起砖来。过了若干年后，一个很体面的人来到这个庭院，他西装革履，气度非凡。来人俯下身用一只独手拉住有些老态的女主人说："如果没有你，我还是个乞丐，可是现在我已是一家公司的董事长了。"

女人借给这个乞丐的一只手和乞丐的一只手加起来，这两只手所创造的价值等同于普通人的两只手的价值吗？这里的"1+1"必然大于"2"。

学生中的许多"完人"，有了好好的两只手，可是不知道怎么使用，上课的时候两只手放到桌子下面，既不记笔记又不拿书，这两只手加起来难道不是等于"0"吗？更有甚者，有学生上课时两只眼睛盯着黑板，可是目光呆滞，对有用的东西视而不见，这两只眼睛加起来等于几只眼睛？这不就是 "1+1=0" 吗？

我们始终要恪守的信条是：只有自己才能拯救自己。命运在自己的手里，成功的取得要依靠自己的双手和智慧。

4. 思考四：为什么要经营自己的自制力

有些时候经常事与愿违，出现这种情况也许并非能力不及，往往是自己的自制力出了问题。

有语云：一个人如果具备超强的自制力，就可以控制自己随时产生的冲动，驾驭自己的思想。不仅如此，他的内心更会产生一种全新的能量，唤醒内在的"直觉"，预感到做怎样的努力可以让事情导致怎样的结果。仅凭这一点，这个人很快就成为一个具有不凡见识的人。

一个人如果每一次都能成功地运用自己的自制力，每一次他都可以增强一次能量。自制力可以产生能量，我们应该善于经营自己的自制力，让自制力产生的能量为自己服务，运用自制力产生的能量促使自己成为一个积极、乐观、大度之人，放弃做一个消极、乞求、卑鄙之人。

正如《我的人生思考》里说的："越是自制力强的人，越容易拥有令人无法企及的智慧、能量和安宁。一个人一旦成了自己心灵的主人，他就能够让宇宙间的所有力量为他服务。"

5. 思考五：失败永远比成功容易吗

资料记载：荷兰位于欧洲大陆西北部，西边和北边是北海，人口 1 550 万（1994 年），土地面积 41 526 平方千米，仅是北京的 2 倍半，海拔最高 321 米，最低 −6.7 米。全国有 40% 的国土低于海平面。这样一个小国家，却在 17 世纪靠 200 万人成为世界海上霸主。

荷兰有优越的地理位置，由此荷兰的造船业特别发达，被人们称为"海上马车夫"，海上贸易成为荷兰经济繁荣的基础，这样"荷兰人从各国采蜜，挪威是他们的森林，莱茵河两岸是他们的葡萄园，爱尔兰是他们的牧场，普鲁士、波兰是他们的谷仓，印度和阿拉伯是他们的果园。"

荷兰成功地发挥了自己的优势，再加上自由宽松的政策，远离欧洲的矛盾中心，最终成为世界霸主。但荷兰缺乏发展工业所需的资源以及广袤的土地，因此经济的繁荣不是建立在工业基础上，而是过多地依赖于对外贸易，这又成了荷兰发展经济最致命的弱点。荷兰在经济繁荣时未能及时调整经济结构，在竞争中逐渐走向衰败。

荷兰的繁荣和衰败告诉我们什么？苦心经营的繁荣却在不经意间丧失，这不就是成功不易失败不难吗？这与学习不进则退有着多么的相似啊！

人的一生切记："生于忧患，死于安乐，天下虽安，忘战必危"。

6. 思考六："蚂蚁"怎样蜕变成"大象"

《大国崛起》把美国发展形象地概括为"从蚂蚁到大象"。

美国"从蚂蚁到大象"历时 100 年不到。翻开美国历史，美利坚民族并不是北美大陆首批开辟者，美国也不是第一个实现资产阶级革命的国家，但 19 世纪末，美国就已赶上并超过当时世界上最先进的资本主义国家——英国，并由此而崛起、发展壮大起来。

研究国家需以史为鉴，《大国崛起》记载着美国发展的如下史实：独立战争的胜利使美国获得政治上的主权；内战的胜利结束维护了美国国家主权的统一，促进了美国资本主义生产的迅猛发展；西进运动开疆拓土，扩展了美国的领土，为美国资本主义的发展提供了原料和能源产地以及销售市场；门罗咨文的颁布为美国赢得了近百年的快速发展时间，在一定程度上构筑了美国较为稳定的“后院”；美西战争的发动和门户开放政策的出台是实力强大的“后起之秀”对老牌的欧洲殖民国家的“叫板”，以谋取和扩大自身的国际影响力。19 世纪末 20 世纪初，美国已完成“蚂蚁”到“大象”的蜕变。

如果把弱者看成“蚂蚁”，把强者看成“大象”，对人类而言，恐怕成为“大象”的不多，更多的是“蚂蚁”，但人可以从“蚂蚁”蜕变成“大象”，那么“蚂蚁”如何蜕变为“大象”？

当一个人沦为弱者时，最重要的是不要泄气，只要条件成熟，弱者可以变为强者。“弱者”变为“强者”需要什么条件？美国的崛起对“弱者”的转变条件给了我们启示：首先，这个“人”应该有独立的人格，就好比“人”的写法，一撇一捺把“人”立起来，多一竖就不是“人”了，凡事要依靠怎么可能是强者呢？第二，这个“人”要广纳有益自己发展的“资源”，否则用什么充实自己以发展壮大呢？因此就要努力、不断地学习。第三，这个“人”必须拥有良好、稳定的发展环境，父母和学校为其“作秀”提供良好而稳定的“后院”。

五、千年不倒的教育

一部《犹太史》让我看到这个民族几千年来所遭受的苦难。他们不断迁徙，四处漂泊，然而这个民族不但生存下来，而且对世界文明作出了杰出的贡献，犹太民族真让人钦佩！

马克思、弗洛伊德、爱因斯坦……这些伟人，都出生于犹太家族，诺贝尔奖项的统计也接连不断地出现犹太人的名字。从 1901 年诺贝尔奖首次颁奖到 2001 年整整一百年间，世界共有 680 人获此殊荣，其中犹太人或具有犹太血统的人就有 138 人，约占 20%，这种比例是任何其他民族所难以比拟的。

千年的磨难没有摧毁这个民族，殊不知犹太人的生命力和创造力从何而来？《世界上最成功的教育》一书这样评价：“犹太人作为一个民族，具有相当高的整体素质，而这种高素质则来源于他们重视教育的深厚传统，或者更确切地说，是得益于这个民族十分独特的教育理念。”

犹太人把学习当作是信仰的一部分，认为生有涯而学无涯，教师比国王更重要，只要学校在，犹太民族就在，智慧比知识更重要，要认识自我超越自我。这些教育理念已经作为传统，在犹太人的思想意识领域里根深蒂固，成为他们脑子里放弃不掉的成分，自觉不自觉地影响着犹太人的行为和生活，铸造着他们的人格和事业。

其实中国人与犹太人的聪明和勤奋程度并无多大差别，但两国的教育理念却有相当大的不同，中国的儒家文化认为：“学而优则仕”，“仕”的教育观使中国形成“读书做官”、“读书谋取好的职业”的目的，因此，读书仅仅是一种手段，做官、谋好职业才是至高无上的最终目的。

六、《自然教育》有感

自然也在施教，这是无言的教育，只有用心才能感悟。正如孔子所说：“天何言哉？四时行焉，百物生焉。天何言哉？（《论语·阳货》）”大自然有太多的奥秘，它通过自己的方式告诉人类许多道理，人有明亮的眼睛，应用其去观察大自然；人有聪明的头脑，应用其去思考大自然。许多伟人都是大自然的朋友，在大自然的教育下，顶天立地。

意大利蒙德葛察著的《自然教育》这样写到："教科书中所写的和老师所教的，只是大自然这部大书中抽象出来的东西。其实，大自然才是真正的智慧之母，是老师的教师。"

1. 感悟一：自然也是书

对孩子进行自然教育，不失为一种好的教育方式。

■ 海洋教育

地球上三分陆地七分海洋，这样说起来海洋比陆地"富有"得多。海洋因"富有"而宽容，她容忍了一切惊涛骇浪！静目大海，人间痛苦显得多么渺小，人间怨恨显得多么微不足道，有什么比海洋更伟大更宽广呢？海洋包容了一切，于是生命诞生于海洋，直至今天，海洋里生活着多姿多彩的生命，海洋是真正的生命之母！我们感叹于海洋里的生命在平等的空间里、在自然法则下快乐地生活着。

海洋的启示不仅如此。《自然教育》里说："海洋世界没有人间世界的关税，也没有消费税，没有任何界限，生物可以自由自在地在里面生活，大海欢迎每一位有进取心的勇士。"海洋里的竞争是平等的，但仍然是弱肉强食！海洋的包容永远向着强者。面对大海，我们没有理由不积极进取！

做人，要有海洋般宽广的胸怀，但无论什么事情都满足别人的要求，并不是一件好事。无论是谁，做事都要三思而后行。事情做错了，害人害己；做好事也要考虑后果，因为好心办坏事的人也不少。为人要心地善良，但决不要没有主见。《自然教育》告诉我们：善心要以理性为基础！

■ 植物教育

蒙德葛察在《自然教育》里面阐述了这样一个故事：舅舅把从挪威北部带回的大麦种子种在意大利桑德寨村自己的家园里，没想到这些大麦的种子居然和在原产地一样，在这片温暖的土地上很快生长成熟了，从下种到收获，只用了一个多月的时间。蒙德葛察把这个发现概括为“大麦论”。

蒙德葛察的“大麦论”带给我们什么思考呢？

我们知道北极圈穿过的挪威，多数地方一年有9个月是冰天雪地的黑夜，只有3个月是温暖的白昼，漫漫的黑夜过去后，天气才开始渐渐转暖，冰雪融化时草木就要匆忙开花，加速生长，否则它们的花蕾会遭受来年的寒风侵袭而走向凋零。

人与植物本质并没有什么区别，正如植物是根据气候的变化而生长一样，人类也是根据环境的变化而生长，人类与植物相比，有更多适应环境的技能，所以，人类既然来到这个世界，无论处于什么环境，都要努力适应环境，求得生存。

还有一点尤为值得注意，那就是寒冷的挪威大麦虽然移植到温暖的意大利，但其生长依然和在原产地一样，由此，蒙德葛察得出这样一个结论：习惯可以演变成天性，可以传给那些尚未出生的后代。对于植物根基，蒙德葛察也有一段理论：“根深的植物不像根浅的植物那样能在短期内吸收较多的水分，但它们能逐渐慢慢把水分吸入并储藏在根的深处。即使遇到烈日炎炎的折磨，也照样可以存活下来，因为它根基深厚，有潜力，不会轻易枯萎。”

人也一样，要在一个地方生存下去，也必须把自己的“根”牢牢地扎在深处。人的“根”是什么？人要在环境中自立，必须要有健康、道德和智慧，因此“健康”、“道德”、“智慧”即为人的“根”。一个人有了强健的体魄、高尚的道德、睿智的头脑，即使遇到了大灾难，仍可以傲然屹立。而浅薄思想、浮躁心态之人，一旦遭遇不幸，恐怕将在狂风中消失得无影无终。

2. 感悟二：也有“想要吹灭太阳”的人

《自然教育》里有一个故事，说一个 2 岁的小女孩早上起来，由于阳光有点刺眼，她竟然做了一个奇怪的动作：吸入满满一口气，再呼地一口吹出来，似乎要把房间里的阳光吹灭，为什么要做这个动作？原来她把阳光当作晚上入睡前的蜡烛了。

一个人无论怎样吹，所产生的风对于太阳来说，都是微不足道的，太阳丝毫未变，仍然无私地奉献它的光和热。

小女孩想吹灭太阳的动作是无意识的，但现实中的许多孩子却实实在在地想要吹灭太阳，因为这些“想吹灭太阳”的孩子不理解“太阳”给予的恩惠。

让我们来假想一下：如果没有太阳，我们将生活在黑暗中，什么也看不见，长期下来，我们的眼睛也将退化，就像生活在深海里的鱼类，眼睛成了摆设。那么生活在温暖的太阳底下的人又会怎样呢？为什么想要“吹灭太阳”？是否感觉太阳太刺眼？真有“想吹灭太阳”的人吗？想起来，我又何尝不是与一些“想吹灭太阳”的人打交道呢！

一些富家子弟难道不是“想要吹灭太阳”的人吗？由于家庭条件较好，他们不仅衣食无忧，学习似乎也要家长、老师“求”着。父母给予的“温暖”太多了，长期以来，惰性滋生，思维渐钝，学习越来越没兴趣，这样一些“想要吹灭太阳”的人哪里理解父母和老师的用心？长大后又能做些什么？

有言云：“富不过三代”，岂不要说这些“想要吹灭太阳”的人能否承担起祖国的未来，就是家庭的责任也许也难以承受。还有言云：“穷人的孩子早担家”，也许一些穷人的父母给予孩子的“温暖”太少，他们需要努力“争取”，这样他们反而得到了更多的锻炼。如果那些“想要吹灭太阳”的人能够充分利用他们充足的“温暖”，那么他们的未来是否“如虎添翼”呢？如果是这样，那么“添”的重任一定落在教育上，而且教育的起步越早越好。

3. 感悟三：“金币”才是真正的“钱”

学习有三种方法：一是从书本中学，二是从他人的经验中学，三是从自己的经验中学。

《自然教育》说：“如果把从书本上获得知识的价值比作铜币，那么，从他人的经验中获得的知识就是银币，而从自己的经验中获得的知识则是金币。”如果按照这种说法，那么从自己的经验中获得的知识是最重要的。

结合现在学生学习的状况，如果按照从学生获得知识的内容来排列的话，排序是怎样的呢？从书本上获得的知识是最多的，其次是从他人的经验中获得的知识，而从自己的经验中获得的知识最少。由此可得，现在的学生“挣”得金币少，“挣”得铜币多，甚至有些学生连铜币也没能“挣”得几个。为什么会出现这种局面？是我们的学生不肯“挣”钱吗？

表面上看，中国的孩子学习比任何一个国家的孩子都要勤奋，早上 6 点多起床，就开始了一天的“挣钱”，一直要“挣”到晚上 9 点多钟，有的甚至是晚上 10 点以后。

1979 年，美国教育考察团在对中国教育考察后有着这样一番话：中国的孩子喜欢早起，7 点钟之前，在中国的大街上见到最多的是学生，并且他们喜欢边走边吃早点，中国学生有一种作业叫家庭作业，那是课堂作业在家庭的延伸。中国把考试分数最高的学生叫优秀学生，他们在学期结束时，一般会得到一张证书，其他人则没有。由此他们得出了一个结论：中国的孩子是世界上最勤奋的，在世界上也是起的最早睡得最晚的。他们的学习成绩和世界上任何一个国家同年纪的学生相比都是最好的。可以预测，再用 20 年的时间，中国在科技和文化方面，必将把美国远远地甩在后面。

至今 30 年过去了，美国共培养了几十位诺贝尔奖获胜者和一百多知识性的亿万富翁，而中国还没有哪一所学校培养出一名这样的人才……可谓勤劳不致富，努力不“挣钱”啊！

中国的教育出了什么问题？为什么学生努力了、家长努力了、教师努力了而教育的成效不大呢？

难道问题真是出在“中国的孩子不懂得从自己的经验里获得知识”吗？《自然教育》把“从自己的经验里获得知识”解释为：用自己的头脑思考问题，依靠自己的努力获得经验，掌握事物的规律，对事物的性质和发展做出正确的判断……

这实际上就是培养学生独立思考的能力！能够独立思考，才能观察分析、才能推理判断、才有决策创新、才有科技发明、才有引领世界潮流的新生事物的诞生！

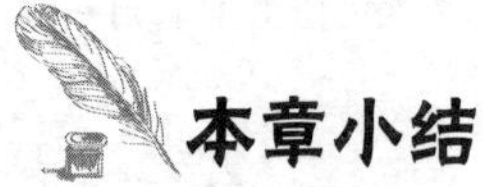

本章小结

教育之路漫长，当国家、社会、自然面临危机之时，教育者该如何面对？呼吁人类珍爱我们的自然吧，呼吁社会珍视我们的生命吧，呼吁道德规范，呼吁法律健全，呼吁人性尊重，呼吁教育平等，呼吁世界和平。地球是人类的，也是地球上所有生命的，更是整个自然界的。

后　　记

孔子有言："质胜文则野，文胜质则史。文质彬彬，然后君子。"告知，做人不能没有文化，也不能没有善良的本性。虽已不惑之年，但仍努力学习，生怕文化落伍而变得粗野；虽略有学识，但仍敬畏道德，生怕文化掩盖了本质而变得虚伪。教师这个职业虽然清贫，却能让我成为文质君子，所以教育成了我终生为之奋斗的事业。正因为这样，我有了一些成功的体验，于是决定把这些写出来。

书写本书历时六年，现落下帷幕。

之所以写它，是因为被书中的主人翁所感动，被身边的这些人与事所振奋。

青春期是人生多彩的阶段，希望社会上所有的成年人都去欣赏他们，关爱他们，因为他们是祖国的未来和希望。

书中大量收录学生的心语之作，以便帮助父母们了解、观察、对应自己的孩子，起到借鉴作用。

书中以案例分析的方法记录了我多年的教育心得，并以叙事的方式完成。在书写过程中，尽可能采用贴近生活的事实，避免简单的道理陈述和漫无边际的说教，采用亲切柔暖的语言和自然贴切的文笔，以便读者喜爱。

书中多处引用古今教育家的教育精髓和世界教育名典，在教育发现上有自己的见解，以便给读者新的借鉴。

从事班主任工作多年，在书中也阐述了班级管理上的一些细节，希望对班主任在处理学生问题上有所帮助。

诚然，由于自己的语言功底不够，理论水平有限，尽管花费了不少时间反复修改，但书中仍存在许多不足，希望读者们包容。

最后还要说的一句话是感谢。感谢一直以来支持我帮助我的朋友和同行。

谢谢大家！

写于 2013 年 7 月

叶晓燕